**全球浙商研究丛书**
GLOBAL ZHEJIANG ENTREPRENEUR STUDIES

浙商创新能力提升的模式

ZHEJIANG UNIVERSITY PRESS
浙江大学出版社

The Innovation Capability
Upgrading Models of Zhejiang
Entrepreneur

赵晓庆◎著

图书在版编目（CIP）数据

浙商创新能力提升的模式 / 赵晓庆著. —杭州：
浙江大学出版社,2011.10
　（全球浙商研究丛书）
　ISBN 978-7-308-09192-3

　Ⅰ. ①浙… Ⅱ. ①赵… Ⅲ. ①商业经营－案例－浙江
省 Ⅳ. ①F715

中国版本图书馆 CIP 数据核字（2011）第 205141 号

浙商创新能力提升的模式

赵晓庆 著

丛书策划	樊晓燕　陈丽霞
责任编辑	樊晓燕(fxy@zju.edu.cn)
封面设计	续设计
出版发行	浙江大学出版社
	（杭州市天目山路 148 号　邮政编码 310007）
	（网址：http://www.zjupress.com）
排　　版	杭州中大图文设计有限公司
印　　刷	浙江全能印务有限公司
开　　本	710mm×1000mm　1/16
印　　张	17.5
字　　数	314 千
版 印 次	2011 年 10 月第 1 版　2011 年 10 月第 1 次印刷
书　　号	ISBN 978-7-308-09192-3
定　　价	38.00 元

总 序 一

　　改革开放30多年来,中国的民营企业取得了长足进步,已成为推动国民经济发展和社会进步的重要力量。随着市场化进程的不断深入,民营经济对整个国民经济的贡献将会逐步增强。党的十五大,特别是十六大以来,中央提出了一系列促进非公有制经济发展的方针政策,民营经济发展的外部环境日益改善。宪法修正案对保护私有财产法律制度的完善,"非公经济36条"和"新36条"的相继出台,为民营经济的发展提供了更加可靠的制度保障,也为民营经济的明天注入了更多的信心。

　　由于地理位置、气候条件、资源禀赋、人文历史环境等因素的影响,不同地区的民营经济在发展过程中通常都表现出一些鲜明的"区域特色",它们也因此被人们习惯性地冠以区域商帮的标记。晋商、徽商、鲁商、粤商、沪商、宁波帮,这些至今仍为人们熟悉的明清时期和民国初年的代表性商帮,无不具有典型的时代特征和区域特色。改革开放以来,浙商作为一支来自民间的草根力量迅速崛起,在全国各个省份乃至世界各地我们都可以看到浙商勤劳的身影。最近几年来这些浙江籍企业家所创办的企业不断发展壮大,福布斯中国富豪榜上的强大浙商军团,无不向世人昭示了这样一个基本事实:浙商已当之无愧地成为改革开放以来中国最出色的商帮之一。对于这样一个极富活力的商人群体,我们没有理由不去关注。

　　近年来不少研究者先后从"温州模式"、"台州模式"等侧面对浙商这一主题作过一些有益的探索,可是相较浙商对全国和对全球经济、社会的影响力,这些工作依然尚显薄弱。浙江资源禀赋并不丰裕,国家投资殊为稀少,外商投资相对不多,其经济发展缺乏自然资源的支撑和外部力量的推动,何以能够在短短30年的时间里跃居中国经济最强省?客观评价浙商在过去发展中取得的各项业绩,系统归纳和总结浙商的成功经验和失败教训,无论对指导浙商未来的发展,还是对促进后发地区民营经济的提升,都将具有十分重要的意义。在国家

"促进区域协调互动发展"的政策导向下,这项工作的价值无疑将得到更大的体现。

当前,发达国家居高不下的失业率、脆弱的金融系统、主权债务压力,以及主要国际货币兑换汇率的大幅波动,导致世界经济环境依旧比较低迷。同时,面对不断上升的通货膨胀压力和日益加大的经济结构调整难度,国内宏观经济政策仍然偏紧。面对内外部环境的双重压力,民营经济的发展正面临着严峻的考验。可以说,单靠人民币低汇率来扩大产品销路的时代已经接近尾声。如何尽快提高企业的自主创新能力,靠技术进步、提高劳动生产率来打开国际市场,已成为摆在以传统制造见长的浙商面前的一道难题。在此背景下,深入了解浙商,系统总结和分析浙商在发展过程中面临的各种机遇和挑战,指导它们适时创新原有的商业模式,勇于拓展新兴的业务领域,不断培育全新的竞争优势,无疑对促进浙江区域经济,乃至整个国民经济的持续健康发展,都将是大有裨益的。

随着全球化的不断推进,不同国家和地区之间的经济联系将变得日益紧密,由此带来的不确定性风险将会逐步加大。未来,浙商融入全球经济的广度和深度将会进一步提升,在这个过程中,许多崭新的课题将会不断涌现,紧密追踪,甚至提前预判可能出现的新机遇和新挑战,及时指导浙商趋利避害、长善救失,显然是学术界义不容辞的责任和使命。

从学术研究或理论发展的角度看,对浙商这样一支富有创业精神的商业力量开展系统的跟踪研究,无论对现有理论的检验和提升,还是对新兴理论的构建与发展,都是非常有意义的。浙江大学管理学院作为一所深深扎根于浙江这块创业沃土的全国著名商学院,长期以来跟浙商有着密切的联系与合作,对浙商有着全面的了解和把握,由他们组织力量来对浙商进行全面的解剖无疑是最为合适和最具优势的。此外,浙江大学管理学院一直以创新和创业为办学特色,在多个相关领域取得了丰硕的成果积累,这与整个"创新、创业"的大环境、大趋势也是匹配的。相信在其组织和协调下,学者们一定能够围绕"浙商"这一主题做出更多更好的学术成果,相信这些成果的出版和发行对指导浙商乃至更大范围内的民营经济的发展,以及对推动现代商帮和民营经济研究,都将起到积极的推动作用。让我们共同期待!

2011 年 10 月 1 日

总序二

　　从古至今，浙江商人都是中国经济社会发展中较为活跃的一股力量。改革开放以来，随着浙江民营经济的异军突起，浙江商人再次活跃于海内外商界，并日渐成为各地经济社会发展中最具活力的商帮之一，形成了"有浙商就有市场"的独特现象。

　　经济全球化进程的不断深入和国内经济发展方式转变以及产业结构优化升级为浙商的未来发展提供了更加广阔的舞台和空间，但与此同时，也对新时代浙商肩负的历史使命和社会责任有着更多更高的期许和要求。在不确定性日益增强的新一轮全球化浪潮中，浙商如何自我超越，继续勇立潮头，再续辉煌，如何做大做强品牌，成功实现自我延续与更新，已成为浙商的首要课题。在实现自我发展的过程中，如何更好地扮演起"先富者"的角色，发挥示范作用，真正带动落后或欠发达地区共同富裕起来，应是浙商不断追求和勇担的时代责任。充分发挥企业和企业家在文化传承与创新中的重要载体作用，在国际合作与交流中宣扬中国当代企业家精神，传播区域和民族文化，传承和弘扬中华文明，也是浙商肩负的提振文化软实力的另一重要使命。

　　近年来，随着浙江商人在国内外影响力的不断提升，商帮这个沉寂已久的话题再次成为各类媒体关注的热点，"浙江模式"、"浙江经验"、"浙江现象"，在被各类媒体争相报道的同时，也日渐成为学术界的热门研究议题，许多浙商的成败经历更是逐渐成为国内外知名商学院的经典教学案例。组织一批专业力量对浙商做出全面且系统的解读，在更好地指导浙商发展的同时，为更大范围内民营经济的发展提供参考和借鉴，进而发展出可以影响主流经济和管理理论演变趋势的新理论、新方法，具有十分重要的现实意义。

　　浙江大学管理学院是国内一流的商学院，长期深深扎根于浙江这片创业沃土，同许多浙商保持着长期的合作，对浙商有着非常深入的了解，先后围绕公司治理、创新创业、产业集群等主题对浙商开展过大量有意义的研究工作，取得了十分丰富的研究成果。无论从已取得的科研成果、锻造的科研能力看,还是从打造科研特色、赢得社会声誉的考虑,浙江大学管理学院都已具备对浙商开展系统研究的基础和实力。我深信并期待,在浙江大学管理学院科研团队的领导下,浙商研究取得重大突破,形成一大批具有国际影响力的学术成果,在为浙商的可持续发展提供全方位智力支持的同时,对国际主流经济和管理理论产生真正深远的影响。

浙江省人大常委会副主任、党组成员,浙江大学党委书记

金德水

2011 年 10 月

摘　要

　　本书首先针对发展中国家提出了企业创新能力从仿制能力，到创造性模仿能力，再到自主创新能力的基本演化模式。通过比较 10 个浙江企业的创新能力各个维度的变化情况，归纳出浙商创新能力提升的三种基本轨迹和浙商技术学习的两种基本模式。然后研究内部途径和外源途径在创新能力演化中的互补作用，提出了创新能力形成的内外途径交替的螺旋上升模式，以及两种途径对于能力形成的循环作用机制。

　　通过对国内外学者研究结果的比较，将发展中国家和地区的自主创新归纳为四种基本的自主创新模式。然后，在此基础上通过对多个典型浙商的创新模式进行比较分析，归纳出浙商创新模式的特点。

　　利用统计数据和问卷调查，分析评价了浙商创新能力的现状。通过典型案例分析和建立系统动态学模型，对浙商创新能力提升缓慢的原因进行了研究，发现公司短期收入增长的目标往往会侵蚀创新战略，由此，企业逐渐会陷入创新能力不足的陷阱。最后构建了提升企业创新能力的静态与动态模型，对浙江政府的创新政策进行了实证研究，并在此基础上，提出了浙江政府提升企业创新能力的对策与建议。

Abstract

This book firstly, aiming at developing countries in particular, puts forward a basic evolutionary model of innovation capability, which is from imitation capability to creative imitation capability, then to indigenous innovation capability. By comparing the changes of innovation capability dimensions of the ten enterprises in Zhejiang, it summarizes the three basic tracks of innovation capability development and the two basic technology learning models of Zhejiang enterprises. Then focuses on the interaction and reinforce to each other of internal R&D and external knowledge in the process of technological competence evolution, the mechanism of the two paths' circular action is presented.

After comparing the findings of both domestic and foreign researchers, the indigenous innovation in developing countries and regions are grouped into four basic indigenous innovation models. Then, it induces the characteristics of indigenous innovation model of Zhejiang enterprises through comparative analysis of innovation model of several typical Zhejiang enterprises.

Making use of statistical data and questionnaires, it analyzes and evaluates the status of innovation capability of Zhejiang enterprises. And the important reason for the lack of innovation capability of Zhejiang enterprises is summed up through building a system dynamic model and analyzing typical cases, that is, the enterprises' short-term performance goals erode their strategic goals. Finally, it proposes the static and dynamic model to strengthen the innovation capability of enterprises, it also does empirical research on the Zhejiang government's innovation policy, based on the results of the research, this book gives some recommendations to Zhejiang government, helping it to enhance the innovation capability of the local firms.

中国改革开放的 30 年是浙江经济突飞猛进的 30 年,也是浙商崛起的 30 年。30 年间,一个个穷困的泥腿子成长为叱咤风云的企业家,在中国经济走向世界的进程中起着先锋的作用。这是继日本和亚洲四小龙以后的又一经济发展奇迹,其中的奥妙是什么?是技术引进、技术模仿还是技术创新?是市场创新与组织创新?抑或是制度与文化创新?这些创新对于浙商发展的意义何在?这些创新有哪些内在的关联,又是如何相互促进的?

随着浙商规模的扩大、范围的扩展,其创新能力也在逐渐形成与提升。但是,浙商创新能力提升的过程该如何梳理,有什么样的规律与模式?浙商创新能力的现状怎样,有哪些不足,不足的原因是什么?如何克服浙商创新能力提升的瓶颈?本书希望对这些涉及浙商发展前途的重大问题进行分析、梳理与解释,并提出初步的对策与政策建议。

本书的研究工作持续了 10 年时间,从笔者在 2000 年做博士论文时就开始了。随后承担了相关的国家自然科学基金课题、杭州与浙江大学战略合作课题和浙江社会规划重大课题,在此也感谢这些基金机构的资助。通过这些课题的研究,逐渐对上述问题有了一些初步的理解与解释,现在把这些研究内容整合成为本书,奉献给浙商及广大关心浙商发展的人们,希望能够帮助大家更好地理解浙商的经验与现状,思考浙商进一步发展的道路与方向。

在十几年来的学习与工作中,我的导师许庆瑞院士在治学和为人上都给予了谆谆教诲,耳濡目染导师的渊博学识和严谨作风,使我受益终生。本书研究内容的大部分是在许老师的悉心指导下完成的,从论文选题、课题申请到理论模型构建、实证材料收集,始终离不开许老师的指导与帮助,在此向许老师表示衷心感谢!

同时,我要感谢浙江大学管理学院的资助,使本书得以出版。在本书的研究过程中,浙江大学研究生郑林英、尚倩完成了部分资料收集与统计分析工作,陈力田和王琳完成了部分企业调研和案例写作工作,杨雅秀完成了文献整理工作,在此表示感谢!

最后,我还要怀着愧疚的心情向我的父母、妻子和女儿表示最衷心的谢意!因为工作和病痛,我无法与你们共同承担生活中的艰辛与困苦,我所能做的,只能是努力工作,积极锻炼身体,不辜负你们的殷切期望!

由于作者水平有限,研究不够深入,缺点错误在所难免,敬请指正。

作者
2011 年 6 月于杭州

目录
CONTENTS

浙
商
研
究

CONTENTS

1

第一章 绪 论

　　自主创新能力是国家的核心竞争力,也是企业生存和发展的关键。全面提高企业的自主创新能力是浙江经济发展的一项重大战略任务,在当前具有十分重要的现实意义。通过提高企业的自主创新能力,依靠科技进步加快改造传统产业和开辟新的科技产业,可以为调整经济结构、转变增长方式提供重要支撑;通过提高自主创新能力,增强企业自主开发能力,掌握自主知识产权,突破发达国家及跨国公司的技术垄断,形成高技术产业的国际竞争优势,可以为浙江经济的进一步发展、转型和升级提供重要保证。

　　近年来,浙江经济发展面临着增长方式的转型,企业面临价值链的升级,正从粗放型、投资推动转向创新推动的经济增长,从传统产业的低成本优势转向高技术产业的技术优势,正迫切需要进一步发挥科技进步和技术创新对浙江经济可持续发展的支撑作用。

　　浙江经济发展虽然在全国名列前茅,但其赖以发展的竞争力是建立在传统产业的成本优势基础上的。随着浙江经济的发展、人均收入的提高,我国中西部省市和南亚其他国家逐渐进入全球生产体系,浙江产业的低成本优势将逐渐丧失。因此,能否建立强大的高技术产业成为浙江能否继续引领全国经济发展的关键。可是,我们应该认识到,浙江已经错过了我国 20 世纪 90 年代中期开始的发展信息产业的最好时期。浙江目前的产业结构是以中小企业为主,企业研发能力不强,主要是针对短期效益的专用技术,少有中长期共性技术的研发。现有的创新系统是以企业为主体的市场导向的研发体系,在传统产业的技术进步和短期成熟技术开发方面具有很大的优势,但无法支撑中长期共性技术的研发。虽然浙江在软件和移动通信两大领域有一定优势,但在信息产业的大多数领域都毫无地位,导致浙江的整个高技术产业处于比较落后的状态。

　　当然,机会仍然存在,当今不断涌现的信息技术、生命科学和新能源技术革命给浙江提供了很多跨越与创新的机会。因此,这是浙商面临的一次最好的机会,也是一次最大的挑战。浙江经济发展已到了一个重要的十字路口,正处于类似于 20 世纪 50 到 60 年代的日本和 20 世纪 80 到 90 年代的韩国及我国台湾地区的情境。美国新经济、日本、韩国及我国台湾地区的成功模式都在召唤我们,催促我们做出抉择。

创新能力是经济社会发展的决定性因素。对于"经济大省、科技强省、资源小省"的浙江来说,如何更好地应对全球新一轮科技革命与产业革命的挑战和机遇呢? 推动自主创新、建设创新型强省是重中之重。那么,如何克服阻碍创新能力提高的因素,推动浙江实现经济增长的转型? 这就需要通过深入研究来找出目前存在的问题,分析问题背后的原因,为克服这些障碍性因素提供对策与政策建议。

因此,如果我们希望解决如何提升浙商创新能力这个重大问题,就应该首先研究浙商创新能力的现状如何,浙商创新能力提高的过程、机制、途径与模式是什么,浙商创新能力提升缓慢的原因是什么,什么是浙江自主创新能力提升的突破口,政府在其中应该发挥怎样的作用。本书希望对上述问题做出解答,为浙江经济的持续发展尽一份微薄的力量。

第一节　浙商创新的特性

为了理解浙商创新能力提高的过程、机制与模式,我们首先应该了解浙商创新的特性及其缘由。本节从创业精神、市场创新、技术创新、组织与制度创新、商业模式创新、资源整合和战略创新这几方面来概述浙商创新的特性。

一、浙商创新概述

(一)创业精神

浙商基本上都是在家庭或乡镇作坊这样很低的层次上开始起步的。虽然在产品生产技术上基本上是对国有企业的模仿,但浙商在企业组织、制度、市场等方面却屡屡创新,如在国内领先建立起第一批私营企业、第一批专业市场、第一座中国农民城等。浙江经济的活力来自于浙商旺盛的创业精神。但矛盾的是,创造浙江奇迹的浙商,大多是文化程度较低、受教育较少的人群。首届风云浙商评选的 10 位资深贡献奖得主中,只有一位具有大学学历,初中及以下学历的有 7 位(杨轶清,2008)。这样一个群体,为什么具有如此茂盛的创业精神?

20 世纪 70 年代末中国改革之初,浙江乡镇企业便风起云涌,这在很大程度上得益于浙江源远流长的工商业传统。浙江历史上的学术思想文化是中国传统文化的异端,永嘉学派代表人物叶适、永康学派代表人物陈亮、心学大师王阳明和明末思想家黄宗羲都比较重实务,主张"义利并举"、"工商兼本"和"四民平等"的新观念。浙江在历史上就有"百工之乡"的产业传统和商业文化的积淀,宋朝以来,浙江成为全国工商业中心之一。到近代,浙江湖州和宁波商人进入上海,对上海的发展发挥了关键的作用。生长在这样一个工商发达的文化环境中,浙江人的商业意识与创业冲动从来就没有平息过。虽然新中国的国有体制抑制了创业精神的发挥,可改革之风一吹,浙江大地上便涌现一浪又一浪的创业潮流。万向和横店集团早在20世纪60年代就开始创业,在当时的政治环境下,其创始人是利用集体企业的形式开始创业的。而吉利和正泰是在改革开放后的20世纪80年代开始建立的,所以一开始就以私营企业的形式出现。虽然浙商创业的时间不同,形式各异,但都体现了强烈的企业家精神。浙江民营经济是一种内生性经济,发展的动力来自内部。这种内生性的发展动力是基于浙商的"个人自主性"(吕福新,2006),浙商不仅具有做实事的功利性特性,而且有思想解放、敢为天下先的特点。

在我国改革开放之初,浙江人特别是浙江农民普遍的低学历并没有成为创业的障碍,在一定程度上这还是他们创业的优势。创业的成功,取决于两个方面,一是对于商机的敏锐,具备机会感知的信息收集机制;二是敢于在不确定性环境中决策与行动,形成对生产要素的重新组合(杨轶清,2008)。从这个角度讲,浙江人的低学历使他们游离于社会主流之外,对传统计划体制的认同较低,更容易突破传统体制的束缚。同时,浙江的人均耕地面积低于全国平均水平,生存压力大使他们进入工商业的机会成本低,而长期的商业传统也给他们寻找创业方向提供了诸多机会。浙江是中国最小的省份之一,其中山地面积占70.4%,人均耕地面积0.55亩,人多地少问题非常突出。同时,浙江资源非常短缺,人均资源量指数若以全国平均数为100计算,则浙江的能源指数为0.5,矿产指数为4.9,综合指数全国倒数第三(吕福新,2006)。这样一些不利因素促使浙江人走出家门,走向工商业,广泛利用和开发外地资源,率先进入不依赖本地资源而是依赖广大市场的工业加工与远程贸易。

同时,浙江人的创业精神源自从个体到群体的互动过程。创业首先由某些个体发动,但首创的个体毕竟是极少数人,多数人是在少数首创者的带动下开始创业的。这是中国传统的"关系"文化与"亲缘"文化的反映。关系使中国人以非独立的个体存在,而亲缘使关系从亲人开始逐次展开。这样,一人经商办企业往往需要亲戚、朋友、乡邻的帮助,形成抱团创业、抱团经商的情形,导致"一村一品"和"一乡一市"等区域集群现象,甚至在全国各地形成"温州村"、"浙江村"等现象。因此,"关系"与"亲缘"是形成浙江创业群集现象的文化基础。

（二）市场创新

在创业之初,浙商最重要的创新是建立专业市场与市场网络。如在正泰成立之初,其产品销售完全依靠柳市蓬勃发展的专业市场和遍布于全国各地的供销大军,正泰正是以此为基础,开始走向以市场为导向的创新之路。

专业市场是浙江经济发展的一大特色。义乌中国小商品城、绍兴中国轻纺城、海宁皮革城等都已享誉全国甚至全球。在20世纪80年代中国市场经济发展之初,市场机制非常薄弱,缺乏快速而灵活的商品交换市场,于是,现实的需求促使浙商创造性地建立了集中交换的平台——专业市场,为企业生产的发展铺平了道路。浙商的发展是一种典型的市场驱动模式,即先有市场,再有工厂。浙商通过专业市场及时发现需求,把握市场信息与变化,由此不断调整生产经营活动,创造了小商品、大市场的经济模式(郑勇军,2003)。

到20世纪90年代,专业市场的问题逐渐凸显出来。完全按照市场需求生产的模式形成了浙商"无所不能"、"无孔不入"的市场形象,使浙商缺乏明确的市场定位,相互模仿,同质化明显,主要依靠低价策略竞争,不利于企业创新与产业升级。因此,从20世纪90年代开始,浙商开始建立完善的营销体系,将市场体系内部化,由此把握长期的市场变化,开拓潜在的市场机会。如正泰从20世纪90年代初开始在全国各大城市建立特约经销点,到1998年,正泰在全国建立了210家销售公司、268家特约经销处。

同时,新浙商的网上市场异军突起,创造了新型专业市场。以阿里巴巴、网盛为代表的电子商务的崛起,秉承了浙江专业市场的特色与优势,创造了新的市场与商业模式。

（三）组织与制度创新

从乡镇企业到个体家族企业,再到现代公司制企业,是浙商发展与制度创新的基本路径。在浙商起步阶段,个体家族制对企业的发展起过非常积极的作用,主要表现为两个方面:第一,家族企业经营权与所有权的统一,使企业经营决策反应迅速,灵活善变;第二,企业内人际关系融洽,激励、监督和协调成本低。从文化层面看,家族企业优势的基础是中国传统的"家文化"。当时,在计划经济体制开始失效而市场体制还没有建立起来的情况下,"家文化"为新兴的浙商提供了丰厚的社会资本。

在20多年的时间内,浙商完成了从家庭工业制度到工厂制度,再到现代股份公司制度的演进。浙江私营企业最初发端于分散的作坊式家庭企业,如苍南县的标牌业、瑞安场桥镇的羊毛衫业等温州的股份合作制企业,都是以家庭作坊为基础,借助"挂户经营"的组织创新得以发展的。而所谓挂户经营,是以股份合作制的方式对外统一厂名、银行账号,统一纳税、上缴管理费,内部实行分户生产,保持内部私有产权关系。挂户经营和股份合作制实质上是私有财权冒充共有经济寻求政治庇护、规避政治风险的企业制度形式(史晋川等,2001)。同时,股份合作制满足了企业扩大规模和外部融资的需要,为企业发展奠定了成本最小化的制度基础。浙商从家庭私有企业到挂户经营和股份合作制,再到私有的股份公司,看似走了许多弯路,但在中国当时的政治环境下,却是一条成本最小、最快逼近现代企业制度的道路。到20世纪末,浙商已基本建立起按市场经济规则运行的企业制度,实现了从传统的计划经济向市场经济的转型。

到了20世纪末,浙商开始从古典企业向现代股份制企业转型。在此之前,经过几年或十几年的发展,浙商依靠其强大的市场能力生存下来,并逐渐发展壮大。但技术的落后、人力资源短缺、资金的缺乏、企业组织与制度的混乱、营销体系的粗鄙都阻碍了企业的进一步发展。这里关键的问题是人力资源短缺和企业规模太小,而造成这些问题的主要原因又是家族企业组织制度的落后。一方面,由于家族企业股权的单一封闭,使企业无法获得更多的资源,包括资金与人力资源。随着企业的扩大,浙商社会资本中的社会信任和信任网络缺失问题也日益凸显,这主要体现在对外部引进的职业经理人和技术人才缺乏信任,使他们很难融入企业和形成归属感;另一方面,家族企业强烈的家文化阻碍了资本的集中,使企业规模难以迅速扩大。浙商在外部交往和合作过程中,总是以血缘和乡缘为基础,很难形成大规模的联盟网络(范钧,2008)。所以,在这个阶段,浙江乡镇与私营企业都开始了新一轮的组织与制度创新。如万向集团从最初的承包制到股份合作制,再到总厂式管理,最后发展到集团化管理模式。通过体制改革与管理创新,万向基本上打破了家族企业的约束,大量招收大学生和社会经理人,形成以职业经理人为核心的人力资源体系。正泰从1992年到1994年吸收了390多家企业,将它们改制为股份合作企业,然后在1996年进一步将它们改建为分公司,实施"大集团,小核算"管理,形成母子公司并建立三级管理体制,加强了母公司的控制与决策权(史晋川等,2001)。同时,正泰通过经理人持股计划打破家族治理机制,提高了经理人对企业的认同。另外,正泰成立了中美合资正泰有限公司,利用合资企业的优惠政策引进国外技术与设备,提高企业技术水平。如今,部分浙商已经完成了从古典企业向现代企业的转型,基本建立了股份公司制度,打破了传统家族企业的人员封闭体制,实现了技术、产品多元化发展,已建立起营销体系、融资与资本运营体系,实现了规模经济与范围经济。

(四)技术创新

由于起点很低,所以浙商都是从一些最简单、最便宜的产品起家,往往对国有经济起到拾遗补缺的作用。在技术上,它们通过模仿国有企业产品,利用国有企业的技术人员和淘汰的设备开始生产。但它们没有看低自己,而是通过不断的技术学习和技术改进,提高质量,开拓市场,终于赢得了市场的认可。

浙商走了一条基于现实市场需求、低投入创新的捷径,在模仿基础上的二次创新成为民营企业技术创新的主流方式,体现了浓重的"拿来主义"色彩。浙商善于在市场中捕捉商机,一旦发现适销对路的产品,便努力模仿生产。它们在解剖他人样机的情况下引入自己的技术,以改进产品性能,提高产品质量,降低产品成本,购置的机器设备已成为大多数浙商技术创新的主要载体(詹建芬,2003)。

近年来,由于浙江省政府重视创新,鼓励企业通过创新求发展,浙商的创新能力得到了一定的提升,具体表现为:(1)企业已经成为技术创新的主体;(2)形成了以市场为导向,根据市场需求进行创新的创新战略;(3)引进消化吸收再创新是浙商自主创新的主要方式;(4)企业在 R&D 投入、研发人员数、专利申请和授予数量等方面都在快速增加。

在看到浙商创新能力得到增强的同时,也要认识到其存在的不足之处,具体表现在以下几点:(1)创新意识比较淡薄,创新内驱力相对不足。目前,浙江大多数中小企业还是以消耗资源、粗放经营、简单加工为特征的传统发展模式,价格低廉仍然是浙江中小企业最主要的优势。(2)企业的技术创新缺乏资金支持。由于创新型企业收益的不确定性与银行的审慎经营原则不相符合,这使它们很难获得银行的贷款支持,而科技开发的周期长、投资较大、风险较大、需要财政巨额投入,又是政府难以承受的。从发达国家发展的历史来看,创新型企业主要是依托风险投资发展起来的,而浙江省风险投资还处在起步阶段,无法解决中小企业融资难的问题。(3)共性技术研究缺乏。浙江省有 500 多个产业集群,集聚了大量的中小企业,这些以产业集群形式发展的中小企业在研发活动过程中积极引进吸收国内外先进技术,以低成本、短产品更新周期形成了国内外市场的竞争优势。但是,它们在研发活动中碰到的主要问题是低水平的技术重复研发,大多数企业只是掌握了基本的制造工艺和产品外围技术,核心技术还得依赖国外企业,它们仍处于价值链的低端。这是由于浙江省支持中小企业共性技术研发的技术平台还没有建立,因而不能使整个产业技术水平跨上一个新的台阶,无法突破和掌握核心技术。(4)高技术产业发展滞后。

浙商的功利性和务实性决定了其具有模仿性(吕福新,2006)。在改革开放之初,浙商主要是模仿国有企业,利用国有企业的技术、设备和人才建立自己的技术能力;在有了一定的技术基础和生产规模后,它们又开始通过合作、合资等方式模仿外商企业,甚至走出国门,寻求世界上广泛的学习对象;同时它们也开始利用国内大学科研院所的科研能力,通过合作研发等方式提升自己。浙商喜欢参加国内外的产品展销会、博览会,从中发现有价值的新产品,然后购买许多新产品的样品回去,通过逆向工程掌握新产品的生产技术,或者进行适当的改造推出自己的新产品(吕福新等,2009)。这样的普遍模仿在浙商技术发展的早期是可行和有效的,但随着技术的扩散和国内外新兴区域产业的兴起,浙商的技术优势逐渐丧失,缺乏创新的问题愈益严重。2003年以来,浙江规模以上工业企业利润增长速度低于全国平均水平(吕福新等,2009),浙商没有能够及时依靠创新转型升级,发展空间愈益狭小。

(五)商业模式创新

如果说第一代的浙商主要是对西方传统商业模式的模仿,那么浙商的商业模式创新主要体现在新一代浙商身上,即以互联网为核心的高科技创业企业。互联网等高科技产业是近十年发展最迅速的技术与产业,其商业模式仍在探索之中,这使得较早进入这些行业的浙商有了商业模式创新的机会。

企业价值创造活动中对资源利用的效率并非100%,有些资源被忽视,有些资源被浪费。企业将这些被忽视或浪费的资源提供给需要利用或者利用率更高的企业,用以换回本企业所需的并且利用率较高的资源,这样的资源共享模式实质上是一种价值共享模式。以绿盛集团与天畅科技发起的"R&V"企业商业模式是这种创新模式的成功典范。"R&V"模式的实质是企业通过战略联盟,实现资源优化配置,促进价值创造。在"R&V"战略联盟下,联盟内部企业的核心资源并没有产生变化,而是对互相需要的资源展开了优化配置。绿盛与天畅都将自身产品植入对方产品中,两者在资源总和不变的前提下,扩充了可供转化的资源量,这是企业价值创造模式的创新(陈劲等,2006)。

在资源环境约束效应日益强化的情境下,单纯依靠资源要素的价值创造空间已经大大缩小。顾客价值是企业商业模式创新的源泉,浙商商业模式创新必然以顾客价值为主导。浙商的顾客价值导向坚持了以本土差异化市场需求为基础,这明显提升了企业商业模式创新的可行性(项国鹏、韩思源,2008)。从客户价值维度看,阿里巴巴是以中小企业顾客为其价值导向,以免费入网作为其价值形成基础的。中国供应商、诚信通、支付宝等认证和交易工具的成功开发及实际应用,使诚信和客户资源转化为价值创造中的重要资源,扩充了其客户价值。在核心能力方面,与雅虎的联姻是阿里巴巴对"搜索+商务"模式创新的一种尝试,使在线交易信息传输效率提高;而阿里软件的开发为其打通三种电子商务模式的界限提供支持。同时,阿里巴巴还通过网络创新提高价值实现效率,这些努力使阿里巴巴形成了自己独特的核心能力。

(六)资源整合创新

战略实施的关键是通过组织与外部网络的建设,整合内外部技术与市场资源,形成创新能力。对于企业技术能力的建立,外部资源整合比内部组织更加重要,受到浙商的普遍重视。它们或通过国际合作,或通过收购,逐步掌握了相关领域的部分核心技术,或者完成了产业和价值链升级。

浙商的兴起和成长离不开全球价值体系重构的背景,以 OEM 代工生产方式为主发展起来的部分浙商,具有明显的全球价值链嵌入特征。十几年来,浙商的对外贸易量以每年 20% 左右的速度持续增长,但对外贸易量的超高速增长并没有促进和带来浙商技术能力的提升,无论是从出口产品的技术知识含量还是从产品附加价值增值的角度看,都没有得到明显的提升,相反还有些指标在恶化(俞荣建、吕福新,2008)。浙商主要处于传统的劳动密集型产业,产业的附加价值一直在不断地下降。

在浙商面对全球价值链中自身价值权利不断销蚀的情况下,部分有雄厚实力、主导性的领先企业,如万向、雅戈尔、吉利等既具有自主品牌又具有丰富国际化经验的大型企业集团,开始采取自主品牌、自主营销的战略,广泛利用国外的技术、销售渠道和品牌资源,推进品牌的国际化进程。

例如,奥康鞋业与意大利名牌"万利威德"(VALLEVERDE)达成合作协议,奥康集团取得万利威德全球品牌经营权,万利威德提供产品研发资源,提供技术和法律方面的支持。奥康的下一步计划是收购这一品牌,进行国际化的自主营销,产品包括"万利威德"与"奥康"两个品牌的皮鞋(俞荣建、吕福新,2008)。

要想在全球价值体系中站稳脚跟,获得一定的价值权力,浙商就必须进行多维度、立体式的价值支撑网络建构,在全球范围内建立资本、技术、信息以及市场网络。例如,雅戈尔、茉织华等"浙商"服装企业,在资本市场上进行强力和有效的运作,构建了实力雄厚的资本体系和营销体系。万向集团通过国内上市、国内外兼并收购、成立财务金融公司,形成了较强的国际研发、营销和资本体系。

(七)战略创新

到 20 世纪 90 年代末,普遍模仿成为浙商的一个特征。浙商的草根性决定了它们起点很低,起点低决定了它们的模仿性。模仿性的惯性行为再加上功利性特性决定了它们不愿进行风险较大的创新活动,特别是在资金和技术能力不足、知识产权等法律制度环境不佳的情况下,自主创新很难成为浙商普遍的战略选择。另一方面,浙江民营企业的素质不足,特别是学习能力、战略运筹能力和文化素质的不足成为进一步发展的障碍。浙商过于重视有形、短期的战略要素,忽视无形、长期的战略要素(项国鹏,2001)。浙商实用主义倾向突出,近六成浙商缺乏对未来的战略规划。甚至一些规模大、经营绩效好的浙商企业领导人也表示,他最看重的是怎么做才能实现短期目标,至于更长时期(3 年或 5 年以上)的目标,就说不清楚了(项国鹏,2007)。

走向自主创新首先是战略能力的建立,通过战略创新来克服核心技术、创新文化与愿景的缺乏。部分浙商正是按照这样的路径开始了自主创新的历程,如正泰 2000 年以后开始实施以打造世界一流电气企业为目标的国际化战略,完成了战略的重构,以自主创新和产业升级作为未来发展的方向;雅戈尔在全国建立营销网络,向下游拓展控制渠道与物流。部分浙商利用新兴技术改造传统产业或进入新兴产业,如绍兴纺织企业的技术升级,许多企业进入汽车、金融、太阳能、环保等新兴产业。部分浙商从上世纪 80 年代就开始实施"走出去"战略,以多种方式参与国际竞争,如浪莎袜业在美国投资建厂,规避美国的反倾销;万向从贴牌生产到收购的逆向 OEM 实现产业价值链的升级;康奈皮鞋和意大 Geox 公司结为贸易联盟,拓展国际市场。部分浙商积极实施品牌战略,浙江有娃哈哈、万向、正泰、阿里巴巴等全国著名企业品牌,但浙江更明显的优势是品牌集群,包括温州"中国鞋都"、海宁"中国皮革"、嵊州领带、永康五金等。

二、浙商创新特性总结

1.内生的企业家精神

浙商基于文化传统与家族血缘联系的企业家精神是内生工业经济发展的基础,体现为浙商的自主性、草根性、敢为性、功利性和模仿性。

2.市场创新、制度与组织创新先导

浙商的创新最早体现为市场创新,通过专业市场的建立,奠定浙商把握市场、掌控需求、发展工业的基础;而随后开始的制度与组织创新使浙商能够利用中国从计划经济转向市场经济时期的政治资源,合法经营,并通过一系列的组织创新,健全内部生产、营销管理体制,充分利用资本与人才,获得健康发展。

3.市场引导的以模仿为主的技术创新

由于浙商起步很低,创业初期几乎没有任何技术能力,所以一开始就形成了由市场引导的、以模仿为主的技术创新模式。这既是浙商快速发展的优势与动力,也是浙商转型升级的劣势与障碍。

4.对外部资源的整合创新

浙商由于起步低,资源非常缺乏,所以从一开始浙商就非常重视对外部资源的利用,包括国有企业与大学科研院所的技术与人才、民间资本和政府政策的支持,以及与国外企业的合作、合资、购并等,使浙商建立起广泛的资源网络。

5.基于市场的短期战略目标导致研发投入不足

浙商的功利性和草根性形成了基于市场的短期经营战略,这样的战略在早

期具有很大优势,使浙商经营灵活,通过模仿不断开拓新产品与新市场;但这个战略的劣势也逐渐显现,浙商普遍没有长期发展战略,对外部资源的过度依赖导致研发投入不足,核心技术能力无法形成。

第二节 创新能力研究的现状

创新能力提升是目前理论界和企业管理实践中都十分关注的问题,因为它是企业竞争优势的最终来源。

理论界对于创新能力的讨论,起源于 20 世纪 80 年代对第三世界国家作为技术引进方如何获得自主技术的研究,以后逐渐深入到研究微观层面上的企业如何获得核心技术优势,并最终与核心能力的研究相交融,在管理的理论研究与实践中达成了普遍的共识:创新能力是大多数企业,尤其是技术型企业,获取竞争优势的基础。

企业在管理实践中也逐渐认识到,技术的含义不仅仅包括硬件设备和软件知识,也包括企业从事各种技术活动的能力(创新能力)。企业如果拥有先进的硬件设备和优秀的软件知识,那只代表当前的技术状况很好;但企业如果没有从事各种技术活动的能力,不仅可能发挥不了目前的技术优势,而且更可能使技术优势逐渐消失,最终落后于竞争对手。

自从 Prahalad 与 Hamel 首先提出了核心能力(core competence)的概念以来,对企业核心能力的研究逐步深入,并渗透到企业管理的大多数领域,在技术管理领域尤其如此。核心能力最重要的内涵无疑是与企业的竞争优势联系在一起的(Leonard-Barton,1992),而很多研究认为,对于大多数企业来说,创新能力是核心能力的重要组成部分和基础(Prahalad and Hamel,1990；Teece et al.,1997)。

核心能力的研究从获得竞争优势的战略角度拓宽了创新能力的研究视角,从而对企业的技术战略决策有更现实的意义。因此,创新能力和核心能力研究的交汇与融合成为一种趋势,使创新能力的研究更加深入。

创新能力的获得不像获得一项技术(购买硬件或软件)那样容易,事实上,这是一个困难的、复杂的和长期的过程,需要持之以恒的积累。虽然目前已有一些企业认识到这一点,但由于对创新能力积累的机制不明确,存在着积累途径单一或由于不能在企业发展过程中及时转换而造成积累途径与企业需要不适应等问题。

创新能力是一个含义广泛的概念。目前,国内外专家学者和研究机构在对

"创新能力"这一概念的认识与内涵的界定上尚未达到统一。研究视点的不同是造成这一情况的原因之一。有些研究者侧重于从宏观的国家创新能力角度，有些则侧重于从微观的企业创新能力角度。在微观的研究层面下，还有广义与狭义之分：有些研究将创新能力扩展到整个企业对技术活动的支撑能力；有些则仅就企业在技术活动方面的能力进行研究。总的来说，创新能力的研究趋势是宏观与微观相结合，并与核心能力的研究相交融。

一、创新能力的界定与评价

有关创新能力的最早研究是从国家技术能力的研究开始的(Dore,1982; Fransman and King，1984)。1989年，联合国经济合作组织(UNESCAP)组织了包括英国科技政策研究所(SPRU)在内的研究机构和专家，对"第三世界技术能力"进行了专题研究。在此研究中，出现了一批有影响的研究成果，如 Bell、Katz、Steward、Dore、Desai、Dosi 等学者的论文和联合国工业发展组织(UNI-DO)、泰国发展研究组织(TDRI)等的研究报告。另外，世界银行(World Bank)和其他一些学者如 James、Sharif、Ramanathan、Lall、Leonard-Barton 等也对创新能力的内涵作出了不同的界定。这些研究都体现了对微观层面上企业创新能力的关注，表现出宏观和微观相结合的趋势。

这些有关创新能力结构的观点(表1-7)大致可分为三类：

(1)从企业价值链活动来分解创新能力，包括生产技术创新、产品和工艺改进；

(2)从技术载体来分解创新能力，包括设备技术、人员技术、技术组织和价值观；

(3)从获取和提高技术的企业活动来分解创新能力，包括技术监测、技术吸收、技术转移与激活、技术知识创造。

表 1-7　创新能力结构的研究综述

研究者或机构	创新能力
Dore(1982)	技术的搜索能力；技术的学习能力；技术的创造能力
Fransman 和 King(1984)	选择技术的能力、引进技术的能力；实现从投入到产出的变革能力；改进技术以适应当地生产条件的能力；进行渐进性创新发展的能力；在自身 R&D 基础上取得较重要的创新和突破的能力
Kim(1997)	创新能力分解为生产能力；投资能力和创新能力
Desai(1984)	购买技术的能力；运行工厂的能力；复制和扩张的能力；创新的能力

续表

研究者或机构	创新能力
Sharif(1986)	寻找和选择技术的能力;提高技术所有要素的能力;为转移活动进行操作的能力;管理和维护技术要素的能力;开发新产品、工艺、技术和制造样机的能力
James(1988)	问题识别和搜索的能力;选择技术和引进技术谈判的能力;调整进口设备及其生产工序的能力;创新性改进、转化及制度化 R&D 的能力
UNIDO(联合国工业发展组织)	创新能力包括人员培训能力;基础研究能力;实验设施能力;获取并采用技术的能力;提供信息支持和网络支持的能力
Leonard-Barton (1995)	创新能力体现为技术系统、人员、技术组织和价值观
魏江(1997)	创新能力包括设备能力、人员能力、信息能力、组织能力,以及这四个要素的相互协调程度

通过将创新能力分解为各要素,使研究者能够测度和评价创新能力,这样创新能力就成为可操作的理论概念和模型,为进一步研究和管理创新能力建立了坚实的基础。但与此同时,"第三世界技术能力"课题组(1989)在研究创新能力的发展过程时发现,将创新能力分解为各组成要素,虽然有利于分析和测量评价,但却将完整的创新能力系统孤立开来,不利于真正把握企业的整体技术水平。他们认为创新能力的提高要建立在能力各要素协调增长的基础上。沿着这样的思维方式,魏江(1997)提出了企业技术能力的度量模型,其总计算公式为

$$I = a I_h^{\beta_1} I_t^{\beta_2} I_o^{\beta_3} I_i^{\beta_4}$$

其中:I_h、I_t、I_o、I_i 分别是创新能力各要素的度量;β_i 是各要素对企业创新能力增长的作用强度;a 是环境因子(外部环境对创新能力增长的作用)。

这一连乘模式反映了四要素对创新能力增长的协调作用。但在对我国企业创新能力演化的分析中,我们发现在创新能力演化的不同阶段,各要素的作用是很不相同的,所以度量模型中 β_i 的值在不同阶段也是不同的。因此,创新能力各要素的协调发展是一个动态的过程,企业应根据自己所处的阶段,选择自己最优的能力要素组合,特别是在阶段转换时期,应及时调整自己的能力组合,以适应在新一轮竞争中的需要。

另一方面,一些研究者将创新能力测度与评价与核心能力的研究融合在一起,从核心能力的角度提出了一些测度方法。

• 平台法(Mayer and Utterback,1993):从企业产品族出发寻找能力元。这个方法具有操作性,并能根据产品族的市场竞争力及其宽度来评价相应创新能力的水平;

• 多层次能力结构:如将每个能力领域分解为元素能力和构架能力两个层次(Henderson and Cockburn,1994;王毅,2000)。这样可具体分析每个能力领域内作为能力基础的元素能力与对元素能力进行操作和组织的构架能力之间的匹配程度。由此,易于寻找出其中的核心能力所在。

显然,上述研究虽然将创新能力的提高分为不同的阶段水平,但总的发展方向都是自主创新能力的建立。因此,虽然他们认为企业的创新能力都源于外部,并且都开始于技术(设备或软件)的引进,但最终都强调内部研究开发能力的形成。这些观点从本质上仍是局限于企业内部,没能从更宽的视角来认识企业的创新能力,没有充分认识到利用企业外技术资源对形成竞争优势的重要性。

Adler 和 Sbenbar(1990)提出了一个开放的创新能力框架。他们认为,创新能力的功能有两方面:一是开发新产品满足现有市场,使用工艺技术制造产品;二是发展或使用新技术以满足将来的需要,对未预料的技术变化和机会做出反应。由此,提出了创新能力的四个维度:技术资产、人员技能、组织资产、外部资产。其中对外部资产的强调使此能力框架具有开放的特征,反映了近年来竞争与知识的全球化,以及多学科、多技术融合的趋势。

外部资产是指企业与竞争对手、供应商、用户、政府和区域社会的关系。主要包括:

(1)与用户的关系:通过与用户的关系,获得有关需求的知识;

(2)与供应商、设备制造商、科学技术源的关系:最大限度地利用它们的创新能力;

(3)通过联盟、产业协会、非正式网络获取信息与技术;

(4)与政府建立联系,制定产业标准,支持技术发展。

近年来对联盟和网络能力的重视是开放式创新能力观的进一步扩张。

二、创新能力的演化

企业创新能力的演化是一个复杂的动态过程,受到多种多样因素的影响,其中主要有宏观上的制度、文化、经济及技术环境和企业本身的发展历史、战略方向等因素。在此过程中,呈现出多姿多彩的发展图景与轨迹。总的来说,企业创新能力的演化有如下一些基本性质(Nelson and Winter,1982):

1. 生成性

企业的技术知识并非一种静态的存在物,而是具有生成性的动态知识交流网络,包含着企业创新问题的生成机制和解决这些问题的启发方法,它具有自发的扩展机制,有其内在的成长逻辑。组织内新的技术知识的生成,一方面是内生的,通过组织内部知识的交互作用产生;一方面是外源的,通过各种技术活动从组织外部引入。

2.累积性

一个良好发展的组织从其成立开始就不断地积累自己的生存知识和技能,包括技术知识、组织规程、组织文化等。因此,形成技术知识获取、传递、创造、积累的良性循环机制,促进技术知识不断积累是组织生存和发展的内在要求。技术知识的扩展立足于现有的知识基础,在与当前实践紧密相连领域的学习中得到积累。由于知识的觅取者要具有一定的技术知识基础,知识的获取会受到企业以前获取的知识种类与存量的限制,即企业目前所能做的决定于企业以前所做的。随着企业知识存量基础的增加,所能接受与加工的知识愈加高级化,而这对于企业吸收新的知识创造了条件。对于非格式化知识而言,累积的结果不仅是量的提高,而且是质的提高,带来企业知识加工能力的进化。

3.路径依赖性

由于组织以往积累的技术知识会对其以后的技术活动的选择和进行产生影响,因此,组织在现有技术知识基础上的局域创新搜索使企业知识的积累表现出很强的路径依赖性。这种路径依赖是企业理性选择的结果,它造成相反的两种效应:使企业保持长期竞争力;使企业步入技术锁定的困境。

4.更新性

技术知识的更新性由以下原因造成:当组织技术知识不断积累和膨胀,会生出许多分支而显得散乱;知识的变化如此迅速,以至于昨天专家级的技术知识仅仅是今天行业进入的基础知识;组织的专利和技术秘密会随着时间推移和广泛流传而贬值。相对其他知识而言,技术知识有着更为强烈的内在自我更新要求。

5.组织依赖性

技术知识也是依赖于组织资本而存在的,比如企业文化是组织在长期运行过程中形成特有的对问题的处理方式和知识表达方式。相对而言,显性技术知识的格式化倾向比较明显,而隐性知识则不明显。因而,在技术创新过程中,若要从组织外部引入所需知识,仅提供数据和信息往往是不够的,还必须提供知识的联结模式,或促使组织发展自己的知识联结模式。组织中技术桥梁人物的主要作用就是对外源知识进行格式转换。

具体来说,有关能力演化轨迹有这样一些研究成果:

1.产品平台更替

Meyer 和 Utterback(1993)认为企业的产品技术水平不断上档次是产品平台不断提高的结果。产品平台总是基于一组核心技术能力。当一个产品平台形成后,构成该产品平台的设计思想和组成要素为核心所扩展开来的一系列产品技术,随着时间的推移,就会不断提高,到一定阶段后,又会形成一个新的产品平台。

2.“知识平台”思想

Rosenberg(1982)从多个知识层面交叉发展的角度探讨创新能力发展的积累过程。他认为知识首先在各自的层面上实现积累,当不同的知识层面相互交叉时,新的知识就出现了,知识就上了一个新的平台。

3.Kim 的三阶段论

Kim(1997)从发展中国家的角度出发,提出了创新能力提高的三阶段:生产技术能力、投资能力、创新能力。

4.魏江的三平台观

魏江将平台思想与发展中国家的实践结合起来,提出了创新能力提高的三个平台:技术引进和模仿能力、消化吸收能力、自主创新能力。

5.创新能力积累的动态过程

Patel 和 Pavitt(1997)通过对企业专利数据的研究,发现创新能力具有如下特点,并且这些特点决定了创新能力积累中的复杂性和路径依赖性:

• 多领域。创新能力超越企业的产品范围,超越企业的核心技术领域。随着创新能力的积累,多领域的特点愈发明显。

• 高度稳定性和分化性。技术轨道既保持一段时间的稳定性,又具有向相关领域扩展的分化性,并且技术轮廓和局域搜索的方向受到公司主导产品的强烈影响。

• 搜索的速度既受到公司主导产品的影响,也受到公司所在国家的技术状况的制约。

6.组织过程的作用

技术与组织过程之间的相互作用决定了创新能力的演化轨迹(Leonard-Barton,1988;郭斌,1998)。

三、创新能力形成的机制

早在 20 世纪 70 年代中期,有学者已经指出企业战略性管理的本质,至少就技术问题而言,是其创新能力的发展(Hayes and Abernathy,1980;Clark and Wheelwright,1992)。战略规划应该识别目标市场并发掘竞争者的战略,更重要的是应该识别企业善于做什么、应该做什么以及其目标如何帮助企业发展其生存所需的能力。公司能力类似于组织的肌肉,它们必须被有效地使用,在使用中增长。人们越来越乐于将这些思想融入更正式的竞争与战略模型中,使得能力的获得成为一个战略决策问题（Teece，1988；Teece and Shuen，1990；Wernerfelt，1984）。

创新能力的获得是一个复杂的问题，可以分为两个方面：一是全新能力的获得；一是原有能力的提高。前者带来技术轨道的跳跃，后者则在原有技术轨道上前进。之所以用"积累"这个词，是因为创新能力作为企业独特的资源，它的获得是一个长期的累积性的过程，而不是短时间内能靠引进、购买等外部简单操作所能获得的。目前，对创新能力积累机制的研究主要有以下几个方面：

(一)技术学习

根据学习的特点，知识学习可以分为"干中学"、"用中学"和"研究开发中学"、"组织间学习"四种方式。

"干中学"和"用中学"已为人们所熟知，主要体现于生产过程中重复操作效率的提高，是操作知识的积累。"干中学"与"用中学"是程序化学习的两个著名特例，这两种学习构成创新能力积累的基础。

"研究开发中学"则是在研究开发的创造性过程中进行知识学习的过程。对"研究开发中学"的过程模型的研究（Carlsson et al.，1976）认为，研究开发可分为四个阶段：发散（diverge）、吸收（absorb）、收敛（converge）、实施（implement）。其中发散阶段产生创新思想，经过吸收和合并阶段产生解决方案，实施阶段执行解决方案。与此对应，"研究开发中学"可分为连续循环的四个阶段：具体的体验、沉思的观察、抽象的概念化、积极的实验。该模型在研究开发活动和学习过程之间搭起了理解的桥梁，正是在此基础上，可以认为研究开发是一个学习系统，其中进行着循环往复的持续学习。

与前三种学习方式相比，组织间学习具有更多的战略性，一般是在战略合作的过程中，组织从合作伙伴处进行知识的吸收，提高自身创新能力。组织间学习涉及的知识不仅包括显性技术知识，还包括许多隐性的技术知识，因此能有效提高企业的创新能力。组织间学习的有效性取决于两个组织在以下几方面的相似性：(1)知识基础；(2)组织结构和补偿政策；(3)主导逻辑（文化）。合作者在基础知识、管理正规性、研究集中度、补偿实践、研究共同体等方面的相似性有助于组织间学习的有效进行（Lane and Lubatkin，1998）。

(二)知识管理

随着技术的日益多变复杂，很少有企业能够在每个关键技术领域都保持自主能力。因此，企业需要即时地识别与把握技术融合的机会，把外部获取的知识集成到已有的知识系统中。这一点对于多元化发展的企业和发展中国家的企业特别重要。技术的吸收是一个相互适应的过程（Leonard-Barton，1995），即使新技术适应企业环境，使企业环境适应新技术，只有这样才能充分发挥新技术的潜力。知识吸收总是开始于显性知识的获得，如生产设备、技术专利和图纸的引进与购买，这仅仅是表层知识的获取。然后通过"干中学"、面对面的指导培训和反求工程，逐渐掌握隐藏在后面的核心知识（know-how 和 know-why）。最后将这些知识集成到组织的知识系统中，使企业的创新能力得以转换与更新。

企业的吸收能力取决于三个方面：企业的技术知识系统；知识吸收渠道和网络；组织结构和激励系统。企业吸收能力是企业原有的知识系统的函数（Cohen and Levinthal，1990）。企业的知识系统并不是个体知识的简单加总，其结构也是重要的。要实现快速技术吸收，一方面要求个体之间知识面具有多样性和交叉性，另一方面要求组织内个体结构的合理性。这样才能形成一个有效的信息交流系统，具体表现在企业是否能形成一支在技术吸收过程中扮演不同角色的关键队伍，包括技术桥梁人物和接收人员（receptor），他们能够将外部知识转换和传递到企业内部，并通过"翻译"、宣传和推动使企业能够接受新的知识。

一些学者从知识管理的角度来认识创新活动（Leonard-Barton，1995；Nonaka，1995），他们认为，创新就是从外界获取技术与市场知识以确认机会，然后将其集成到企业已有的知识基础中，面向新问题时能做到知识共享、知识转移和转换，以及不断地实验、模型化以创造出新知识。知识的观点确实大大加深了我们对创新过程的认识，因此是界定创新能力的最有意义的角度。

企业创新能力是一个动态变化的知识系统，企业创新能力存量的增加来自于企业独特知识的创造。知识的内部构造非常重要，特别是构架知识日益得到理论界和实践界的认识。最早注意到知识的构架特性的是 Herderson 和 Clark（1990）。他们提出的构架创新概念已经成为创新理论中的经典概念。从构架知识的概念出发，企业核心能力是一种整合能力，即企业整合环境网络、企业网络与技术网络的能力。整合能力在本质上是企业整合与运用存在于组织外部与组织内部的知识的能力。实际上，可以把企业看成整合知识的机构（Grant，1996）。这种知识整合的一种重要表现形式就是元素—构架知识的相互转化和动态循环。

构架知识和元素知识并不属于截然分离、互不联系的两个世界。相反，它们是可以相互转化的。在一定的条件下，构架知识可以转化为元素知识，反之亦然。同时，构架知识与元素知识本身也是发展变化的。元素—构架知识的相互转化及其自身的发展变化构成一个知识的动态演化循环，它由模块化、进化、结构化、变异四个亚过程构成（王毅，2000）。

（三）组合创新

郭斌（1998）从组合创新的角度出发，将企业核心能力界定为：以企业技术子过程为核心,通过企业战略管理、制造、市场营销、组织/界面管理子过程的支撑和交互作用所具备的获取企业持续竞争优势的能力。

由此定义出发,企业核心能力提高是通过将技术创新、市场创新和组织文化创新适当地组合起来的结果,在此过程中发展出的战略整合能力为企业建立创新能力奠定了基础。企业核心能力的培育和积累也需要精心组合的创新项目(许庆瑞,2000):

• 产品创新与工艺创新的适当组合,对于企业创新能力中 R&D 与制造能力的协调发展具有决定性的作用;

• 渐进创新能够增强现有的创新能力,使已有能力得到充分发挥;另一方面,企业通过重大创新来培育新的创新能力,建立新的技术平台,为企业进入新行业或迎接新的技术变革打下坚实的基础;

• 合作创新与技术外源是迅速获取新的创新能力的捷径。

对于拥有数种技术的企业,按照某种内在的联系将这些技术组合起来,用于技术创新,则能在一定程度上提高企业的创新能力或培育出新的核心能力。通过技术组合,一方面可以使各种技术的功能相互补充,产生"1+1>2"的协同效应。另一方面,通过技术组合,可使各种知识背景不同、研究思维方式不同的人员能够相互学习,产生"创造性碰撞",以出现完全新的创造,促使新能力的生长。

(四)国家技术发展系统

企业创新能力虽然是个微观的概念,创新能力积累也基本上发生在企业的生产、研发和营销过程中,但企业技术知识的来源却主要在于外部,企业能力积累活动的有效性更是与社会、经济、技术和文化环境密切相关。

Kim(1997)在分析韩国企业创新能力积累机制时,引入了四个分析框架:全球技术框架、组织机构框架、企业层面上的主动学习和技术转移。从这四个框架出发,他提出了企业创新能力提高的几个关键要素:吸收能力、技术需求、技术供给和技术学习的动力。他特别强调政府对技术学习的驱动和激励作用,以及国家基础教育和基础研究发展的重大意义。

在此基础上,陈劲提出了国家技术发展系统的基本框架,包括研究与发展子系统、教育子系统、财政与金融子系统和政府调节子系统,并论证了它们之间的相互作用以促进企业创新能力发展的机制(陈劲,2000)。

(五)知识网络中的能力积累

企业特有知识的转移和新思想的创造与传播是网络的一大优势,也是网络协调与市场协调的主要区别。网络通过紧密的产业共同体形成高度的信任,以促进企业间的知识共享(Dyer And Nobeoka,2000)。

从 20 世纪 80 年代末开始,大量学者研究了企业如何使用联盟获取创新能力,以及有利于知识在伙伴间转移的联盟特征(Kogut,1988;Hamel et al.,1989;Hamel,1991)。研究者们探索哪些因素可能影响学习过程(Khanna et al.,1998)和学习结果(Hamel,1991)。例如,人们认为基于股权的联盟结构更适合于获取关键的技能和能力,而且这样的联盟特别适合于学习隐性知识和能力,因为隐性知识的转移是以嵌入组织的方式进行的(Mowery et al.,1996)。另一方面,Hamel(1991)的案例研究说明了,在联盟中拥有强烈学习意图和建立了良好学习环境的企业将赢得"学习竞赛"。

Khanna 等(1998)提出的学习联盟的分析框架以企业的经济行为为基础,结合人们的认知和组织的社会行为,为进一步研究联盟动态建立了理论基础。这个框架有两个特征:一是明确地将联盟成员的竞争与合作行为结合起来,辨析出每类行为的影响因素,这些是决定联盟演化和绩效的重要方面;另一个特点是这个框架内在的动态性,联盟成员的学习资源的分配决定了联盟演化的方向和特征。

四、创新能力提高的途径

企业提高创新能力的途径依赖于许多因素,许多学者对在不同条件下技术获取途径的选择作了深入的理论分析和实证研究(Tidd and Trewhella,1997;Nagarajan and Mitchell,1998;Singh and Mitchell,1996;潘惠,2000)。其中,Tidd 和 Trewhella 的研究比较全面地总结了在各种条件下的主要影响因素:一是技术特征,二是组织的"遗产"。技术特征包括技术的竞争意义、技术的复杂性、技术的可编码性、技术的潜在可信度。组织的遗产包括那些至少在短期内不变的组织特征,它们构成了企业技术获取战略的约束。

Tidd 和 Trewhella 的研究虽然全面地揭示了影响企业选择不同积累途径的因素,但其中的因素太多,使我们无法把握主要的因素。而 Nagarajan 和 Mitchell 的框架主要研究行业技术动态对创新能力积累途径的影响。他们将行业技术动态分为根本型、补充型和渐进型,分别对应于基于股权的外部途径、非股权的外部途径和内部 R&D。进一步,潘惠将因素扩展为行业技术动态、创新能力基础和财务能力,建立了我国企业能力积累的战略框架。

另一方面,魏江(1997)和郭斌(1998)对我国典型企业的创新能力积累途径进行分析,得出了三种基本途径(内部、外部和合作)的动态组合方式,为我们进一步的研究奠定了基础。在此基础上,王毅(2000)使用系统动力学模型模拟企业创新能力提高的情况,分析了在不同的研发投入水平下,企业使用不同的积累途径组合的效果。进一步,潘惠(2000)使用系统动力学模型分析在能力积累过程中,不同途径的切换时间对能力增长的影响,为有效的能力提高管理指明了方向。

五、创新模式的比较研究

在韩国和我国台湾地区进入经济快速增长的初期,它们都面临很大的后发劣势,特别是在获取新技术和接近国际市场这两个方面,遭遇到严重的发展瓶颈。在当时的条件下,由于它们与国际科技发展的长期隔离,没有能力辨认、吸收与掌握先进技术。同时,由于其自身市场不大,特别是对高技术产品需求狭小,无法满足它们进行快速产业升级的需要,于是向国际市场(主要是发达国家)出口就成为它们必然的选择(Hobday,2003)。许多研究者发现(Hobday,1995;Amsden,1989),韩国与我国台湾地区的电子信息产业的发展都大致经历了从 20 世纪 60 年代后期开始的 OEM,到 80 年代的 ODM,然后到 90 年代的 OBM。按照定义(Hobday,1995),进入 OBM 阶段的国家,能够进行所有阶段的生产与创新,包括制造、新产品设计、R&D、形成自我品牌和国际销售渠道。因此,进入这一阶段的企业,才真正开始了自主的创新活动。

虽然韩国与我国台湾地区企业在初期都主要借助于跨国公司获取技术与市场知识,但在向 ODM 和 OBM 升级过程中,他们都逐渐转向依靠自己或政府研究部门。其中韩国主要依靠企业自身的技术吸收与技术学习(Kim,1997),而我国台湾地区却主要依靠政府研究所实现技术与产业升级。我国台湾地区政府支持下的工业技术研究所(ITRI)在企业技术进步与跨越中起到了关键的作用(Chang et al.,1999)。在我国台湾地区产业技术发展的不同阶段,企业的技术战略与科研院所的研发重点都随之变化,当产业开始走向第三阶段时(即 ODM 或自主创新阶段),ITRI 的工作重点是预测新技术的发展趋势,并清晰地定义产业增长的技术要求。同时,我国台湾地区继续坚持中小企业专业化的模式,不断通过国际分工深化产品价值链,强化自身在快速变化的个人计算机等产业中的灵活性与适应性。特别是在 1998 年亚洲金融危机之后,我国台湾地区企业表现出极强的竞争力(Dedrick,2000)。

然而,进入 20 世纪 80 年代以后,韩国却开始了与我国台湾地区不同的发展道路。虽然在 80 年代的创新焦点是产品的设计(或称为创造性模仿),但韩国的部分领先企业已开始了对先进技术的研发活动。特别是进入 90 年代以来,三星、LG、现代等企业已经将其创新焦点指向新技术的研发。虽然遭到金融危机的重创,但十几年在研发上的密集投资与努力,使三星等企业开始在 21 世纪初结出了累累硕果。如今,三星在存储芯片、平板电视(如 LCD)、CDMA 等产品技术领域,都显示出强大的技术能力,已经成为与美、日、欧跨国公司比肩的技术领先企业(Lee,1997；Gil1 et al. ,2003)。显然,韩国发展模式的特点在于它没有拘泥于比较优势,虽然韩国确实充分地利用了其比较优势所带来的发展机会,但它却超越自己的发展阶段,积极地开展自主的研发活动,缩短自然的发展过程,建立基于新技术的竞争优势。因此,韩国是在总体上遵循由资源禀赋决定的比较优势发展战略,但在局部领域上却极力缩短发展过程,通过政府产业技术政策与银行的金融支持,实现跨越发展。韩国与我国台湾地区不同的发展战略也决定了其企业的创新组织形式与价值链位置。韩国的跨越发展要求企业自身的一体化组织来控制足够的技术知识和补充资产,形成高度的产业与技术协同(Hobday et al. , 2001)。

在比较韩国与我国台湾地区的发展与创新模式的优劣时,我们能够发现一个明显的矛盾:从近几年的情况看,我国台湾地区表现出极强的整体竞争力,而韩国在其整体竞争力落后于我国台湾地区的情况下,其个别企业(如三星)却表现出极强的竞争力与技术创新能力。实际上,这个矛盾很好地显示了韩国与我国台湾地区两种发展模式的特征,也显示了跨越式发展战略与比较优势发展战略的特征。我国台湾地区严格按照由其资源禀赋所决定的比较优势发展自己的产业,并不断根据禀赋水平的提高进行产业升级,同时沿着产业价值链提升自己的技术创新活动,由此能够最有效地使用资源,进入具有最大比较优势的产业和产业价值活动。因此,最终形成具有强大竞争力的地区经济体实属必然(Yeh and Chang,2003；Hsu and Chiang,2001)。

而对于韩国,虽然总体上实施比较优势发展战略(如它在钢铁、造船、电子信息制造等领域的强大优势地位),但在个别领域却实行了跨越发展战略(如在存储芯片、LCD和CDMA的研发)。这种违反其资源禀赋水平的发展模式必然要求改变市场自发的资源配置方式,扭曲其资源价格体系(林毅夫等,1999)。于是,韩国建立多元化的特大型企业集团,并通过政府的产业技术政策保护国内市场,通过银行的低成本金融投资,鼓励出口和开展自主创新活动。因此,这种整体偏离有效资源配置,局部造成资源密集投入的方式,就形成了韩国个别企业的强大竞争力和国家整体的竞争力缺失的现象。

与上述在个别领域的跨越发展战略相一致的是韩国在这些领域的自主创新模式。根据一些学者(Lee and Lim,2001)的研究,韩国企业技术跨越的模式主要有三种:

第一种是跟随追赶,即韩国走与发达国家同样的技术道路,只是它使用较短的时间。如在消费电子产业(电视机、音响等)、PC机、机床等产业,基本上遵循这一模式。

第二种模式是跳跃式追赶(stage-skipping catching up),即韩国企业走与发达国家的企业同样的技术道路,但它们跳过了其中一些阶段,这样就能够很快地进入比较先进的阶段,与发达国家的企业齐头并进,甚至形成领先地位。现代汽车的引擎研发和三星电子的存储芯片研发就是典型的跳跃式追赶的例子。当现代汽车开始开发引擎时,汽化器引擎仍是标准技术,但了解到世界引擎技术的趋势是一种新型的电喷引擎,现代公司的高层管理于是决定直接开发这种新型的引擎。这一项目的成功大大缩小了现代汽车与国际先进汽车企业的技术差距。另一个更加成功的跳跃式追赶案例是三星公司的 DRAM 项目。三星是在 20 世纪 80 年代初进入 DRAM 产业,三星并没有像多数企业那样从 4K 或 16K 开始,而是通过从美国和日本企业购买设计与制造技术,直接进入 64K DRAM 的生产。通过 10 年的紧追不舍,三星终于在 20 世纪 90 年代初率先开发出 256K 芯片,成为该产业的世界领先企业。

第三种模式是创造新的技术道路(path-creating catch-up),即韩国并不遵循发达国家的技术发展道路,而是探索新的发展道路,韩国的 CDMA 移动电话系统的发展就是这一创新模式的典型案例。在上世纪 80 年代末,当韩国政府与企业考虑发展蜂窝电话系统时,美国仍然是由模拟系统主导,而欧洲却是以 GSM 系统为主。同时,一种新型的 CDMA 技术已经出现,并以其高效率、高质量和安全性被业界人士称道。韩国政府注意到了这一新兴技术的巨大潜力,不顾率先使用这一技术的巨大风险,不顾众多韩国通信公司的反对,仍决定采用这一技术。其主要的理由是考虑到如果采用已经成熟的 GSM 系统,韩国与欧洲各国的巨大差距很难缩小,而如果选择发展 CDMA 系统,韩国与世界上所有发达国家,几乎站在同一起跑线上,并且因为没有以前的沉淀成本,能够更快地采用新技术系统,进而产生领先优势。到 1995 年,CDMA 系统在韩国测试成功,在世界上首次实现商业化。由于政府的这一大胆决策,使韩国企业在 CD-MA 系统的许多设备与终端的开发与制造方面都处于世界领先,奠定了韩国企业在移动通信产业进一步向宽带(3G)发展的优势地位。

尽管我国台湾地区与韩国在发展战略与创新模式上有很大的差别,但也有许多共同之处,其中最核心的一点是它们都以出口为主,特别是高技术的电子信息产业,它们的绝大多数产品都是出口到国际市场(主要是发达国家)。到 20 世纪末,我国台湾地区与韩国的计算机应用水平远远落后于美国、日本与欧洲,甚至也落后于新加坡(Dedrick,2000),这与它们的信息产业制造大国或重要地区的身份是很不相称的。这一点对于我们理解我国台湾地区与韩国的创新模式具有重大意义,因为在这种完全依赖国外市场的情况下,由于文化和地理等因素的隔离,企业不可能真正了解客户的需求,特别是潜在的客户需求,所以,企业的自主创新就只能是技术上的追赶与跨越。而我们知道,创新过程中另一个同样重要(也许更重要)的因素是客户需求,没有客户需求的引导,创新就会成为无源之水,迟早会枯竭。

以国内市场为依托的创新是日本企业创新模式给我们的最大启示。日本企业的高明之处在于它们并不满足于技术进步,而更关心如何将这些先进的技术用于满足日本市场独特的需求(Chiang,2000)。从 20 世纪 50 年代 SONY 的晶体管收音机、60 年代丰田的 JIT 生产方式、70 年代本田小型高动力引擎和摩托车,到 80 年代 Canon 的小型复印机、SONY 的随身听以及游戏机等等,都是创造性地将当时的先进技术结合日本市场的独特需求的产物。正是有了这一系列基于国内需求的自主创新,日本企业才使自己脱颖而出,成为鼎足而立的世界三大经济体之一。

当然,日本企业做到这一点并不是一蹴而就的。日本本身有较大的人口基数,而且日本的市场经济体制自明治维新以来,到 20 世纪五六十年代已有了相当程度的发展,整个国家的城市化程度也已接近发达国家水平。因此,其国内市场的规模与纵深都是 20 世纪 70 和 80 年代的韩国与我国台湾地区无法相比的(Dedrick,2000)。有了这样一个具有相当规模与水平的国内市场,并在政府的全力保护之下,日本企业才能够首先通过国内市场的激烈竞争,磨炼出极强的企业竞争力,然后再由胜者整合国内资源,走出日本去征服世界市场。正是这样一种首先依托国内市场发展与壮大自己的模式,导致了日本企业基于国内市场需求的创新模式(Baba et al.,1996)。

那么,日本企业从跟随欧美企业发展到转向寻找自己独特的模式,这一切是如何发生的呢? 对日本创新模式最直接、最清晰的影响因素之一是日本人对小巧精致的喜爱,这是日本一系列独创性产品的文化根源(Morishima,1986)。这样一种文化特性可能源自日本人居于一个狭小地域的岛国意识,由此产生的对空间和资源的节约意识逐渐演化为“小就是美”的审美观念和对产品小型化无止境的追求。当 20 世纪 50 年代美国贝尔实验室发明晶体管时,美国各大电子厂商都没有发现晶体管的潜在应用,而 SONY 的盛田昭夫却立刻看到了这个东西的潜力,这不能不说是两种文化在左右着美国与日本企业的创新决策。正是在小巧、精致、高质和节能等观念的影响下,日本企业在小巧精致的消费电子产品和小巧节能的汽车与摩托车等领域开发出具有国际竞争力的产品。日本产品小巧精致的特性恰巧符合 20 世纪 70 年代以来影响日渐扩大的一种国际潮流,这就是从追求豪华、宽大和宏伟的西方传统审美与消费观念到追求小巧、资源节约和环境保护的绿色生活观念的转化。20 世纪 70 年代的石油危机和人类对自身生存危机的反省启动并加剧了这种观念的形成与深化。于是,当 70 年代日本的小巧、节能、高质的汽车进入美国市场时,人们发现这就是他们想要的产品。因此,日本企业的成功不仅是日本技术的成功,更是日本文化的成功。

除了日本、韩国和我国台湾地区外,美国以大型企业和中小型企业相互补充的原始性创新模式和南亚国家(新加坡、马来西亚、泰国等)的跨国公司直接投资主导的高技术产业发展模式也值得我们深入研究。

我国企业的创新模式呈现出多样化的趋势(谢伟,2001;赵晓庆,2004),有类似于韩国的跨越式自主创新(如方正的汉字激光照排、第三代移动通信的TD-SCDMA技术、EVD等技术)(魏新,2004),有大量类似于我国台湾地区的OEM生产商(如东莞与苏州的一部分计算机生产、浙江的传统产品制造),也有个别类似于日本的破坏性创新(如小灵通),还有一些跨国公司直接投资主导的产业领域(如汽车与化妆品生产)。因此,我国表现出混合的创新模式。当今世界正处于一个大变动、大转折的时期,信息技术、生命科学和纳米技术的快速进步,人们对人与自然的关系和环境保护的深刻反省,对世界主流的能源耗损型发展模式(以美国为代表)的质疑,都引发了世界各国对新发展模式的探询。显然,我国要想在新世纪中有所作为,就必须在新发展模式的探索方面有所突破,并领导世界走向新的发展道路。而且,我们这样的设想并非单纯的希望,而是基于这样一个事实,即我国几千年的传统文化的本质内涵恰恰与新发展模式的思路一致。中华文化对天人合一与社会和谐的强调、对自我精神与道德修养的追求、对精致的生活艺术和审美的热爱,都会成为我们探询自主创新模式的文化根基,是我们赖以领先世界的强大力量。

六、创新模式的前提条件与创新机制

通过对不同国家与地区、不同产业和企业创新过程的比较研究,人们发现了创新模式的多样性与复杂性(Mahdi,2002)。从20世纪80年代开始,学者们就对不同创新模式的前提条件和决定因素进行了广泛的理论与实证研究(Lee,1988;Kim,1997;Hobday,1995)。而实际上,我们还应该回溯到更早的有关国家发展模式的研究成果。

在关于后进国家发展模式的研究领域,美国经济学家格申克龙(Gerschenkron)影响甚大。在他对罗斯托(Rostow)的批评中(Gerschenkron,1962),格申克龙认为没有固定的发展阶段,后进国家不可能走与先进国家同样的发展模式。他特别强调,企图通过识别后进国家所缺失的前提条件(由发达国家的发展模式所决定),并且想办法建设这些条件,并非合乎逻辑的途径。这是因为每个国家在不同时期面临着非常不同的市场与技术环境,因此它们发展的进入障碍与机会也会很不相同。因此,在格申克龙的模型中,与政府政策、发展道路、技术获取方式、制度建设等方面相关的战略创新是经济发展的中心问题。只有

根据当前环境与国情,选择并成功地实施了独特的发展道路,后进国家才能克服劣势、发挥优势,获得经济起飞与发展。格申克龙不认为克服障碍、发展通道需要同样一些前提条件,而是认为这些前提条件具有可替代性,即不同国家可以通过建设不同的条件而达到同样的发展目的。在格申克龙的研究中,寻找适当的可替代的前提条件不是一个理论问题,而是一个实践的问题。就是说,每一个国家都必然是在探索中逐步找到适合自己的发展道路。当然,每个后进国家也会借鉴先进国家的发展经验,会在一定程度上模仿先进国家的发展道路、战略与政策。因此,实际上这总是一个模仿与创新并举的过程。

从格申克龙的理论视角来审视我国企业的自主创新道路,应该会启发我们的思考。这首先能够使我们对日本、韩国、我国台湾地区和新加坡的发展经验有更深刻的认识。我们只有有意识地确定它们各自需要克服的障碍和缺失的前提条件,才能理解它们各自的替代条件,由此才能理解它们为什么选择不同的创新模式,以及决定这些创新模式成败的机制。然后当我们思考我国的发展道路时,就能够认识到我们所面临的环境是怎样的不同,我们所需要克服的障碍与缺失的条件有何不同,我们可以模仿它们的哪些战略与政策,在哪些方面应该探索我们独特的发展道路。

那么,格申克龙有关各国发展所缺少的前提条件,以及如何通过创新寻找各自的替代条件的思想应该怎样应用于自主创新模式的研究中呢?在这方面的探索中,韩国的学者提出了一些独到的见解。Kim(1997)在分析韩国企业技术学习与创新的机制时,引入了四个分析框架:全球技术框架、组织机构框架、企业层面上的主动学习和技术转移。从这四个框架出发,他提出了韩国企业技术追赶与自主创新的几个关键要素:吸收能力、技术需求、技术供给和技术学习。他强调技术知识源和创新激励机制的作用,尤其是政府对技术创新的驱动和激励作用,政府通过外向型的产业战略和创造性的危机制造向企业施加激励与压力,加大技术学习与创新的力度。显然,韩国上述的创新机制与美国等西方发达国家的以市场竞争为驱动的创新机制和日本在政府产业政策引导下的国内市场驱动机制是大相径庭的(Porter,1990),而这样的创新机制与韩国企业的路径清晰的技术赶超战略和创新模式是一致的,更是相互支持的。

一个更具理论价值的研究思路是产业技术机制的概念,Breschi 等学者(Breschi et al. 1998)认为,企业开展创新的模式取决于特定产业的技术机制。按照他们的定义,技术机制是技术机会、创新的独占性和技术创新频率这三者构成的系统框架。韩国学者(Lee and Lim,2001)将技术机制理论应用于韩国企业的技术追赶和自主创新的研究,将创新的独占性理解为后进的韩国企业对发达国家先进技术知识的可获得性,将技术机会理解为技术轨道的流动性。由此,他们在 Breschi 等学者的研究基础上,针对韩国企业的现状,构建了一个从技术机制影响创新激励和技术能力,然后创新激励和技术能力影响企业技术追赶与自主创新成功机会的分析框架。他们使用这个分析框架研究了韩国汽车、个人计算机、移动通讯等六个产业中典型企业的技术追赶和自主创新的成败及其原因,将这六个产业中企业的创新归纳为三种典型的创新模式,然后仔细分析各产业中技术机制的状况,以及在不同的技术机制下,各种创新模式成败的原因。虽然他们没有能够得出完全清晰和一致的结论,但显示出了韩国成功的产业创新机制的特征。从韩国企业创新成功的汽车、移动通讯和存储器产业和不很成功的 PC、消费电子和数控机床产业的比较中可以得出成功产业的技术轨道都比较稳定、技术方向基本明确、技术机会较多、但技术独占性不强等结论。

虽然几乎与韩国在电子信息产业中同时崛起,但另一个新兴工业地区——我国台湾地区有着与韩国很不相同的创新机制。我国台湾地区企业最成功的是 PC 产业,而 PC 产业的技术轨道表现出不稳定性和不确定性,这使得我国台湾地区以中小型专业化企业为主的创新组织模式拥有很大的优势(Dedrick,2000)。我国台湾地区创新机制的另一个特征是以全球市场需求与价值链互动作为激励机制。因为我国台湾地区企业在全球电子信息产业中占据了重要的价值链位置,所以价值链前端的技术突破(基本在发达国家产生)和价值链后端的需求变化都会通过市场引发我国台湾地区企业的创新动力(Keller,2003)。显然,我国台湾地区这样的创新机制与其独特的技术战略和创新模式是相互支持的。

除了技术机制和激励机制外,创新机制的第三个方面是资源约束。企业能否创新,能否从创新获得收益,除了需要掌握相应的关键技术外,也取决于企业能否取得相应的补充资产(如制造能力与销售渠道)(Teece,1986)或互补的技术,这是因为创新的实现需要关键技术与补充资产和互补技术的协调。一般来说,产业中现有企业或跨国公司掌握了大部分关键技术、补充资产和互补技术,而新进入的企业或发展中国家的企业只掌握了部分或少量的技术和补充资产。因此,现有企业或跨国公司能够利用它们掌握的优势技术与资产,进行多元化,获得范围经济。而新进入企业只能利用它们的少量优势资产,寻找细分市场,获取专业化优势(Chesbrough and Teece,1996)。

对于发展中国家来说,如何克服资源约束是企业创新成功的决定性因素。从 20 世纪 70 年代开始,韩国与我国台湾地区成功地进行产业升级的最主要领域是电子信息产业,使产业升级成功实施的最重要的制度机制是 OEM 系统(Hobday,2003)。在此过程中,跨国公司会向后进国家的企业转移必要的技术,并以它们自己的品牌,通过其成熟的国际渠道销售产品。因此,后进国家巧妙地借用跨国公司的技术和销售渠道,克服其技术与市场障碍,跻身国际生产网络,进入全球价值链,由此开始其经济发展与产业升级的历程。随后,韩国利用大型一体化企业组织方式,而我国台湾地区利用中小企业的专业化分工合作的组织方式,充分整合国内外资源和政府、企业与研究所技术资源与补充资产,获取创新优势。

综上所述,影响不同创新模式成败的创新机制主要包括三方面:技术轨道的稳定性与创新频率、资源约束和激励机制。但上述对创新机制的讨论基本限于目前学术界对发展中国家与地区的研究工作,由于后进国家的创新模式并不是发达国家学者们的关注焦点,所以其研究工作并不是很深入。因此,我们希望更多地参考西方主流的创新模式与技术变革领域的研究工作,使我们能更深入地理解企业创新的资源约束和激励机制,为发展中国家的企业自主创新研究提供更坚固的理论基础。

技术创新与变革如何影响产业演化与企业发展是最近 30 年的一个研究热点,这些研究者中既有经济学家,他们由此建立产业演化的经济理论(Nelson and Winter,1982);也有组织理论家(Bahrami and Homa,1992),他们由此揭示企业面对技术变革的行为与约束;还有管理学家(Christensen,1997;Tushman and O'Reilly,1997)。这些研究工作中的一个重要方面是探讨哪些因素对企业适应技术变革产生影响。虽然这些研究有许多交叉,但我们大致可以把这些因素分为三个维度。第一个维度是新技术的特征及企业的技术管理能力;第二个维度是企业对内外部的与技术相关的补充资产的整合能力;第三个维度是企业环境中的制度因素。

在第一个维度中,新技术的特征意味着技术的复杂性和不确定性。技术复杂性表现为复杂的单元技术和不同技术之间难以理解的关联方式,技术的不确定性表现为技术应用方向和范围的难以预测(Dosi,1988)。因此,企业对新技术的管理包含许多非常规因素和创造性。于是,突破性的技术创新带来了产业演化、企业更迭和后来居上的机会。

在 Abernathy 和 Utterback 的早期开创性研究中(Abernathy and Utter-back,1976),他们通过分析汽车等产业的数据,建立了一个产业技术创新的三阶段模型,与此阶段模型相关的是他们对突破型创新和渐进创新的区分。他们的研究表明,企业在不同的创新阶段,应该使用不同的战略和组织形式。其中,最重要的概念是产品的主导设计,它的出现是产业演化的转折点,标志着产业结构、企业战略与组织的重大变化。在主导设计出现之前,产业中会发生许多突破型创新,而在此之后,以渐进创新为主。在前主导设计阶段,小企业往往领导着产业方向,而在此之后,大企业会形成产业垄断。在 Utterback(1994)的后期研究中,他更加强调突破性创新的作用。

沿着这条思路,第二个重要的研究来自 Tushman 和 Anderson(1986),以及他们随后的进一步研究(Anderson and Tushman,1990)。他们受生物进化理论的影响,提出了一个产业进化模型。在此模型中,常规的产业进化是通过渐进创新趋向于均衡,而追求均衡的渐进创新又不时被不连续创新所中断,由此进入新一轮进化周期。企业在不连续阶段的表现决定于不连续创新是能力增强型还是能力破坏型。对于能力增强型创新,产业中现有企业能够充分利用它们长期积累的能力,拥有较大的优势。而对于能力破坏型创新,新进入企业没有刚性的能力阻碍(Leonard-Barton,1992),往往形成领先优势。

沿着这条思路的第三个重要的研究来自 Henderson 和 Clark(1990)。他们通过对美国与日本平板照相印刷产业技术创新历史的深入研究,发现仅仅将技术创新区分为突破型和渐进型(或者能力增强型与能力破坏型)难以解释许多企业的成败。他们认为,技术维还可以细分为两个维度:核心部件维和产品结构维。这里,产品结构是指产品部件如何构成完整的产品系统。传统的技术维基本上仅限于部件维,而他们认为结构维至少是与核心部件同样重要的技术维度。在照相平版印刷产业中,每一代新产品几乎都导致现有企业的失败和新企业的领先,而这些新一代产品的核心部件大多没有产生突破型创新,只是将这些部件整合为产品系统的结构知识发生了突变。正是这些结构知识使现存企业无法适应,行动迟缓,最终失去领先地位。因此,导致企业成败的原因不完全是技术的变革,更多的是企业对部件进行组织与整合知识的变化,于是他们将研究视角从纯技术延伸到了企业的组织与文化领域(Henderson,1993)。

研究的第二个维度是企业对内外部与创新相关的补充资产的整合能力。这方面的开创性研究来自 Abernathy 和 Clark(1985),他们通过对美国汽车产业发展历史的回顾,发现仅仅将技术创新区分为突破型和渐进型难以解释其中许多企业的成败,于是他们引进了另一个重要的维度:市场—客户。由此,技术创新的两分与市场变化的两分形成了四种可能的创新情景。在这四种创新情景下,企业具有不同的适应能力。有时候,不是技术上的突变,而是市场或客户需求的突变导致现有企业的失败和新企业的崛起。

沿着上面的研究思路,Mitchell(1994)比较研究了市场相关的资产和技术资产在企业适应创新变革中的作用。他发现市场相关的资产与企业的生存和市场份额有很大的相关性,而以前的技术能力可能会阻碍企业对技术创新的适应,陷入低劣技术轨道的陷阱中。同样,Sull(1997)对轮胎产业的研究表明,许多现存企业在技术转换时的失败无法用技术能力和组织的认知限制来解释,而是由于企业对于其客户、员工和社区的承诺。这些承诺具有很强的力量，阻止了企业向新技术的投资。同时，Tripsas(1997)对美国计算机键盘产业的研究，发现关键补充资产(如制造、销售网络、字库等)和外部整合能力(包括知识吸收能力、分散的研发组织)增强了企业面对技术变革的适应能力。这个研究证实了早期学界对吸收能力的研究(Cohen and Levinthal，1990)、对外部客户知识(Hippel，1987)与外部技术知识在企业创新中作用的研究(Kogut，2000；Hamel，1991；Lane and Lubatkin，1998)。

沿着类似的研究思路，Christensen 及其合作者(Christensen，1997；Christensen and Rosenbloom，1995；Christensen and Bower，1996)从产业发展与企业战略角度提出的破坏性创新理论(disruptive innovation)为我们阐释企业的创新模式提供了理论基础。

Christensen 以创新的环境为基础定义了两种创新类型：维持(sustaining)与破坏(disruptive)。维持性创新使企业能够提供更好的产品，并出售给主流的客户以获得更多的利润。而破坏性创新使企业提供更简单、更便捷、更便宜的商品，或者提供一些主流客户不需要的产品性能，由此能够吸引一些新的客户群。Christensen 的研究发现，在维持性环境下，市场中的现有企业几乎总能在竞争中获胜。而在破坏性环境下，新进入者更有可能击败市场现存者。这意味着后进企业击败市场现存企业的最佳方式就是破坏它们的竞争基础。破坏性创新理论对创新类型的划分不是基于其中蕴涵的技术本身，而是基于技术创新对产业中商业模式(或者称为战略逻辑)的影响(Christensen and Raynon，2003)。实际上，商业模式源自于产业中主流客户需求与技术演进轨道的相互作用，它由此规定了产业中产品的关键性能和技术改进的方向，以及企业的赢利模式。维持性创新就是跟随产业商业模式的指引，不断改进与创新以满足主流客户不断增长的需要。而破坏性创新往往是逆商业模式的指引而行，它并不旨在向市场上的主流客户提供更好的产品。相反，通过引入性能较差但具有其他特点(如方便、便捷和廉价)的产品，吸引新的客户，破坏并定义新的商业模式与产品性能轨道。

一旦破坏性产品在新的或低端市场上确立了自己的地位，改进与进攻的循环就开始了。特别是当主流市场上产品的关键性能已经满足了客户的基本需要，许多客户对关键性能的改进已没有兴趣，相反，他们对一些新的产品性能产生兴趣。于是，破坏性产品开始吸引主流市场的低端客户。而随着破坏性产品性能的逐渐改进，它在原来的关键性能上越来越接近原有产品，这使破坏性产品逐渐往主流市场的高端挺进，最终形成新的主流产品与主流的商业模式(Christensen，1997)。由于主流商业模式导致的主流客户开始并不需要新的产品性能,于是现有企业的创新方向瞄准关键性能的改进,相应的企业资源分配程序就主要是为了支持持续性创新,没有动力在破坏者创造的新的或低端市场进行防卫。因此,从本质上说,它们无法对破坏性创新做出回应。Christensen将这一现象称为价值观或动机的不对称,它是导致市场现存者在破坏性创新中失败的根本原因。因此,不是技术的特征,而是企业的管理模式决定了现存企业对技术变革的适应能力。他的研究揭示了企业管理其价值链上的客户与供应商关系和管理其内部资源分配过程的方式决定了企业适应破坏性创新的能力。

Christensen 的研究进一步拓宽了我们的思考空间,使我们深刻认识到日本企业基于国内市场需求的创新模式的力量,为寻找中国企业的自主创新模式指出了方向。如果我国企业希望以破坏性创新作为主导的自主创新模式,那么我们就需要研究,应该从什么方面,通过什么方式破坏当今跨国公司巨头们控制的商业模式?

第三个维度是企业环境中的制度因素,这个因素在我们进行跨国比较研究和借鉴先进国家经验时特别重要。为什么不同国家拥有不同的创新模式和创新机制,这些机制是如何支持自主创新的实现,我们能否以及怎样借鉴其他国家或地区的自主创新经验?学者们对这些问题的研究将制度约束凸显出来。没有对自主创新模式和创新机制背后的制度约束的分析,我们就无法理解创新模式与机制的多样性,更无法理解它们各自成败的原因。

最近,人们在对日本与美国的半导体(West,1997)、生物技术(Darby and Zucker,1996)、计算机软件(Mowery,1996)等产业的技术变革与演化的研究中都发现,对美国企业成败起重要作用的研发组织、科学家创业、内外部知识整合方式、价值网络与企业资源分配方式等因素在日本有完全不同的表现形式。这方面的一个杰出的工作是 Chesbrough(1999)对美国与日本的硬盘驱动器产业演变的比较研究。他发现导致美国现存企业被替代的因素对日本产业演变并不起作用。他进一步分析发现,导致这些因素在美国起作用,而在日本不起作用的原因是两个国家存在基本的制度差异。如美国的制度非常有利于新企业的形成与进入,而日本的制度会阻碍新企业的产生,于是同样的技术变革往往使美国的现有企业被新企业取代,而却让日本现有企业产生适应性战略创新,导致完全不同的结局。最近对日本软件产业发展的研究,也得出了类似的结论(Chiang,2000;Anchordoguy,2000):日本软件产业的弱势源于其整个信息产业的产业结构和企业的组织结构,这样的结构决定于日本信息产业的追赶型发展战略(包括产业政策与科技政策),而这样的发展战略与日本的经济与社会法律制度相互一致、相互支持。日本产业的战略、制度与结构构成了日本的基本经济模式,它促进了日本许多产业的优势,也造成了软件等产业(包括制药和互联网)的弱势。

有关制度环境对企业与产业发展的影响已是当今经济学的主流研究领域(North,1990),而国家与区域创新系统的研究早已将制度环境纳入影响技术变革与创新的主要因素(Fremen,1988;Nelson,1994)。但创新系统概念过于一般化,难以进行实证研究,也难以为企业的创新模式选择提供指导(Chesbrough,1999)。于是,一些学者转而使用一种更经济、更节俭的研究方法,即识别并选择几个最重要的、特定的环境因素,然后研究在不同国家或不同产业中它们对企业发展的影响。Aoki(1994)在对美国和日本的竞争优势进行比较分析时构造的制度系统由三要素组成:资本市场的特征、劳动市场的特征和供应市场的特征。Lazonick 和 O'Sullivan(1996)在比较分析美国、日本和德国的产业演化时,研究了两个制度要素(组织整合和财务承诺)的作用。这方面最完整的研究工作是由 Chesbrough(1999,2003a)完成的。他在比较分析美国和日本的硬盘驱动器产业演变和企业对技术变革的适应能力时,基于相应产业的创新机制(创新激励和资源约束),构造了由三个要素(技术人员市场的流动性、风险资本市场和企业间的供应关系)组成的制度系统。

技术人员市场的流动性对企业面临技术变革的反应能力具有很大的影响。如在技术人员流动性较强的美国(特别是硅谷地区),当面临破坏性创新时,产业中现有的大企业往往反应迟钝,而这些企业中的个别工程师却能够很快认识到新技术的重要性,可他们往往得不到企业管理层的支持,只能离开企业,通过创业或者到某个新创小企业去实现他们的创新(Saxenian,1994)。相反,日本技术人员的低流动性使大型企业中具备创新意识的工程师只能在本企业中实现他们的愿望。由于他们无处可去,他们就会想方设法促使企业管理层投资他们的创新项目(Chesbrough,2003a)。因此,技术人员市场的高流动性使美国新进入的小企业能够克服资源短缺的约束,充分发挥它们的创新激励优势。而刚性的日本技术人员市场有利于产业中现有的大型企业,使它们能够通过内部的研发和培训保持技术领先,这样就使新进入的企业难以获得技术资源,处于很不利的境地。

当然,仅仅有流动的技术人员市场并不足以使新创企业克服资源约束,还需要有资本市场的支持,也就是需要风险资本市场。对大型企业来说,其雄厚的实力使它们一般可以靠内部积累、银行或证券市场获得创新资金,而新创企业一般就只能靠风险投资获得创新资金。风险投资的广泛存在也使大型企业中有创新想法但得不到管理层支持的工程师有机会创业,促使新技术能够很快被商业化,这就是近 30 年来美国的商业状况(Saxenian,1994;Chesbrough,

2003b)。然而,日本由于缺乏风险投资,进一步加剧了新创企业的困难,加强了大型企业的优势地位。于是,日本产业中新业务的形成往往是通过大型企业的投资或内部创业,如日本的软件公司基本上都是由大型的计算机公司投资,并依附于它们生存的(Anchordoguy,2000)。

第三个制度要素是产业组织结构的买方—卖方关系,它主要影响创新企业的资源约束。通过与客户和供应商的密切关系获得补充资产与技术的支持是许多企业获取创新收益的关键。买方—卖方关系有三种形式:市场关系、内部集成和网络关联(Williamson,1991)。美国主要是市场型的买方—卖方关系,这种关系对企业有更大的创新激励,但企业难以获得补充资产,也难以协调它们的技术与非技术资源(Chesbrough,1999)。而日本企业主要是通过多种网络关系连接,如密切合作的多重供应关系、交叉持股等(Dyer,1996;Aoki,1994),这使日本企业间能够进行非常有效的创新协调。韩国主要是通过企业内部来整合资源,到上个世纪90年代,它的几大公司在技术、生产、销售渠道、资金等各方面都具有很强的实力,通过它们自身内部的协同就能产生极强的竞争力。

第三节　本书的研究内容与研究方法

一、研究内容

(一)研究问题

从上面所述的研究现状可知,对创新能力的研究已经很深入,但尚有不少理论与实证问题未能解决,特别是我国和浙江经济发展与企业演进呈现出许多无法用现有理论解释的问题,需要我们对以下问题做进一步的理论与实际研究:

(1)内生性发展的浙商创新能力沿着怎样的轨迹演进?

(2)在"技术引进到消化吸收,最后到创新"的学习过程中,知识如何从外部进入到企业内,而当进入后,这些知识需要经过怎样的加工过程,才能成为企业内在的创新能力?

(3)浙商在创新能力演化的不同阶段,主要依赖于内部途径还是外部途径?如何选择不同的外部途径? 为了最快地形成创新能力,外部技术源与内部R&D如何动态地协调?

(4)浙商技术赶超与创新的模式是什么? 浙商创新的模式有什么特殊性?

(5)浙商创新能力的现状如何? 浙商创新能力提升缓慢的原因是什么?

（二）研究内容

本书共有八章,各章主要内容简述如下:

第一章绪论,首先论述了浙商创新的特性。然后从理论上对创新能力与创新模式的研究状况进行了系统的梳理和评述,为本文的研究指明了方向。

第二章首先分析了创新能力的四个维度及其相互关系,然后从知识角度讨论创新能力的本质及其层次性,从而加深了我们对创新能力这个概念的认识和理解。在此基础上,研究了创新能力演化的基本模式和轨迹。特别是对于发展中国家,提出了企业创新能力从仿制能力到创造性模仿能力,再到自主创新能力的基本演化模式。最后通过比较 10 个浙江企业的创新能力各维度的变化情况,归纳出三类浙江企业创新能力提高的基本轨迹。

第三章探讨企业创新能力提高的机制。首先从企业的内外部环境出发,考察企业创新能力提高的动力机制、知识获取机制、知识共享与知识操作机制和技术投入机制。从宏观与微观、静态与动态多个维度出发,揭示出技术学习(特别是联盟学习与网络中学习)的本质内涵和作用机制。然后以东方通信、横店东磁等 10 个浙商为例,对浙商创新能力的提高过程进行典型案例分析,由此归纳出浙商技术学习的两种基本模式。在此基础上,从组织学习角度探讨创新能力提高中技术学习的机理,提出了基于知识吸收的技术学习模式,从理论上阐明了技术学习的基本模式。

第四章研究创新能力提高的途径。首先从创新能力积累的机制与知识管理出发,研究内部途径和外源途径在创新能力演化中的互补作用,提出了创新能力形成的内外途径交替的螺旋上升模式。每个阶段中创新能力积累途径都经历了从外部技术源到内部学习的转换过程,这样就构成了技术知识外源与内部技术学习的三次循环。然后通过对浙商典型企业创新能力提高过程中内外途径的变化状况的分析,提出两种途径对于能力形成的循环作用机制。最后研究了在浙商创新能力提高过程中各种外部途径的作用,通过对创新网络的理论分析和对浙商典型企业调研与问卷调查结果分析,揭示了浙商利用外部途径提高创新能力过程中存在的几个问题。

第五章首先通过对国内外学者研究结果的比较与归纳,发现发展中国家和地区在自主创新模式上有很大差异,归纳为四种基本的自主创新模式。然后对浙商面临的环境与资源能力约束状况进行了分析,发现浙江的资源、能力与制度的主要特征。最后通过对杭氧、士兰微、阿里巴巴、东方通信、中控、吉利与正泰集团的创新过程和模式特点进行比较分析,研究浙商创新模式的特点。

第六章首先利用统计数据和问卷调查,分析评价了浙江企业的创新能力和高技术产业发展现状,由此得出浙江企业创新能力的优势与不足的主要方面。

然后对浙商创新能力提升缓慢的原因进行了动态分析。通过典型案例分析和建立系统动态学模型,对企业创新战略与创新能力关系进行了动态分析。

第七章首先构建了提升企业创新能力的静态与动态模型,模型说明了外部因素(主要是政府)如何帮助企业提升创新能力。然后对浙江政府的创新政策进行了实证研究,归纳出浙江政府创新政策的优势与不足。最后提出了浙江政府提升企业创新能力的对策与政策建议。

第八章首先对本书的研究结论进行了总结,然后对进一步研究的问题进行了分析与展望。

二、研究方法

本书采用理论与实证研究相结合、定性研究与定量研究相结合、历史演化与剖面静态比较相结合的方法,尽可能弥补各种方法的劣势,同时发挥它们的优势。

(一)理论研究

技术创新与创新能力是一个涉及产业组织理论、演化与技术创新经济学、技术创新管理、企业能力理论、战略管理、组织行为学、国际经济学和国家优势理论、现代化理论等多学科的研究领域。因此,为了使研究充分吸取各种理论中的精华,为我所用,并将这些西方的先进理论与我国我省企业的实践相结合,作者阅读了大量的理论研究文献,并在此基础上,提出一些针对中国企业具体实践的理论框架和结论。

(二)案例研究

我们决不局限于理论推导,丰富的案例研究是本书的特点。事物的发展总是体现在其性质的变异和量的积累变化两个方面,而性质的转变需要一定量的积累。对于企业经营管理这样的复杂系统,其中各要素之间量的关系具有极大的复杂性和不确定性。因此,通过对要素间关系的定性分析,揭示系统演化的基本轨迹和作用机制是非常必要的。企业的创新能力是一个不断演变和进化的过程,所以动态研究是揭示其本质特征的根本方法。但是,变量之间的关系从动态演化来看,其复杂程度更大,我们也更难把握规律性。为了取得第一手资料,我们实地调研了浙江十几家企业,与大量高层管理人员、技术人员和基层管理人员进行了面谈,大大提高了对浙江企业技术创新的切身感受。同时,我们从企业年报、企业志、各种专题总结报告、政府统计报告和政府网站、企业内部报刊、各种经济管理报纸和管理杂志上获得了大量的二手资料,极大地丰富了我们对企业的认识。在此基础上,我们完成了11个企业的案例分析报告。然后我们对这些企业的创新能力演化过程、技术学习的机制、创新能力提高的途径、创新能力提高的模式等方面进行了比较研究。

（三）统计分析

我们利用《中国区域创新能力报告》有关浙商的数据进行了统计分析，通过将浙商与全国创新能力较强的省市进行比较，分析浙商创新能力的状态与变化。然后对 2007 年浙江省第一次全国企业创新调查结果进行了统计分析。最后我们通过发放调查问卷，获得了广泛的第一手资料。我们针对浙商发放了 500 份问卷，从企业的技术能力、企业创新绩效以及企业创新来源三个方面来分析浙江省企业创新能力的现状。

（四）系统动态模型分析

系统动态学(system dynamics)是管理学领域中一个非常优秀的动态建模方法。自 20 世纪 60 年代出现以来，其逐渐吸取控制论、认知与组织学习理论、数据分析、软系统方法等学科方法的优点，成为管理学理论研究和应用中主流的模拟分析方法。系统动态学方法通过信息反馈结构和决策结构的把握，通过多角度的模拟实验，揭示出系统复杂行为的根本原因和系统未来发展的可能情景，由此引发管理者的学习与思考，寻找解决系统问题的杠杆解。我们利用系统动态学进行建模分析，揭示企业创新能力提升过程中战略、组织、财务目标等多种因素相互作用机理和系统动态行为特征，更深刻地理解企业创新能力提升缓慢的问题。

第四节　本章小结

本章首先从创业精神、市场、技术、组织与制度、商业模式、资源整合和战略几方面概述了浙商创新的特性，并将浙商创新的特性总结为以下几个方面：内生的企业家精神；市场创新、制度与组织创新先导；市场引导的以模仿为主的技术创新；善于整合利用外部资源；基于市场的短期战略目标导致研发投入不足。然后从理论上对创新能力和创新模式的研究状况进行了系统地梳理和评述，特别是对西方的技术创新能力的理论和管理方法如何与我国企业的实践相结合，探索具有中国特色的企业技术创新能力的理论和方法，进行了初步的思考，为本文的研究指明了方向。最后，概述了本文的研究内容与方法。

第二章　浙商创新能力的演化轨迹

创新能力是一个含义丰富的概念,可以从多个角度来分析,这样也就造成了研究的复杂性和模糊性。因此,对概念的清晰界定是创新能力研究的基本问题,也是整个研究的基础。

本章首先给出创新能力的定义,从能力维度、能力载体和能力的层次性几个方面剖析创新能力的逻辑结构。然后将创新能力演化放在一个宏观的框架中来考察,由此揭示影响创新能力演化方向和发展速度的主要因素。在此基础上,分析了创新能力演化的基本模式,提出发展中国家创新能力演化的基本轨迹:从仿制能力到创造性模仿能力,再到自主创新能力。最后对几个典型浙江企业进行分析,归纳出浙江企业创新能力演化的轨迹。

第一节　创新能力的界定

一、创新能力的概念

从第一章对创新能力研究的综述可以看出,学者们对创新能力内涵的认识虽然未达到统一,但多数研究认为,创新能力是企业为支持技术活动与技术创新的实现附着在内部人员、设备、信息和组织中的内生化知识存量的总和(魏江,1997);创新能力的本质是知识,其静态特征表现为一定的存量,动态特征则表现为对存量的操作,如搜索、筛选、格式化、存储、纯化、编码、激活等(郭斌等,1996)。

在目前竞争激烈、社会价值观与市场客户需求变化迅速、新技术开发速度加快的环境中,商业和技术的集成十分必要。技术创新管理实际上是商业战略和技术战略集成的实践,需要研究发展、生产、市场、财务、人力资源等部门的细致协调,从整个公司发展的战略上来把握企业的技术活动。因此,从公司战略高度来选择与管理技术的能力已经成为决定企业技术活动成效的关键。

因此,我们定义创新能力为:

创新能力是企业在创新资源和创新活动方面的知识与技能的总和。创新活动主要包括企业组织对内部和外部资源的整合与协调以及技术的战略管理。创新能力体现为技术元(包括硬件设备、信息系统、软件和人员技能)、组织结构与过程、外部知识网络以及战略逻辑与共有价值观。

这个定义包括如下四层含义:从静态能力的角度来说,创新能力包括企业在核心技术和辅助技术方面的存量知识;从动态能力的角度来说,创新能力包括对内外部技术资源存量进行配置和协调的能力;从知识管理的角度来说,创新能力体现为企业对内外部技术知识的利用,体现为知识网络的广泛性和连接的密集性;从战略角度来说,创新能力是企业为了支持技术战略的实现,经过知识学习和知识创造的长时间积累,对产业技术发展和组织内在技术优势的认识与信仰。

二、创新能力的维度

从企业进行创新活动所需要的资源、技能和组织来分解,创新能力可分为技术元(包括有形的设备和无形的知识技能、知识产权、信息)、组织对技术元的协调和整合、外部资源网络和技术的战略管理这四种子能力(见表 2-1)。

表 2-1　创新能力的维度

技术的战略逻辑	技术创新战略、共有文化与价值观
外部资源网络	外部资源(包括技术、市场、供应商)利用,内外部知识整合
技术的组织整合	组织结构与过程:内部资源配置与协调、常规
技术元	物理系统:产品、设备、建筑、软件 无形资产:知识产权,信息系统 员工知识:技术知识和技能

(一)技术元

企业的技术元由物理系统、无形资产和员工知识三个部分组成。其中物理系统包括产品、设备、建筑、软件,无形资产主要有知识产权和信息系统。技术基础是公共知识、产业知识和企业特有知识相互融合而成的知识聚合体,它们随时间不断完善、整理、编码,并且有机地镶嵌在企业的软件、硬件和信息系统中(Leonard-Barton,1995)。

技术基础能够为企业带来短期乃至中期的利益和竞争优势,但是由于它们本身所具有的标准化特性,使其很少成为长期竞争优势的来源。例如在航空业,美国航空公司开发了电脑订票系统,在一段时间内形成了优势。但不久其他公司也开发了类似的系统,它的优势就逐渐消失了。

技术基础能力包括企业已经物化的技术知识、企业的技术设备、实验设备等一些技术性资产以及企业获取技术信息的基础设施。从传统的观点出发,技术基础只是 R&D 活动的输入,它所提供的是企业正常研究与开发活动的一般能力条件,但是在当今知识经济时代,技术基础能力将成为支撑企业创新能力的基石。企业技术基础设施提供的或者是不断扩散的技术服务,或者是支持创新的研究与发展(R&D)的输入,尽管投入可能相对较小,但对于企业创新能力的提高将产生倍增效应。由于基本技术基础设施的构建,企业技术活动将帮助企业以更低的成本获得更高、更强的创新能力。

信息流,作为最重要的影响因素,包括研究开发部门内部、研究开发部门与营销部门、研究开发部门与生产部门之间的信息流。因为技术创新是一项贯穿整个企业的系统工程,它必须有一个行之有效的信息传递网络,使研究开发活动能够有效地进行。

高水平创新能力必须建立在获取技术信息的高质量、多数量和高速的基础上。企业的信息网络包括正式的信息网络与非正式的信息网络。正式的信息网络是企业通过建立正规的、制度化的信息沟通渠道进行信息沟通的一种方式。非正式信息沟通渠道是未制度化的一些随机的信息沟通的方式。非正式信息沟通渠道能有效地补充正式信息沟通的一些缺陷,如过于形式化等,但是它容易造成信息的失真和无序化。而信息是企业技术创新的基础,也是企业创新能力得以提高的必要投入。因此,企业建立高效的信息平台以支撑企业创新能力,也是企业的一项重大任务,同时,企业还应该加强与外部的信息交流,充分利用外部的技术优势,建立多渠道的技术学习机制,提高企业整体的技术水平,而当今信息技术的发展为企业的信息化建设提供了强有力的工具。

企业的技术文档数量反映了企业在显性知识方面的积累。高水平的文档工作能使大量的隐性知识显性化,从而使企业的技术基础更加稳定,而且可以有效地防止因为技术人员的离去而丢失有价值的技术知识。而文档的管理水平则是企业利用过去积累的技术知识的能力。信息技术的出现为企业的技术文档管理提供了先进的工具,很多企业实现了技术文档的电子化管理,利用企业内部先进的内部网,技术人员可以随时调用技术文档。

人员知识与技能是与核心能力最密切相关的资产,该维度包含企业特殊的技术以及对科学和技术的理解。构成创新能力的知识有三种(Leonard-Barton,1995):(1)科学知识(公共知识);(2)产业独有知识;(3)公司独特的知识技能。

从(1)到(3),知识的可转移性越来越低,因此公司独特的知识技能是公司竞争优势最重要的来源。例如制药企业员工的基本知识包括:(1)生物和化学(公共知识);(2)临床医学、病理学、药理学(产业知识);(3)药品开发和生产中的诀窍(独特知识)。

(二)技术的组织整合

组织整合是企业对技术元的整合,包括学科整合、单元技术整合、产品整合、部门间整合、功能之间的界面整合、子公司/事业部之间的界面整合。

企业核心能力理论的基本逻辑是这样的思路(Prahalad and Hamel,1994):企业将资产充分开发出来,但拥有优异的技术和资产并不能自动形成市场竞争优势,只有通过组织内部特定的组织管理过程,把这些资产组合起来,形成一定的产品和服务,满足顾客需求,才能建立竞争优势。

组织过程有两个作用(Teece et al,1997):(1)协调与集成企业的资源和行动,这是以现有资源为基础的静态概念;(2)学习,这是一个比协调更重要的概念。个体学习能提高技能,组织学习能通过形成常规而提高效率和减少决策成本,组织之间的学习通过合作可提高资源利用率,消除战略盲点。

企业的竞争能力和动态能力本质上存在其组织过程中,而组织过程由企业的资产位置和它的演化道路所决定。由于每个企业有其特殊的发展历史,道路依赖性使其形成各自特异的组织过程。也正因为作为历史发展产物的组织,积淀了深厚的文化、价值观和难以言传的知识,所以几乎无法移植和模仿。因此,高效的组织过程是企业竞争优势的最终来源。

企业动态能力中最关键的是有效的集成和学习。创新中有效的学习要求决策与执行之间经常反馈,而这要求将通过功能和部门界面的信息和知识集成起来。因此,企业组织过程中各功能界面之间的连接是创新成功的前提。其中包括确定 R&D 功能的组织和地理位置,这决定企业能否将现在的市场要求和技术发展所带来的潜在机会连接起来。对市场需求的快速响应要求将公司的开发部门放在靠近市场的各事业部里,而为了与科学进步连接起来要求公司研究放在总部进行(Tidd et al.,1997)。

组织能力是知识整合的结果,复杂的、基于团队的活动依赖于企业利用与整合许多专家知识的能力(Grant,1996),内部整合主要通过公司内部的跨职能协调来达到(Clark and Wheelwright,1992)。创新过程中的职能界面管理是企业功能之间的界面整合能力的综合体现,开发项目作为各职能小组的聚集之地,通过组织整合达到知识共享是创新成功的关键(Leonard-Barton,1995)。

对于多业务公司,跨事业部的技术投资与协同非常重要,核心能力常常是跨事业部整合的结果(Prahalad and Hamel,1990)。因为随着技术与产业变化

浙商研究

的加剧,产业之间的界限越来越模糊,产业之间和技术之间的交叉融合日益成为新业务和创新的源泉。

(二)外部资源网络

在一个开放的经济环境中,企业技术创新不可能在封闭的环境里进行,国内外企业之间既有竞争又有合作。在企业自主创新的基础上,企业与外部组织的合作创新是技术创新的重要战略之一。

企业系统作为一个开放系统,其技术活动总是处于一定的环境网络之中。组织对环境网络的整合是指企业积极发展与竞争对手、供应商、用户、政府和地区社会的关系,与它们进行有效合作,充分利用各方面的技术元,营造对企业有利的、可持续发展的企业生态环境。

优秀的企业创新体系不是企业内部专门设立的一个组织机构,它是一个网络性组织,是由多个创新网络节点、创新部门和人员共同组成和发挥作用的一个松散型组织。要使企业的创新活动达到最高的效率,必须加强对企业创新网络的建设与有效管理。环境网络包括:

- 与用户连接:通过与用户的关系,获取有关用户需要的知识;
- 与供应商、设备制造商、科学技术源的连接:最大限度地利用它们的创新能力;
- 通过联盟、产业协会、非正式网络获取信息与技术;
- 与政府建立联系:制定产业标准,支持技术发展。

政府对技术创新的支持主要有以下几种方式:技术开发优惠贷款、提取技术开发基金、给予新产品减免税政策、政府资助、科技政策、产业政策和关税保护。通过这些方式,政府对企业采取大棒加青草的手段。一方面,政府通过产业政策和科技政策对企业提出较高的目标,促使企业必须大力开展技术创新,为长期发展积累创新能力;另一方面,政府可以从贷款优惠、税收减免、关税保护、科技支持和推动产、学、研联合研究发展等几个方面为企业提供实现目标的条件。

我国政府长期以来不仅是政治中心,而且是经济中心和科技中心。由于政府独特的位置和长期形成的社会联系,使其成为全国最大、最丰富的信息和知识集散地。我国企业现阶段在资金、技术力量等方面都比较弱,开展有效的创新还有相当的困难,因此,政府科研基金的支持以及政府通过产业科技政策引导企业和企业之间、企业与学校之间联合研究开发,是我国企业提高创新有效性的关键所在。从企业角度出发,就应该积极争取各级政府的支持,充分利用政府的信息和资源优势,开展技术创新,提高市场竞争力。

从外部吸收技术知识是企业创新能力提高的重要途径。随着技术的日益复杂多变,很少有企业能够在每个关键技术领域都保持自主能力。因此,企业需要及时地识别与把握技术融合的机会,把外部获取的知识集成到已有的知识系统中,这一点对于多元化发展的企业和发展中国家的企业尤其重要。

(四)技术战略能力

技术战略能力是企业对环境的认知与反应的能力,即识别经济—技术发展动态和显在与潜在的市场需求,然后在此基础上确定企业的 R&D 投资政策和战略风格。其中,R&D 投资政策包括如何权衡商业投资(着重于当期效益)与战略性投资(培育和提高创新能力);公司的战略风格是中心化的财务控制或非中心化的创业投资。面对不同的技术发展态势和市场状况,企业应选择不同的战略风格。当某项业务的技术变化较平稳时,公司应采取中心化的财务控制,通过渐进性创新以提高运作效率;而当某项业务发生基本技术变革时,公司应使用非中心化的创业投资或公司内创业,以支持根本性创新和核心技术能力的扩展。

任何技术创新都开始于一个有关产品或工艺的新思想,新思想总是由某种新技术或新的市场知识构成。因此,企业要持续地创新,就需要创造或接受大量的新技术和新市场知识。而当企业面临很多创新机会时,如何选择适合自己的创新方向,如何扩充企业的信息知识渠道,建立外部技术源作为认识科技进步的窗口,有效地处理所接收的信息知识,使之能正确地辨认有利于自己的创新机会,是这一阶段的主要问题,也是创新得以成功的基础。其中主要有对技术和市场环境的监测、收集与过滤嘈杂环境中的信号、把信息加工处理成可作为决策依据的知识。

企业要正确评价与及时把握创新机会是很困难的。大量与创新机会擦肩而过的例子证明了这一点,如今天的微处理器巨人英特尔,曾在 20 世纪 70 年代拒绝了用其微处理器制造个人计算机的建议。事实上,当开始设计 80286 的时候,它列出的主要用途中居然没有个人计算机。我国企业在改革开放初期,面对国外高技术的冲击和国内饥渴的市场,只有少数企业能把握住创新机会,在短时间内发展壮大起来。Afuah(1998)认为这个困难源自两个因素:一是创新内在的不确定性,特别是在创新的早期,由于缺乏信息,难以确定新产品与工艺中需要什么新技术,以及未来的用户需要;二是企业收集和处理信息的能力有限。而这在很大程度上取决于企业的知识基础、管理逻辑、战略、组织结构、激励系统和人员,这些使企业倾向于特定的技术来源,决定了对信息重要性的认识程度,限制了企业处理信息的方式。

具有 T 形知识基础(既有知识的深度,也有相当的宽度)的企业一般会表现出较高的技术评价能力,这是监测能力的基础。企业战略对信息滤子和信息处理方式有很大影响,选择领先战略的企业会着重收集那些全新的技术和市场信息,努力监测潜在的技术与市场机会,而选择跟随战略的企业往往只对现有市场和竞争者的创新动向感兴趣。

上面的论述展示了一个特征:企业的技术元、组织过程、外部网络和战略都严重依赖于公司的价值观念。任何在组织中居统治地位的文化必然深刻影响该组织的策略、领导者的思维方式以及组织的结构和系统。在引导组织对环境的反应中,组织文化与环境因素相比更起决定性的作用。

通过文化,经验为组织共享,并从一代经营者传到下一代。文化上的共识为组织成员之间微妙复杂的交流形式提供基础,为组织内部的调节和重组提供机制。这种文化是企业在运转和发展过程中形成的,同时又对企业的运转和发展起着重要影响。企业的组织创新和技术创新在影响文化的演化和变迁的同时,自身也受到企业文化的制约。

文化对企业技术创新的影响,在经济转型时期的中国企业得到了充分的体现。海尔的实践为此提供了充分的证据。连续 14 年以平均 82.8％的高速度增长,海尔的体会是:"主要得益于技术创新,而技术创新首先是文化与观念创新。"海尔文化的核心也只有两个字:创新。企业每一个人都要求保持创新精神,这种创新文化理念在企业中的融入贯彻,使得海尔在金融危机形势下仍然实现两位数增长。

体现于创新能力的价值观念也可以是针对特定技术范围的,比如"小价值观"(Leonard-Barton,1995)。小价值观着眼于特定的技术选择,它是"大价值观"发挥作用的基础。例如,在柯达公司,与胶卷相关的化学技术被强调了许多年,对它的重视远远超过对机械设计技术的重视。其原因是柯达公司的核心技术是均匀分布卤化银乳液,公司吸引了最好的化学专业的毕业生,但是一直没有致力于寻找最优秀的机械师和软件工程师(Leonard-Barton,1995)。

三、创新能力的知识本质

创新能力是使企业技术活动得以实现的知识与能力,由此,我们探索创新能力的本质就应该从企业价值活动的技术知识要求以及支持这些价值活动的组织文化等方面来分析。

从技术知识的视角看,企业的特征就是其创新能力或者技术知识的集成体。这种技术体现在企业所拥有的机器设备、厂房等人工制品上,更体现在企业员工的人力资本中。

以知识为基础的企业理论认为知识资本是企业市场价值的重要源泉,企业是关于其环境、资源、机制、目标、态度和政策等方面综合而成的知识体系

(Spender,1996)。同时 Spender(1996)、Nonaka(1991)、Grant(1996)等人还从知识的形成和利用、知识的创造等方面不断地充实了该理论,因此,企业必须把企业看成是知识体,从知识管理的角度来管理企业。对于技术型企业来说,技术知识是企业知识系统的核心部分,是竞争优势最重要的源泉。

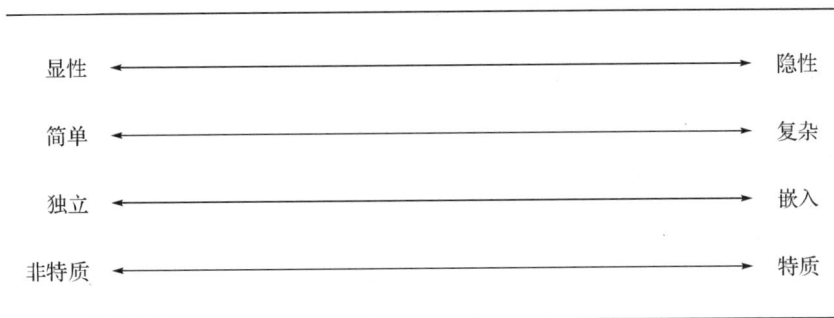

显性	←——————————————→	隐性
简单	←——————————————→	复杂
独立	←——————————————→	嵌入
非特质	←——————————————→	特质

图 2-1　知识的分类

在普遍认同技术的本质是知识的基础上,许多研究文献对企业拥有知识的形态作了大量的研究,综合起来看,企业的知识可以按以下一些形态和特征,分类如下(如图 2-1 所示):

(1)知识是显性还是隐性

显性(explicit)的知识是可以通过口头或者书面形式表达出来的,而隐性(implicit)的知识则无法通过口头或者书面形式表达出来,只能通过行动意会(Polanyi,1962)。

(2)知识是简单的还是复杂的

简单的知识可以通过较少的信息表达出来,而复杂的知识要用大量的、系统的信息来表达(Garud and Nayyar,1994)。

(3)知识是独立的还是嵌入在某个系统中的

如果是嵌入在某个系统中,就必须先获取这个系统或者进行大量的试错(trial and error),获取该项知识的成本就要高一些,Hippel(1988)把这种知识称为黏滞(sticky)知识。

(4)企业特质知识和非企业特质知识

企业特质知识(firm-specific knowledge)高度依附于企业本身,在企业之间传递的难度比非企业特质知识(non-firm-specific knowledge)要高得多,有时几乎是不可能的,这种知识的分类对于创新能力增长的途径选择很有启发意义。

由于不同的知识形态有不同的特征,企业为获取这些知识所需要投入的资源量也各不相同。知识的存在形态影响着描述它的信息的数量和性质,也影响着知识转移的成本。知识越复杂,隐性程度越高,则要求有更丰富的媒介来实现知识转移。

从当今知识管理的角度来看,创新能力是一种特定的企业知识,其包含了知识的各种类型,从嵌入到设备和信息系统中的显性知识,到隐含在人员意识和经验中的技能诀窍,再到组织常规中界面关系的协调配置知识,最后到洞察产业—技术和市场发展的分析能力与直觉智慧。

我们上面定义的创新能力是所谓"广义的创新能力",即不仅包括通常所理解的技术,还包括对这些技术存量进行协调配置,以及在认识到技术市场环境将发生变动时及时调整技术资源的能力。虽然如此,创新能力系统的基本部分还是"狭义的创新能力",即技术基础和人员技术知识与技能。

四、创新能力的层次结构

(一)业务—产品层次的创新能力

企业的创新能力并不是一个总量性的概念,不可能有一般性的测度方法和评价标准,必须根据不同产业、企业发展的不同阶段和企业不同的战略方向来确定不同的测量维度与评价标准。

另一方面,创新能力虽然都由技术基础、人员知识、组织整合和战略逻辑组成,但这种分类只是一种逻辑意义上的概念分类,而并不具有实际可操作性。我们实际上并不能分别评价企业在四个维度上的能力状况,然后将四个方面进行加总。因为脱离技术基础中某项具体的技术或设备,我们无法评价其人员知识的能力强弱;同样,脱离具体产品或业务领域的设备和知识,我们无法评价企业组织过程和战略的优劣。

因此,一个更具实践意义的能力分解方法是将企业划分为三个层次:业务、产品线或产品子系统、单元技术。首先将各业务分解为产品线或产品子系统,然后对每个产品线或产品子系统给出基本的和关键的技术单元,于是企业在此产品线的能力就由企业在这些单元技术上的水平决定。

然后考虑企业在每个业务上的创新能力,这一能力由此业务中各产品线的能力情况、各产品线之间的技术关联与整合水平以及企业在此业务中产品线的完整程度综合而成。

最后,企业的创新能力由其在每个业务上的创新能力、各业务之间的技术协同与整合水平以及每个业务与企业技术战略逻辑的适应性和对核心能力的贡献等几个方面综合而成(见图2-2)。

(二)创新能力的知识层次

创新能力作为知识的集合,有其内在的逻辑结构,这一结构决定了企业创新能力的特异性和力量。我们研究企业创新能力的根本目的是认识创新能力

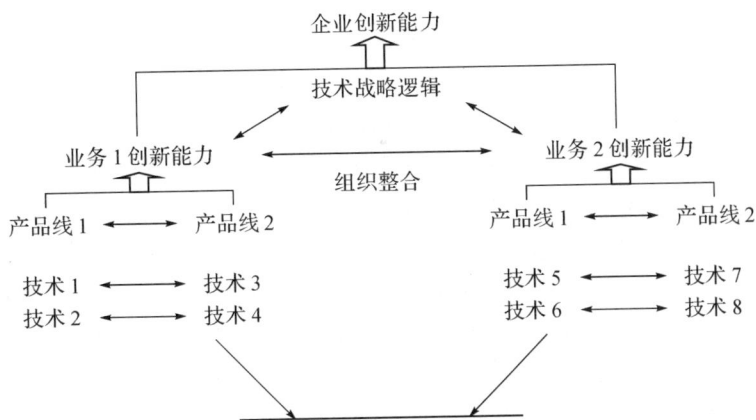

图 2-2　创新能力的业务—产品层次

是怎样逐渐积累、发展和扩张的；在此过程中，不同学科、不同性质的知识如何聚集而形成强有力的能力。这样一些问题都有赖于创新能力的知识结构，有赖于认识各种不同性质的知识在其中扮演什么样的角色。

显性知识和隐性知识的划分在当今知识管理的理论与实践中有很大的意义(Nelson and Winter,1982；Nonaka et al.,1995)，但学者们对两种知识在营造企业竞争优势中的作用莫衷一是，分歧颇大。实际上，只要我们仔细地分析创新能力的内涵，就会发现企业在每个业务或产品领域的创新能力都必然包含显性和隐性知识两个部分。这两个部分虽然在不断地循环转换(Nonaka et al.,1995)，隐性知识不断地转换成为显性知识，但隐性知识也在不断地生成和深化，因此隐性知识总是存在的。

隐性知识除了包含工作诀窍(Know-how)和隐藏的价值假设(Nonaka et al.,1995)外，还应该包括对事物对象的关系结构和科学原理的直觉理解。这些隐性知识是其显性知识可应用的基础，正是因为隐性知识提供了显性知识为什么可用、怎样使用和在什么条件下使用的理解，才使显性知识的恰当使用成为可能。

虽然学术界对显性知识和隐性知识的区别及其重要性早已认同，但实际上二者的区别并不十分明确。所谓显性，是指知识可以用易于理解和传播的方式来表示的程度。我们一般说显性知识可以用言语、文字、公式、软件和标准化图形来表示，而隐性知识无法用这些方式表示，只能体现在人们的行为、隐喻和相互关系中。因此，我们不能说显性知识可表达，而隐性知识不可表达，而应该说二者的表达方式不一样，或者说显性知识的载体比较好地表达了其知识本身，而隐性知识的载体只是部分地表达知识本身。因此，不管是哪种知识，都在一

浙商研究

定程度上可以表达，但没有任何知识是可以完全表达的。就是说，我们对于任何对象和任何方面的知识都是部分显性、部分隐性的，即任何知识都包含显性和隐性两个部分。

对传统意义上的显性知识，由于其可以用文字、公式、软件和标准化图形等方式表达，于是它的大部分可以被很好地表达、理解和传播。但仍然存在着部分不能表达的隐性部分。实际上正是有了这部分隐性知识，才使知识的显性部分连接成有机的整体。因此，也只有掌握了知识的隐性部分，才使知识的有效应用成为可能。如企业引进一种技术（包括文字说明和图纸），但实际上只是引进了这项技术的显性部分（当然是占大部分）。因为无论图纸画得多么详尽、文字写得多么仔细，都无法把所有相关的知识穷尽。企业在使用此项技术时，必须发掘出其背后的隐性知识（诀窍），才能很好地应用这项技术。

另一方面，知识资产的效用是其可编码程度的函数。一种知识如果能被公式化、标准化和简化，它就容易被可靠地使用，也就容易与其他知识相结合（Griffiths and Boisot，2000）。因此，一种知识系统如果要为企业带来竞争优势，它必须具有相当高的显性程度，使组织能够共享和可靠使用。

在企业创新能力的知识维度中，内部知识和外部知识也是一对相互转化、相互补充和相互支持的知识类。企业内部知识的重要性是不言而喻的，因为技术知识具有环境依赖性，针对特定企业的特定经营领域、特定经营重点和经营方向，必须有相应的特定知识。这是外部知识无法代替的，也正因为有此特异的内部知识，企业才能建立特异的优势。另一方面，技术的快速发展和多种技术相互融合的复杂化使任何企业都无法独自掌握完备的技术知识，于是外部技术知识对企业的意义就日益显著。在此情况下，每个企业都必须适当地结合内部和外部知识，使它们相互促进，产生协同效应。

从上面两对知识维度出发，我们可以把企业创新能力分解为三个层次（见图 2-3）。

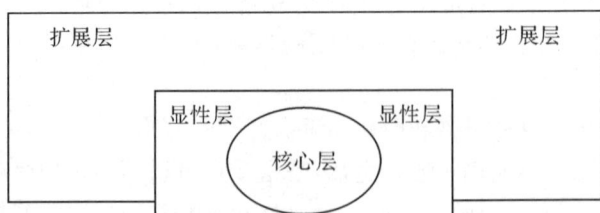

图 2-3　创新能力的知识结构

第一层是显性层，是创新能力的表层，由显性知识构成，包括设备、工具、技术文档、操作程序、管理程序和技术基本原理。这部分比较容易获取，是创新能力提高的第一步。

第二层是核心层,由隐性知识构成,包括技术与管理诀窍、对技术的内在本质的理解和对技术—市场发展动向的洞察以及隐藏的价值假设。这是能力中难以转移和难以获取的部分,只能通过共同工作来转移,在实践中学习积累。

第三层是扩展层,是企业的创新网络,包括企业与用户、供应商、竞争者、政府以及大学科研院所结成的技术联盟和关系网络。能力的这部分反映了企业对外部技术资源的利用程度,是企业能力扩张的主要方面,也是企业能力在短期内快速提高的最佳途径。由于创新能力的积累性与途径的依赖性,企业内部创新能力的提高(特别其核心部分)是渐进的,在短期内不可能快速提高,这在很大程度上限制了企业的成长(Penrose,1959)。而每个企业的创新能力与整个产业的创新能力相比,是微不足道的。因此,企业必须充分利用其他企业及各种社会组织的技术—市场知识,极大地扩展自己的技术地位,从而极大地增强自己的竞争地位。

第二节　创新能力的演化

企业创新能力的演化模式是一个非常重要的研究课题,对其规律性的认识是企业对技术创新进行有效管理的前提。由此,西方管理学和经济学早在 20 世纪 70 年代就开始探讨企业技术能力的演变。本书从创新能力的支持系统和演化特性两个方面来探讨。

一、创新能力演化的支持系统

企业创新能力的演化需要在一定的支撑环境下实现。Fransman(1984)认为发展中国家企业创新能力落后的一个原因在于国家技术基础设施薄弱,科技环境不完善。Sharif(1994)在研究企业创新能力的构建框架时,认为所有者和供应者、国家政策法规、用户与社会、竞争者四个方面限定了企业的创新机会和创新能力的演化方向。

在此基础上,许多文献提出了国家创新系统的概念,其内涵不仅包含上述的创新环境条件,而且进一步延伸为公共与私人部间的一种关系网络或制度(Dosi and Freeman,1988)。由此,将企业创新能力演化置于国家创新系统的框架下,便能完整地理解技术学习的支持条件和推动力量。韩国学者 Kim(1997)针对发展中国家提出了一个创新能力提高的分析框架:(1)技术学习的渠道,大致可分为国际集团、国内集团和企业层面的内部努力;(2)五种明显影响学习过程的因素是市场与技术环境、公共政策、正规教育、社会文化与组织结构。

一个企业所在的国家创新系统很大程度上决定了它处理威胁与机会的选择范围,影响创新能力演化的方向和速度(Tidd et al.,1997)。虽然全球化已经极大地模糊了国家间的界限,跨国公司也使世界紧密地连接在一起,但即使是最大的公司,其技术选择仍然强烈地依赖于其祖国的支撑条件,一个国家的资源优势和技术优势都会反映在它的企业中。

国家创新系统中影响企业创新能力提高的主要因素有:

(1)需求条件

国家的需求条件通过对创新的拉动,影响技术演化的方向。如较大的国内需求规模会刺激企业进行大规模投资,改进技术和提高生产率;国内市场的先行饱和使产品价格下降,迫使企业进行创新和产业升级,提高创新能力,并向附加值较高的产业技术转化。

(2)竞争对抗

市场竞争能够刺激企业投资于创新和创新能力积累,因为这是它们保证生存的唯一途径。

(3)国家与企业的能力基础

需求机会和竞争压力并不会自动导致创新能力提高,除非企业有一定的能力基础使之能够有效创新和吸收外部技术。在这方面,国家和企业在生产和研发上的能力基础是非常重要的。教育水平决定了企业的生产率和学习能力,而国家的科技能力决定了企业创新能力在不同领域的优势和劣势。

(4)技术供给

国际集团也许是后起国家技术学习最重要的来源,企业应该与国际集团一起形成一个广泛和活跃的知识网络,以增强自己识别外部知识的能力和学习能力。创新能力也可以通过国内组织之间的相互作用得到提高,本国的大学、政府的研发机构和其他公共机构、供应商以及其他企业均可成为新技术的来源。

(5)政府干预

政府可以通过直接和间接的措施,如工业、贸易和科技政策对技术学习过程施加相当大的影响。

(6)社会文化环境和组织管理

社会文化环境和组织管理影响到企业中员工的思维方式和行为。一个有益的组织环境不仅能够促进员工的学习,而且有利于将个体能力转化为组织能力。

二、企业创新能力演化的基本性质

(一)路径依赖性

创新能力演化最基本的性质是其路径依赖性。由于组织以往积累的技术知识会对其以后的技术活动的选择产生影响,因此,组织在现有技术知识基础上的局域创新搜索,使企业知识的积累表现出很强的路径依赖性。这种路径依赖是企业理性选择的结果,它可能造成相反的两种效应:使企业保持长期竞争力或者使企业步入技术锁定的困境。

在任何时候,企业创新能力受到两种因素的约束:现在和将来可能的技术知识状态,以及企业组织认知的有限理性(Tidd et al.,1997),这使技术的路径依赖性不可避免。

一个企业的路径是它的发展历史,而它以后可能的走向是它现在的位置和以前路径的函数,这就是所谓的路径依赖性。路径依赖的一个表现是组织学习和选择的机会总是靠近以前的行动和已有的知识,这是因为学习经常是一个实验、反馈和评价的过程。路径依赖的另一个重要表现是边际收益递增,这首先是一种需求现象,人们使用一件产品的机会越多,就越愿意用它。收益递增的来源还有网络外部性、互补资产、"用中学"及规模经济等。这一现象的重要结果是,当市场机会被锁定(lock-in)在一种较差的技术上时,即使拥有较好产品的公司也难以成功。

企业的技术路径总是包含在某个技术轨道中。技术轨道反映了某一技术领域内技术发展的方向和内在逻辑性,例如电子元器件的集成化趋势。技术轨道总是基于某个技术范式。技术范式是解决技术问题的通行的模型或模式,如在解决计时技术问题上,机械计时系统和电子计时系统代表了两种不同的技术范式。在每一种技术范式下,掌握某些关键技术是在此领域中获得技术优势的关键,它们形成企业的核心能力。因此,一种技术范式总是对应一组企业的关键技术能力和组织能力。每一技术轨道有不同的技术来源、技术方向和关键技术能力。技术轨道并不是线性的确定性选择,而是如树状具有许多分叉。同一领域内的不同企业虽然属于同一技术轨道,但可能处于不同的分枝上,即它们可能有不同的技术定位、创新方向和核心能力。

(二)技术的多元化

企业的生存能力来自于不断演化的科学技术,科学技术的演进导出大量的商业机会,使企业能够不断成长与扩张。反之,基于技术的企业对技术开发的投资逐渐成为新技术的主要来源。这样,基于技术的企业和基于企业的技术共同演化,造成经济组织和科技知识相互促进。

企业进化的一个重要特征是多元化,即其逐渐进入较宽的活动领域。多元化有多个维度,其中主要有产品多元化和市场多元化,而这些多元化的基础是技术多元化。大量研究揭示了技术多元化的性质和意义(Granstrand,1998):

• 技术多元化是企业增长的基本原因;

• 技术多元化一方面导致企业 R&D 支出的增加,另一方面也使对外部技术的需求增加;

• 技术多元化与产品多元化是密切相关的,常常是相互推动的,导致多业务公司的出现;

• 企业的多元化沿着一个系列的多元化战略展开:开始是技术多元化,然后是产品或市场多元化,然后这又引致新的技术要求和技术扩张,导致新一轮的产品或市场多元化。

技术多元化使企业能够发现和利用更多的技术机会,这源于四种不同的经济优势:第一,静态的规模经济性,技术能够以较小的适应成本被用于多个不同的产品中,即增加技术应用范围的可变成本比起获取技术的固定成本小得多;第二,动态的规模经济,技术在应用中不但不会耗费,反而会通过"干中学"得以改进;第三,范围经济性,不同领域中的技术组合在一起的时候,有可能产生交互促进作用;第四,速度经济性,技术知识的转移在公司内比公司间更快、更有效,这使得多技术企业拥有快速传递和共享技术的优势。

技术多元化除了经济上的优势外,还因为当今产品的复杂化使技术间大量的相互渗透与融合而迫使企业不得不增加自己的创新能力宽度。从这点上看,技术多元化的思想与核心能力的逻辑有一定的矛盾。一些学者的研究表达了对"专注于少数核心技术"这一上世纪 90 年代流行思想的质疑(Patel and Pavitt,1997;Tidd et al., 1997)。但如果仔细分析,可以从理论上和实践上说明,技术多元化与核心能力完全能够统一起来。一方面,多元化并不说明没有核心,实际上,围绕几个核心技术或业务领域实行多元化是多数成功企业的经验;另一方面,仅仅在少数几个技术上取得领先,而忽视其相关的或补充的技术,这样的企业很少能成功,即使在狭小的领域中取得了成功,但随着技术的成熟和产业间的相互渗透,其优势会很快消失。

(三)技术创新与组织创新的相互推动

事物发展的基本规律是生产力与生产关系、经济基础与上层建筑的矛盾,在创新管理中就体现为技术与组织文化的矛盾。其中,技术是矛盾的主要方面,技术具有能动性和自我更新性。随着企业的发展,技术总是在不断地提高和变异,而组织文化处于相对稳定状态。技术的发展在一定程度上决定了组织文化的发展。当技术能力提高或变化后,组织文化迟早也要随之变化,以适应技术的变化。当组织文化适应技术能力时,它能促进技术的发展,但如果它不适应技术能力,它就会阻碍技术的发展。

企业发展的历史充分显示了技术过程与组织过程之间存在着很强的交互作用。研究证明,在大多数情况下企业的组织调整总是滞后于技术变革。因为在公司内部发展管理系统的目的是为了鼓励并奖励某种特定类型技术的产生,所以会忽视其他类型的知识和技能。如柯达公司,由于其长期对胶片化学技术的重视,使电子和软件设计工程师地位低下,使这方面投资水平太低。因此,虽然 20 世纪 80 年代后,数字成像技术已开始发展起来,但柯达仍无法在组织上保证数字技术能力的健康成长。

企业组织结构在很大程度上取决于企业生产的技术特征,无论是企业信息沟通方式的选择,还是权力与责任系统的设置,都要考虑到企业产品的技术含量及生产产品所应用的工艺、设备的技术特点与水平,还要考虑企业技术创新的规模、范围与频度。具体地说,企业技术积累与组织创新的内在关联性主要表现在如下几个方面:

第一,组织创新能加快技术积累的进程。一方面,组织创新为技术知识的重新组合提供了合适的条件,它能提高知识的利用效率,使资源更易集中投入到技术潜力大、发展快的领域;另一方面,技术积累涉及企业组织中的不同部门和人员,通过组织创新创造良好的组织结构、协调各部门的行动、调动部门成员的积极性,是技术积累实现的关键。

第二,一定的技术能力水平要求有一定的企业组织结构与之相适应。新技术的引入势必破坏旧有技术与组织的平衡,要求建立新的技术体系和新的技术基础上的责、权、利关系。因此,引入新技术时势必会提出进行组织结构调整的要求。技术积累过程也是一个对外界环境的创造性学习过程,它要求企业组织是一个开放的系统,与外界有较强的信息网络联系,并能从组织的角度对外部环境的变化作出及时反应。

第三,从历史的经验看,企业组织结构的演化与技术的特质密切相关。西方发达国家的企业组织结构的演化大致经历了四个阶段,与之相对应有四种基本形式,即纯等级结构、职能制结构、分权制结构和权变制结构。它们在不同历史阶段的形成及演化(如表 2-2 所示)典型地反映了不同技术性质的作用,反映了技术与企业组织结构之间相互促进的作用。

改革开放以前,我国的企业都以商品生产为唯一任务,是典型的生产型管理模式。随着改革开放,企业开始走向市场,通过技术引进拥有先进的生产技术,于是要求企业从生产型转向生产经营型,随着企业的开发设计能力的提高,企业进一步变为营销型管理模式,以使企业研发能力充分响应市场需要。最后当一些企业有了世界级的研究开发能力后，其管理模式应当是创新型，以领导产业的变革与创新。

表 2-2　发达国家企业组织结构演化与技术创新

年　代	19 世纪 50 年代	20 世纪 20 年代	20 世纪 50 年代	
主导组织形式	纯等级结构	职能制结构	分权制结构	权变制结构
主导技术	简单机械	机械化技术	铁路、电力、化学	信息与自动化技术
企业制度特征	个人业主制	工厂与合伙公司	有限股份公司	有限股份公司与控股公司
主要技术创新		蒸汽机、汽化器内燃机	尼龙喷气发动机	计算机晶体管

同样，技术引进的顺利实施也需要相应的组织调整。如上海大众轿车装配厂的经理助理抱怨道："难以让所有中国雇员接受完全不同的关于产品质量、责任和团队合作的理念"（Leonard-Barton，1995），而当时也没有令双方都能接受的解雇闲置人员的管理系统，于是很难对懒惰和无竞争意识的工人采取有效的管理措施。

第三节　发展中国家创新能力演化的基本轨迹

在 20 世纪 80 年代，国内外许多学者对发展中国家创新能力演变进行了深入的研究（见第一章的综述）。但是，如下两个问题至今仍然没有被充分地阐释。

第一，发展中国家创新能力演化的基本阶段及其主导能力内涵。关于能力演化阶段，具有代表性的两种划分是：(1)技术引进能力、消化吸收能力、创新能力；(2)生产能力、创新能力。第一种划分很好地描述了创新能力形成的过程，但其中的技术引进能力与消化吸收能力是形成创新能力的手段，同时也是创新能力的组成部分，它们与创新能力并不是同一层次上的能力，因此不宜作为能力发展的基本阶段。第二种划分比较切实地区分了企业发展的不同阶段获得竞争优势的主要技术工作，但对创新能力的处理过于简单，而不同创新水平（创造性模仿和自主创新）对企业各方面能力的要求以及企业行为方式都有很大差别。实际上，企业从创造性模仿到自主创新的跨越会更大。

第二，企业创新能力演化过程中，其能力各维度的变化呈现出多种不同的先后次序。那么，这些不同的变化次序怎样影响企业创新能力的有效增长？在创新能力演进的不同阶段，哪些维度具有关键性作用？

一、基本创新能力

完整的企业技术进步过程包括技术发明、技术开发、产品生产与销售、技术转移四个前后相连的基本环节。然而几乎所有的后进国家的企业技术进步都是从技术引进开始的。成功工业化的后进国家的经验表明,从技术引进开始的工业技术进步过程,随着工业化和产业技术水平的提高,企业创新能力呈现出阶段性的变化。

第一阶段:产业工业化处于起步状态,技术基础极为薄弱,因此通常引进已经成熟的技术和设备。这时对某一项具体的引进技术,关注的主要是使用,使技术人员和生产人员尽快掌握这一技术或装备的基本操作。因此,这个阶段企业的能力主要体现为在生产中使用成熟技术的能力。

第二阶段:随着工业化的进展,后进国的领先企业已经形成相当的工业技术和物质基础,因而在积极开展技术引进的同时,逐步加大了自主研制和开发的份量。在此阶段,技术的使用已经为企业掌握,进一步开始强调在消化吸收的基础上进行创造性的模仿和改进。

第三阶段:随着国家科研力量和高等教育的系统发展,企业开始与本国大学和科研院所一起,从有关技术基本原理的基础研究出发,进行自主设计和创新,形成自己独特的核心能力与技术平台。

虽然处在技术发展不同阶段的企业都或多或少拥有仿制能力、创造性模仿能力和自主创新能力,但从以上论述可知,企业在不同阶段所关注的重点不同,三种能力的强弱也有高低之分。仿制能力、创造性模仿能力和自主创新能力构成了企业创新能力的三类基本能力,见表2-3。

仿制能力是指根据现有成熟技术进行操作和维护生产设备所具备的创新能力。可分为两类:第一类包括有效操作的能力以及进行工程实施和维修的能力;第二类包括在现有设计范围内,调整和改进以适应变化条件的能力(Kim,1997)。

创造性模仿能力是在现有的技术平台和核心技术构架内,对原有设计进行创造性的模仿改进或重新设计以适应新的市场需要的能力。

自主创新能力是通过建立新的技术平台或改变核心技术,并在此基础上推出新产品的能力。自主创新分为两类:第一类是渐进的自主创新,这是通过原有技术的融合或引入研究中的技术以建立新的技术平台;第二类是根本的自主创新,这是通过自己研究发明出全新的技术,由此开发出全新的或新一代的产品类。

表 2-3　基本创新能力

仿制能力	1. 设备操作和维修、工程实施和生产系统管理 2. 在现有设计范围内,调整产品与工艺
创造性 模仿能力	1. 技术跟随:对国际新技术产品原有设计的创造性模仿和重新设计 2. 市场型改进:针对本国市场需要,对产品的改进和重新设计
自主创新能力	1. 渐进型自主创新:引入研究中技术建立新的产品—技术平台 2. 根本型自主创新:自主研究获得新技术知识,由此建立独特的产品—技术平台。

二、创新能力的演化轨迹

Abernathy 和 Utterback(1994)提出的技术创新模式认为发达国家中工业产业和企业是沿着三段式技术轨迹发展的:流动、转化和专业化。虽然这一模式并不完全适合于所有行业,但也不失为一个理解发达国家技术变化的框架。

发展中国家企业的创新能力演化与发达国家不同,两者是沿着相反的轨迹演进的。发展中国家一般不可能在一代技术中就赶上发达国家,而需要经过多代技术的逐步追赶。它们通过技术引进,首先进入技术成熟的产品领域(第一代技术的专业化阶段);这时候,发达国家已经进入新一代技术与产品,发展中国家经过对引进技术消化吸收后,通过获取新的技术知识,跃迁到处在转换阶段的产品领域(第二代技术);最后通过基础研究的加强和广泛的知识网络的形成,在新兴技术领域(第三代技术的流动阶段)形成核心技术能力,建立独特的产品平台(如图 2-4 所示)。

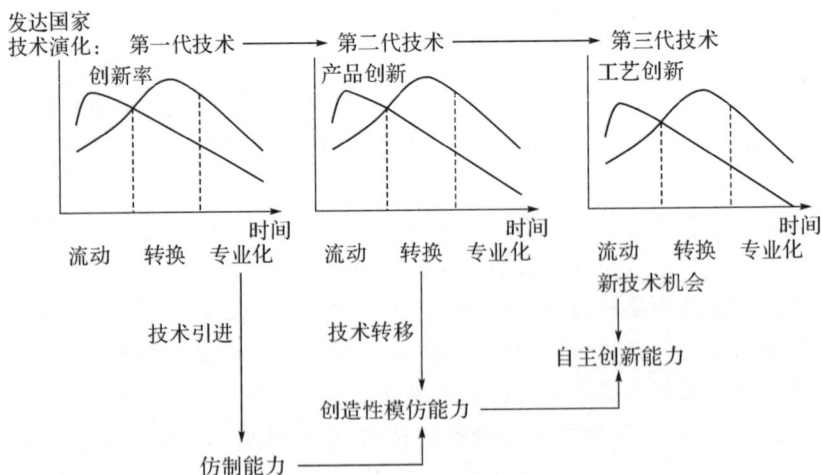

图 2-4　创新能力发展轨迹

资料来源:此图是在 Kim(1997)书中图 4-2 的基础上改造而成的。

企业创新能力的增长是一个创新能力各要素的连续性积累和总体创新能力的间断性跃迁的过程。在此过程中，企业创新能力一般经历了从仿制能力、到创造性模仿能力、再到自主创新能力三个阶段。三个阶段的技术特征与各能力维度特征分别见表 2-4 和表 2-5。

表 2-4　创新能力各阶段的技术特征

能力阶段	技术特征
仿制能力	对成熟技术的使用和简单模仿
创造性模仿	在现有的产品平台上，使用并跟随先进企业开发成长中的技术与产品，或对成熟技术进行创造性改进
自主创新	自主研究发展最新技术，或使用外部研究中的技术进行技术融合，由此建立独特的核心技术能力及产品技术平台

表 2-5　创新能力演化各阶段的能力维度

能力维度 / 能力阶段	技术元	组织整合	外部网络	技术战略
仿　制	先进的设备、生产经验、诀窍	生产系统优化与有效控制	简单的技术连接：技术引进，与用户的简单交易关系	低成本战略，进口替代
创造性模仿	高水平的信息系统与研发实验设备；专注于开发技能或市场需求知识	开发部门、生产部门和营销部门的协调	与外国企业合作开发或从用户处获得创新思想	紧跟国外先进技术或者改进产品满足用户多样化需要
自主创新	高水平的研究开发技能与丰富的市场知识的结合	通过项目组进行内部功能整合、知识共享	完善的创新网络：特别是多种技术互补的战略联盟和用户参与创新	通过自主研究追求技术领先；或获取最新技术，进行技术融合

（一）仿制阶段

仿制阶段主要是使用已经成熟的生产设备，通过"干中学"掌握生产过程中的技术诀窍（Know-How）和生产管理技能（如质量管理）。在此阶段，创新能力四要素中最重要的是技术设备，特别是引进或仿制先进的技术设备具有决定性作用。同时，拥有相应的技术技能也是很重要的，这是充分利用设备的必要条件。而企业此时的技术组织与管理还处于初期，没有形成规范的技术管理与战略体系。企业的外部技术连接仅限于设备引进的简单联系，对外部技术资源的利用水平非常低。在此阶段，企业一般从技术引进开始，通过生产中的"干中学"积累创新能力。

浙商研究

55

(二)创造性模仿阶段

在此阶段,企业开始根据本地的特性对产品和工艺进行调整和改进,或进一步对产品作为一个系统进行重新设计。这时,企业在关键技术上仍然依赖于外部技术源。企业在此阶段技术水平的迅速提高往往得益于与先进企业的合作研究开发,企业能够在合作过程中迅速提高自己的创新能力。

在此阶段,创新能力要素中最重要的是人员技能和技术组织,产品工艺设计诀窍、外部技术吸收能力和企业创新组织的建立及各部门间的协调是关键能力所在。同时,企业开始与外部技术源建立多种多样的技术连接,对外部技术的利用能力大为增强。

创造性模仿能力本质上是企业的内部开发能力,但这时还没有做到自主开发,即其开发活动仍是在国外企业所建立的技术平台上进行。企业或者是模仿最新一代的国际先进产品,或者是立足现有平台,根据本国市场需求状况,进行产品性能的延伸或改进。

(三)自主创新阶段

在此阶段,企业的研究与发展能力已经达到相当高的水平,开始形成自己独特的核心技术能力和产品平台。同时,企业致力于建立广泛的联盟与网络关系,充分吸收与利用外部的技术知识与市场知识,将外部知识与内部知识融合成强有力的创新能力。这一过程开始于研究获得新技术,或者获取国外新技术进行技术融合,然后通过知识学习培育自主开发能力。

第四节　浙江企业创新能力提高过程的典型案例分析

一、杭州制氧股份公司的创新能力提高过程

杭州制氧股份有限公司(以下简称杭氧)是在原杭州制氧机集团有限公司的基础上通过股份制改造设立的国内最大的空分设备和石化设备开发、设计、制造企业,以设计、制造、销售成套大中型空分设备和石化设备为核心业务,是我国空分设备行业唯一一家国家级重点新产品开发、制造基地,拥有国家级技术中心,是我国重大技术装备国产化基地,亚洲最大的空分设备设计和制造基地,并已成为国际空分"五强"企业。

第一阶段:仿制能力建立(1958—1987)

在 1979 年以前,杭氧的创新能力处于仿制水平。当时主要是对苏联和日本的技术设备进行模仿,于 1958 年开发出以采用铝带式蓄冷器高低压冻结空

分流程为技术特征、以 3350m³/h 空分设备为代表的第一代产品。然后于 1969 年开发出以石头蓄冷器全低压冻结空分流程为技术特征、以 6000m³/h 空分设备为代表的第二代产品。这两代产品的技术处于国际上 20 世纪 40 和 50 年代的水平。

改革开放后，杭氧认识到自己的技术差距，为提高产品水平，从 1978 年开始，先后从德国林德公司引进切换板翅式换热器和分子筛流程两种形式的 10000 m³/h 空分设备的许可证与技术，以及先进的生产设备。从此该厂进入了采用国际先进技术生产空分设备的行列，分别于 20 世纪 80 年代初期和中期开发生产出比较先进的第三代和第四代产品。在第三代产品开发期间，企业开始消化吸收引进新的技术，其中主要有：采用板翅式换热器、环流法自清除技术、反动式可调式喷嘴透平膨胀机。在生产第三代产品的同时，利用从德国引进的常温分子筛净化空分流程的设计制造技术，到 1987 年已经设计制造了六套第四代产品。通过第三代和第四代产品技术的引进和开发生产中的学习，通过大量的工艺改进和产品模仿设计，到第四代产品开发完成，企业已基本具有对世界先进技术的消化吸收能力，建立起较强的仿制能力。

第二阶段：创造性模仿能力（1985—）

20 世纪 80 年代初期，德国林德公司推出了新一代的增压型分子筛净化空分流程。杭氧从 1985 年开始，在上级主管部门的支持下，组织杭氧研究所和各生产厂的科技人员进行"七五"重大技术攻关，经过两年时间开发出以此新技术为特征的第五代产品。这一产品的技术性能达到了 20 世纪 80 年代初期的世界先进水平，它的开发成功表明该厂已初步具备对国际先进产品的创造性模仿能力。

经过 30 余年的努力，到 20 世纪 80 年代末，杭氧的设计与生产技术能力已接近国际先进水平，也初步具备了创造性模仿能力，完全有能力进一步紧跟国际潮流，不断开发出新产品，进一步提高自己的竞争能力。可惜这一步之遥他们没能跨过去，到 90 年代中期，杭氧不仅没有赶上去与国际领先企业齐头并进，而且差距又被拉大了。这其中的原因既可能是厂领导缺乏长远的战略眼光，在企业经营机制改革和规模扩张中有很多失误，也可能是与国有企业的投资和分配体制对企业行为的约束有关。本来 20 世纪 80 年代后期和 90 年代初期是杭氧最有利的时机，这时我国宏观经济形势非常好，许多大项目上马，杭氧的订货单雪片似地飞来。1991 年，杭氧成功地兼并了杭州造船厂，使企业的生产能力大大提高。当时的杭氧资金充足、技术力量雄厚、员工团结、凝聚力强，正是大干快上的好时机，可太多的订单使企业疲于应付，而太好的市场形势又使领导失去了忧患意识。不仅如此，杭氧在 1994 年的组织结构重组中，将公司

浙商研究

的研究所解体分散到各分厂,大大削弱了公司的研发力量,这也反映了公司最高管理层开始产生轻视研究能力、只看重当前生产的短视。实际上,在1993年企业最景气的时候,公司领导也认识到自己的市场受国家经济计划周期的影响很大,由此他们也预计到1996年以后市场会收缩,公司效益会滑坡,于是他们也在积极地寻找对策,结果他们像当年许多手中有钱的企业一样,开始了多元化发展。这些完全不相关或相关程度不大的投资方向将杭氧套在了一个个的陷阱中,难以摆脱。技术跨越的大好时机就这样白白地浪费了。

1996年以后,一方面由于国家投资周期的影响,另一方面国外的新产品开始进入国内,而国内新兴企业的产品价格又大大低于杭氧的产品价格,使其市场几乎丧失殆尽。1996年和1997年杭氧几乎没有拿到订单。杭氧在1998年出现了第一次亏损。这时杭氧领导才感到问题的严重性,也才开始认识到几年间丧失的机会已难以弥补。

虽然20世纪90年代以后公司没有开发新产品,研究所的分散也使公司失去了开发能力,但对国际技术新进展的跟踪研究还是一直在进行的。到1996年,20世纪80年代末90年代初出现的新技术已经成为国际主流技术,这意味着杭氧的产品已经大大落后了。认识到这一点,公司决定开发以最新技术——规整填料塔和全精馏(无氢)制氧技术为代表的第六代产品,使杭氧能跟上国际先进水平。1997年9月15日邢台钢厂与杭氧公司正式签订合同,开始了杭氧第一套第六代空分设备的设计生产。经过一年的紧张工作,第一套第六代空分设备于1998年10月安装完成,一次试车成功,并于11月19日通过考核。同时,杭氧生产的上钢五厂"12000空分设备"于1998年11月18日开车出氧。这两套设备的顺利投产标志着杭氧第六代空分设备技术已经成熟。

第六代大中型空分设备的核心技术是规整填料塔和全精馏(无氢)制氧技术。这两项技术的采用使得空分设备的总体性能在第五代的基础上又有了较大的提高。国外先进厂家如德国林德公司、法国液化空气公司、美国空气制品公司,都是在20世纪80年代中期就开始研究使用规整填料塔和全精馏(无氢)制氧技术,在80年代末推出以此两项技术为核心的新一代产品,到90年代已被普遍使用。

杭氧早在20世纪70年代就在小型高纯氮设备上成功应用了规整填料,到90年代杭氧分别使用这两项技术于一些空分设备的开发上,为以后第六代产品的开发设计打下了基础。

杭氧在1996年作出决策,决定全面推出第六代空分设备。在填料塔设计初期,由于缺乏设计和制造大直径填料塔的经验,走过一些弯路。开始时自行设计生产的几套设备都未达到设计要求。后来通过与国内外厂家和大学的合

作以及他们的不断探索,终于掌握了填料塔的设计制造技术。这是一个艰难的过程,从如下几个方面可知掌握核心技术的艰难:

(1)掌握整体流程设计、计算及控制技术

杭氧在吸收国外有关流程技术及试车经验的基础上,结合国内的实际情况,特别是结合自己的实验和调试经验,进行了大量的分析研究,提出了合理可行的流程方案。为了保证计算的准确度,从国外了购买低温工程物性数据库及流程模拟软件,同时组织力量开发软件。为了确保流程设计、计算及控制方案的可靠,他们还请法液空公司提供基本的流程设计控制方案及计算结果,把这些结果与杭氧的设计进行比较修正,吸收了国外公司的一些设计思想和思路。

(2)全精馏(无氢)制氧技术

通过技术监测和设备反求,杭氧基本上能自己设计开发这一核心技术。

(3)规整填料塔技术

针对第六代产品使用的填料塔,杭氧采取了两条腿走路的方针,一方面自己组织力量攻关研究,另一方面广泛与国内外填料生产厂家合作。首先,杭氧与法液空、杭氧液空进行填料塔生产方面的合作,签订技术合作协议,由杭氧提出塔的进出口物料参数要求,法液空进行塔的总体性能及结构设计,并提供塔内件,杭氧按法液空的安装规范及检验标准进行塔的组装和检验。邢台钢厂空分设备的上塔及粗氩塔就是按这样的方式进行设计和生产的。杭氧与世界著名的填料生产厂家苏尔寿公司也进行合作。合作方式是杭氧提供塔的理论塔板数和热力参数,苏尔寿公司负责塔的水力学设计计算及塔的结构设计,并提供分布器、填料和其他塔内件,同时派专家指导杭氧的装配和检验。上钢五厂"12000"等几套设备就是采用这样的方式完成的。在国内他们与天津大学进行联合设计。总之,通过广泛的合作学习,杭氧全面掌握了填料塔的设计与制造技术。

(4)一些配套技术的开发

为了使第六代产品的总体性能有较大的提高,除了核心技术外,杭氧同时组织了一些配套技术的开发与改进。如成套能力的提高,可以为用户提供多种形式的配套方案;一些单元设备如冷箱、分子筛系统的性能的改善;控制系统的改进,提高了设备的自动化程序和运行效率。

第六代空分设备一开发成功,就深受广大用户的欢迎,随后接到的6000 m³/h以上的空分设备订单,全部采用第六代设备。到2001年,杭氧已承接了11套第六代设备,其中两套于1998年顺利开车投产,1999年又有五套开始使用。特别值得一提的是其中两套产品是提供给英国BOC公司和德国梅塞尔公司在中国的独资气体厂,这表明杭氧的新一代产品不仅被国内的用户所接受,而且也被国外著名的气体制造商所认可。

从杭氧的第六代空分设备的开发过程中,我们可以得到多方面的经验和教训。

首先,让我们感受最深的是,一个企业的技术系统一定要保持开放性和动态性,一定要与世界同行业的技术系统保持密切的联系,在不断自我积累的同时,不断吸收世界先进技术,保持同步发展。杭氧在 20 世纪 80 年代末到 1996 年以前,未能继续致力于技术进步,在新一代技术开始普遍使用之际没能积极跟上。到 1996 年以后,在已造成较大技术差距的情况下,要想赶上就很困难了。这使得杭氧在刚开始开发设计第六代空分设备时走了一些弯路,开始生产的几套设备的性能不过关,给公司造成了较大的损失。

技术创新和技术开发是关系到整个企业及其相关企业的系统工程,企业不仅要做好企业内的创新工作,而且要建立起自己的创新系统,不断从其他企业、产品用户和供应商那里吸取技术信息和市场信息,才能不断进步、不断创新。由于杭氧是以定制为主的设备制造商,用户关系对企业非常重要。但杭氧在企业景气时没有注意构筑好用户关系,没有将用户纳入其技术开发体系中,专注于短期效益,丧失了宝贵的发展机会。这样一些战略失误导致 1996 年以后杭氧销售额急剧减少,幸好杭氧以前形成的注重质量和守信用的信誉还在,使公司第六代产品的开发生产得到一些用户的支持。

杭氧在几次开发失败后,认识到自己技术上的差距,及时调整策略,积极寻求与国外先进企业和国内大学的合作,向他们学习,尽快提高自己的设计能力。这使杭氧在短短一年多的时间内就生产出合格的新一代产品,实现了一次技术飞跃。杭氧在合作中不是简单地照搬国外公司的设计方案,而是将其方案与自己的计算结果进行比较分析,由此学习国外企业的设计技术。而且杭氧在几套产品的设计中分别与国外的著名公司和国内大学合作,通过充分吸收各家的长处,进行技术融合,以形成自己的特色和优势,也使自己在此过程中提高了能力,特别是进一步改进和创新的能力。这是杭氧给我们的最大启示。

第三阶段:自主创新

为了尽快提高我国特大型空分设备的设计制造技术水平,提高市场竞争力,20 世纪 90 年代中期,杭氧在国务院重大技术装备领导小组、机械工业重大装备公司的领导下,进行了"30000m³/h 等级空分装置设备研制"攻关。主攻的技术问题有两方面:一是设计技术,二是制造技术。通过对设计和制造关键技术的课题攻关和大量的试验研究,解决了一个又一个技术难题,使杭氧较快地掌握了特大型空分设备的核心技术。到 90 年代末,开发成功第七代压缩流程大型空分设备,并逐步推向市场。2001 年,开发、设计、制造出 3 万等级空分设备,填补了国内不能制造 3 万等级空分的空白,开创了 3 万等级空分国产化的崭新局面。宝钢30000m³/h(氧)空分设备的顺利投产,标志着我国空分设备的设计制造技术基本上实现了自主创新。

2003年12月,杭氧成功开发制造了48000m³/h内压缩流程空分设备,标志了杭氧已开始向特大型中高压内压缩机空分领域进军。2004年6月,50000m³/h成套空分产品研制成功。2008年9月,杭氧利用核心技术研制的国内首台6万等级空分设备开车成功,打破国外企业在此等级空分制造领域的垄断,也使杭氧在拓展市场、争取订单上有了技术保障。杭氧在5万、6万等级空分设备研制成功的基础上,对8万等级空分设备技术进行了技术储备并已初步具备了投产的条件,同时9万、10万等级空分设备也已进入了的技术研究阶段,力求使企业在激烈的市场竞争中占据主动地位和形成优势。

至2009年3月,杭氧已承接了20000m³/h等级以上的空分阶段160多套,其中30000~60000m³/h(氧)空分设备70多套。2010年1月,中国石化天津100万吨/年乙烯冷箱开车成功,该冷箱是国家科技支撑计划"百万吨级乙烯冷箱开发与研制"的依托工程之一,也是国内规模最大的单套装置。

目前世界上运行的最大空分设备已达10万等级,国产设备还做不了这么高等级,只能在中低端市场竞争。目前国内外煤化工项目还在向更大规模方向发展,对杭氧在8万、9万等级空分设备的设计、制造能力提出了要求,目前杭氧已完成8万、9万等级空分设备的论证,相信在不久的将来,杭氧能够在9万、10万等级空分规模上与国外公司同台竞技。杭氧创新能力演化各阶段的能力特性见表2-6。

表2-6　杭氧创新能力演化各阶段能力维度的发展

能力维度　　　　能力阶段	技术元	组织整合	外部网络	技术战略
仿制 (1958—1987)	通过技术引进和对四代产品的仿制,掌握设计与生产经验、诀窍	工序优化组合与严格质量控制	技术引进	简单仿制、工艺改进
创造性模仿 (1985—)	通过对国外产品的反求分解和独立设计,到1987年培育出较高的开发设计技能	20世纪80年代中期将杭氧研究所纳入企业内,形成研究所与各生产厂配合的研发设计体系;1994年解散研究所,分散到各生产厂	1996年开始与国内外多个公司和大学合作开发与设计	1985—1990坚持进行对外国先进技术的跟随,但在20世纪90年代战略上徘徊不定
自主创新 (2000—)	自主开发3万以上产品	1999年重新成立研究所和设计院	形成创新合作网络	开拓乙烯冷箱和气体业务等领域

浙商研究

二、西湖电子集团有限公司创新能力提高过程

西湖电子集团有限公司(以下简称西湖电子)是国家 520 户重点企业,浙江省高新技术企业和浙江省"五个一批"重点骨干企业。公司前身杭州东风电视机厂创建于 1973 年,其后历经杭州电视机厂、杭州广播电视工业公司、西湖电子公司、西湖电子集团公司等多次更名,1995 年改制为西湖电子集团有限公司。

西湖电子以高科技上市公司——数源科技股份有限公司为依托,拥有杭州西湖数源软件园有限公司、数源移动通信设备有限公司、西湖集团(香港)有限公司、杭州西湖电子进出口有限公司等下属企业 10 余家。公司以高科技的数字电子信息、通讯产品为主业,主要经营高清液晶电视、数字电视前端及机顶盒产品、3G 通讯产品、软件、房地产、软件园区和智能楼宇开发等业务。至 2010 年年底,公司拥有注册资本 2.66 亿元,总资产 34 亿元,净资产 9.5 亿元。

西湖电子拥有雄厚的技术实力。作为高新技术企业,公司建有国家级技术中心、国家博士后科研工作站和浙江省音视数字技术应用中试基地。公司依托自身强大的科研力量,先后成功开发并上市了国内第一代数字处理彩电、DOMO 液晶高清电视系列、机卡分离式一体化数字电视接收机、数字电视机顶盒、数字多媒体信息发布系统、液晶拼接大屏幕显示系统(DID)、移动互联网终端设备(MID)、电子书、平板电脑等一大批高科技视听产品。

第一阶段:仿制能力的形成

1986 年,西湖电子从日本东芝公司引进首条彩电生产线,走上了规模生产之路。随后,企业不断加强技改力度。"八五"期间,公司投入 2.1 亿元用于技术改造,先后建成了 6 条彩电生产线,引进自动插件机以及中心信号源、产品检测等先进的生产和检测设备。在新工艺、新技术项目的应用中,积极采用微机技术,使生产效率明显提高,产品水平和质量有了可靠的保证。1995 年上半年,公司又投资引进日本东芝公司 XK93C 大屏幕彩电技术设备,自行建成了一条生产能力为 500 台/班,适合于 54～81cm 屏幕尺寸的彩电总装生产线;引进了万克注塑机及 74cm 彩电模具;改造了一条黑白机生产线,使其达到班产 800 台 54cm 彩电生产能力。目前公司已具备生产世界各大制式、年产 120 万台彩电的生产能力。

西湖电子不仅注重产品设计,还始终以生产现场为重点,根据产品品种频繁变动和员工流动性较大的特点,加强了"工艺突破口"工作。公司 1994 年成立了工艺研究所,1995 年开始班组升级活动,通过教育培训、技术比武及开展无差错活动,促使生产线的员工学技术,争当操作能手,为产品创新与产品质量的稳定与提高打下了基础。

1. 转变思维,改革组织

与其他国企一样,由于受长期计划经济体制的束缚,西湖电子曾一度流行大锅饭、铁交椅、平均主义思想,影响了企业整体效应的发挥。公司决策者从管理实践中认识到:一切工作的最后结果好坏最终取决于人,而人的观念又是确定工作标准的关键因素。因此,陈焕新总经理给全体员工出的第一个课题便是:如何正确树立市场的观点、竞争的观点、全局的观点和发展的观点,形成了上至公司领导、下到一线工人轰轰烈烈的大讨论。

1991年,西湖电子作为杭州市三项制度改革的试点单位之一,开始了企业用工、人事、分配制度的改革。固定工与合同制职工的界限被打破了;工人和干部的界限被打破了;干与不干一个样,干好干坏一个样的"铁饭碗"被打破了。

公司本着"高效、精简、求实"的宗旨,将公司所设的33个管理部门重新组合,调整压缩为15部2办,将原管理部门的90多名中层干部裁减至35名,处室管理人员也裁减20%,富余人员一律充实到"三产"和生产经营第一线。同时,在分配上拉开档次。首先对上百个工种、几千个岗位逐一进行测评打分,然后定出相应的岗位工资,并对苦、脏、累的岗位和科技、生产、经营的关键岗位实行倾斜,变岗变薪。

西湖电子积极主动培养科研学科带头人,注重培养青年科技人员"挑大梁",大胆选拔优秀青年科技骨干任课题组长,并强化科研激励机制,对作出成绩、取得成果的科研人员及时给予奖励或提高待遇,从而使一批德才兼备的优秀科技人员逐步成为科研中坚力量,其中包括杭州市跨世纪科技人才第二层次1人、第三层次6人。

一系列的改革措施使西湖电子逐步建立起了职工能进能出、收入能高能低、岗位能上能下的灵活的企业内部运行机制。如今,西湖电子的干部到车间当工人,工人到管理部门当干部,一年一次岗位重新聘任,工资分配随着岗位变动而浮动。改革的阵痛曾经使西湖电子流失了一些人才,然而改革的成果不仅使企业留住了人才,且引进了更多的人才,并使人才有了用武之地。适度地拉开收入分配,更使职工感受到自身价值的体现。原来的各种心理不平衡渐渐地消散了。而公司为吸引高科技人才而高薪录用的年青研究生们在利益导向面前更深深体会到一股强烈的责任感和使命感。

西湖电子以人为本的管理思想中还体现一个"严"字。公司总经理陈焕新说:"市场是残酷无情的,如果我们的干部在管理中讲情面,松管理,那是对企业不负责任,对职工不负责任。"(根据我们的访谈记录)西湖电子的企业管理工作在以全面贯彻ISO9000质量标准为中心的管理基础上,建立起了纵向逐级考核、横向交叉考核和株连考核的考核体系。并专门成立了考评小组,对各部门的劳动纪律、各项任务的完成情况逐月进行检查打分,在公司月度考评会上宣布结果。对在考评中扣分的部门,酌情下浮当月岗位工资。在一次元器件质量事故的处理中,公司物资供应部门因进料未把关而被扣分,产品检验部门因未把好来料质量检查关而被扣分,而质量产管部门负领导责任也被株连扣分。

2. 坚持质量第一,强化质量管理

加强企业内部管理很重要的一条是强化企业的质量管理。西湖电子不断加大质量管理工作力度,持之以恒地开展"工艺突破口"工作,1987 年获省质量管理奖,1988 年获部质量管理奖。1994 年,公司推行 ISO9000 国际标准,通过宣传、教育、培训,确定了质量要素,进行职能分解,制定了《质量手册》及近百个程序文件,并于 1995 年元旦起开始运行。在"贯标"过程中,颁布了"追求一流质量、制造一流产品、提供一流服务、创建一流企业"的质量方针和"人以企业为家、心以质量为本"的企业精神,使质量体系运行更为有效。1995 年 12 月底,公司通过了浙江质量体系审核中心 ISO9001(1994 年版)的质量体系审核,获得了国家认证机构颁发的 ISO9001 质量体系认证证书,成为中国电子行业率先通过该项认证的企业之一。

第二阶段:创造性模仿能力的建立

近十几年来,中国的彩电市场竞争空前激烈,而彩电作为西湖电子的主要产品对集团的生存与发展都有重要的意义,1996 年集团的电视机产值占到总产值的 60% 以上。如何才能在彩电市场中站稳脚跟并且取得竞争优势,是西湖电子当时面临的严峻考验。

1995 年,西湖电子决定迎难而上,结合国际发展潮流与我国实情,开发全数字处理技术彩色电视机。西湖电子开发全数字彩电采用的是德国 ITT 公司的数码 3000 超大规模集成电路。ITT 公司是一家半导体公司,无法向整机厂家提供整机设计经验,同时该公司也想观望中国究竟谁有能力开发全数字彩电。因此,西湖电子是在没有任何经验参考的情况下开始着手研制全数字彩电的。全数字彩电的核心是 IC 周边电路和 IC 控制软件的设计。在 ITT3000 型全数字彩电的设计中,为了找出内部控制极为复杂、技术难度较大的数码 3000 集成电路的最佳参数和控制策略,西湖电子数名主设计人员在经过 4 个月的努力后,成功地建立了软件开发的控制平台,攻克了第一道技术难关。之后,主设计人员又经过 4 个月的艰苦奋斗,设计开发了整机控制软件,从而完成了全数字彩电研制过程中最核心也是难度最大的工作。

1997 年 10 月,西湖电子召开新闻发布会,宣布全数字处理技术彩色电视机开发成功,并将在年底批量上市。11 月份,西湖全数字彩电通过国家技术监督局组织的技术鉴定,专家们给予了很高的评价,认为"在国内处于领先水平,达到世界 90 年代中期同类产品先进水平"。表 2-7 列出了西湖电子的技术发展过程,从中可以看出,在西湖电子开始研制开发全数字处理技术彩电以前,已经拥有了彩电与彩显两大类产品的开发设计能力,尤其是从设计开发彩显中积累起来的数字创新能力,无疑为全数字彩电的开发奠定了坚实的技术基础。

西湖电子一贯重视企业创新能力的积累和提高。在彩电行业大打价格战时,各大彩电厂家纷纷降价,不惜成本抢占市场份额,而西湖电子仍然重视技术创新,不因利润下降而削减技术开发经费。西湖电子的研究和开发经费在 1995 年达到了 3.8%,以后一直保持较高的水平。西湖电子有国家级的企业技术中心,现有电视机设计、专用集成电路、综合电子电器产品设计、数字技术应用、工艺技术等五个研究所和一个计算机软件开发中心,共有科技人员 500 余名。该集团在彩电、彩显、数字电视等产品设计及 CAD 支撑软件开发、ASIC 设计等方面均处于国内领先水平。

西湖电子坚实的创新能力是通过多年的积累获得的。西湖电子不仅挖掘自身潜力,还积极开展技术合作,加速提高创新能力。

西湖电子积极与高等院校、科研单位合作,超前研制高新技术产品。1991 年以来,先后与浙江大学、杭州电子科技大学等高校联合建立了杭州西湖电子信息工程公司、东方微电子开发联合中心等科研联合体,不断向当代高新技术领域冲击。相继研制成功的内藏式卫星接收彩电、图文电视、可视电话等一批高科技产品,已成为竞争的雄厚资本;WL-CAD 参数化设计绘图系统、ZD-MCAD 机械产品 CAD 支撑系统等计算机软件的完成,使先进的科技成果转化成商品,这两项成果还分别荣获全国科技进步一等奖和三等奖;专用集成电路的设计与开发,使公司主导产品彩电能够不断更新换代。

表 2-7　西湖电子技术发展过程

竞争的关键技术	时　间	技术关键点
黑白电视机生产技术	1984 年	率先在行业中开发生产了集成电路式电视机,并逐步取代了分立式电视机
彩色电视机生产技术	1985 年 1986 年	1985—1986 年两年的技术引进,加大彩电的自主开发,完成彩电从手控、半遥控向全遥控的转变,单制式向多制式的转变
大屏幕彩电生产技术	八五后期	成功开发 25 英寸和 29 英寸大屏幕彩电和 C5410A 内藏式卫星地面接收机,其间加大了技改力度,使生产工艺技术显著提高,彩电产品系列化
彩色显示器生产技术	1993 年	引进开发 1450、1560、1560E 彩显,并发展为公司的第二大类产品

续表

竞争的关键技术	时　间	技术关键点
NICAM 数字技术	1996 年	率先开发成功 NICAM 数字双伴音/立体声大屏幕彩电
全数字彩电生产技术	1997 年	率先在国内自主开发生产了数码 3000 型全数字彩电

西湖电子利用与日本东芝、日立、德国西门子、韩国大宇、金星等国际跨国公司建立的贸易伙伴关系，及时获得世界电子工业发展的动向和新产品、新技术的第一手信息。从 20 世纪 80 年代起，西湖电子就开始与国际著名企业合作进行技术开发，从合作技术创新中获得了效益。1995 年西湖电子成功开发出东芝单片机，使大屏幕彩电生产成本下降 20％～30％。通过在美、日、欧设立机构，跟踪国外最新技术，并绕开彩电整机厂家，直接与芯片生产厂家如法国的SGS 合作。通过自主的开发，使原来价格很高的元器件外方供应商主动提出了降价，外方的技术"know-how"变成了自己的技术，使公司获得了竞争优势。

整个"八五"期间，西湖电子科技开发项目达 189 项，仅 1996 年一年就达 50 项。西湖电子的新产品数也不断上升，1995 年一年中，公司共计研制完成新产品和新技术 45 项，是历年来完成新品投放市场最多的一年，全年新品产值率为62％，新品利润率也接近百分之百。

第三阶段：自主创新

在 20 世纪 90 年代末，国内市场相继出现大量"数字化彩电"之后，家电行业的数字化潮流方兴未艾。为了适应这一重大的行业性技术变革，中国家电行业的 13 家企业成立了数字产业联盟，进行数字接收机顶盒的合作研究开发。西湖电子也参加了这一联盟，进行基于卫星、地面、有线、Internet 和综合的五种数字接收机顶盒的研制开发，现在已经开发出两种。数字产业联盟以推动我国家电行业数字化进程为目的，并且在机顶盒的开发上确已初见成效。

2000 年，西湖电子决定建立西湖电子园深入开展数字技术的研究与发展，希望能够在新一轮数字技术竞争中处于领先地位。之后，西湖电子逐渐进入液晶高清电视、通信设备与手机等多种电子设备与终端产品的生产，同时进入房地产、软件园区和智能楼宇开发等业务，企业的资金、人力等资源大大分散，核心技术与核心能力始终没有形成。

西湖电子创新能力演化各阶段的能力特性见表 2-8。从表 2-8 中可知，西湖电子到 20 世纪 90 年代中期在创新能力的四个维度上都达到了比较高的水平。但西湖电子的问题在于：(1)在 20 世纪 80 年代其生产规模上得太慢，没有获得足够的资金为创造性模仿投资；(2)开始创造性模仿的战略转移太晚，失去了先发优势；(3)没有利用数字处理彩电开发成功的机会，进一步强化公司的技术优势,向自主创新迈进。

表 2-8 西湖电子创新能力演化各阶段能力维度的发展

能力阶段 \ 能力维度	技术元	组织整合	外部网络	技术战略
仿制 (1985—1995)	10 年间先后引进和仿制了 6 条彩电生产线、一条大屏幕生产线和彩显生产线; 通过"工艺突破口"工作,培训和技术比武,提高生产技能	1991 年开始进行"三项制度改革"和用工、分配制度改革; 1995 年通过 ISO9001 质量认证	从东芝、金星等公司引进技术; 与三菱合资生产彩显	简单仿制、建立多产品生产系统
创造性模仿 (1995—)	1997 年,掌握了彩电、彩显、数字电视等产品设计及 CAD 支撑软件开发、ASIC 设计的技能	1995 年建立技术中心,1998 年形成技术中心与各生产部门相互配合的研发体系	1995 年合作开发东芝单片机,1997 年与芯片供应商 SGS 合作开发数字彩电	1995 年确立在数字处理彩电技术上国内领先的技术战略
自主创新 (2000—)	掌握数字接收机顶盒的开发技术; 树立数源品牌	建立西湖电子园	参加合作开发的数字产业联盟	思考如何把握数字化潮流

三、东方通信公司创新能力提高过程

因为本书将在第三章对东方通信进行详细案例分析,本章就仅以表 2-9 简要介绍其创新能力的提高过程。

表 2-9 东方通信创新能力演化各阶段能力维度的发展

能力阶段 \ 能力维度	技术元	组织整合	外部网络	技术战略
仿制 (1993—1996)	引进先进的手机与机站生产线; 通过培训熟悉工艺质量标准; 干中学:掌握生产经验、诀窍	工序优化组合与生产体制改革	与摩托罗拉的合资	简单仿制、工艺改进

续表

能力阶段 ＼ 能力维度	技术元	组织整合	外部网络	技术战略
创造性模仿 (1995—)	1997年开始购买大量研发实验设备；建设电子网络；到1999年通过反求与合作获得开发技能	1995年建立技术中心，1998年形成技术中心与各事业部配合的研发体系；建立完善的研发管理程序	1998年开始与外国同行企业和芯片供应商合作开发；建立美国硅谷和北京研究所，利用外部资源	战略上徘徊不定
自主创新 (2000—)	研发技能与市场知识的结合：树立手机品牌	2001年进行流程再造，内部功能整合、知识共享	开始建立国内外多方合作的研发网络	基本放弃设备与手机核心技术开发

四、万向集团公司创新能力演化过程

创建于1969年的万向集团公司(以下简称万向或万向集团)，经过40多年的发展，已成为国内最大的汽车零部件系统供应商之一，其主导产品占领国内近70%的市场份额，产品覆盖了世界60多个国家和地区。20世纪90年代后期以来，万向成为世界汽车制造巨头美国通用、福特等汽车公司的定点配套供方，在强手如林的国际汽车零配件竞争市场上，占有一席之地。2009年万向销售收入达到514.8亿元，经营领域主要有汽车零部件、现代农业、金融、物流、新能源和电动汽车。集团的主营业务为汽车零部件制造，主导产品包括汽车传动系统、制动系统、转向系统、悬架系统、排放系统等5个系统12个系列。

万向40年来的发展历程大致可以分为三个阶段：第一阶段从1969年到1993年，包括20世纪70年代的创业初期，然后在80年代开始走专业化道路，专业生产汽车万向节；20世纪90年代，万向进入发展的第二阶段，进行相关多元化与国际化战略，通过资本运作打入国际市场；2000年以后，万向进入第三阶段，进行多元化经营，整合国内外创新资源，打造核心能力。

第一阶段：仿制(1969—1993)

万向集团的创始人鲁冠球出生于浙江省杭州市郊区的农村，从20世纪60年代开始，先后做过锻工，自办个体修车铺、粮食加工厂等家庭作坊。1969年鲁冠球接手萧山宁围农机厂，经过几十年高速平稳的发展，把一个类似铁匠铺的镇办企业发展成为实力雄厚的现代企业集团，被誉为中国企业界的"常青树"。他不但在实践中为中国乡镇企业走出了新路，而且在理论上也不断探索。他撰写了大量的文章，已有60多篇在《求是》、《人民日报》、《光明日报》、《经济日报》等报纸、杂志上发表，被誉为"农民理论家"。

万向创建之初,生产一些很简单的产品,包括犁刀、铁耙、万向节等,满足了当时农业生产的一些基本需要。万向人凭着苦干,利用国有企业淘汰的旧设备,不断更新与改进产品,在计划经济的夹缝里顽强地生存下来,企业逐步发展。

改革开放后,鲁冠球看到了发展的机会,于是制定了"立足国内创业,面向国际创汇,扎根企业内部,脚踏实地工作"的战略方针,实行专业化经营,集中力量生产汽车万向节产品。1980年,机械部对全国56家万向节厂进行整顿评比,万向一举夺魁,成为全国三家定点万向节生产厂家之一。从此,鲁冠球带领企业专攻万向节产品,依靠技术进步,实现了"奋斗十年添个零"的战略目标。在这个时段,万向的销售额从1980年的297万元增长到1993年的3.3亿元,年均增长40%。

万向原来的主要产品万向节属于技术成熟、技术含量不高的产品。起初,万向靠几个对冶金机械比较熟悉的铁匠就完成了万向节的设计与生产。在生产、开发时一般是采取仿制方式,基本上不存在改进与创新。后来鲁冠球开始去外地聘请一些国有企业退休的高级技术人员来增强研发力量,完成了等速万向节等较高技术含量产品的设计和仿制。

20世纪80年代,产品质量的持续提高促进了万向的持续发展。在此期间,一起质量事故促进了万向的质量提升。一天,一封产品质量问题的用户来信放在了鲁冠球的办公桌上,鲁冠球看了以后非常震惊,他下决心报废了3万套万向节,让员工懂得了质量是企业发展的基础。然后,企业制定了"三淘汰四提高"的战略目标,即淘汰落后人员,淘汰落后设备,淘汰落后产品,以高起点投入,引进高精尖设备,培养高素质人才,制造高档次产品。鲁冠球从1980年3万套万向节报废入手,提出了"先生产后生活"的方针,规定每年税后利润的80%必须用于技术投入,并改15年折旧为7年折旧,集中资金进行技术改造(夏伯尧,2005)。

与此同时,万向开始了制度创新的历程。在20世纪80年代初期,当中国刚开始出现承包责任制时,万向就率先完成了个人承包,并先行在企业的招工制度、分配制度和经营管理制度等方面采取了一系列改革举措,调动了员工的积极性。随后,当中国学术界还在讨论股份制能否实行的时候,万向就率先实行内部员工入股,把员工利益与企业的效益紧密地联系在一起,增强了员工的主人翁责任感和企业凝聚力。

万向的长盛不衰源于创始人鲁冠球超前的眼光、对机会的把握能力和对资源的有效利用。鲁冠球的这种超前眼光使得万向抓住了一个又一个发展机会。对机会的把握使万向获得了国家对于乡镇企业与民营企业的几乎所有优惠政

浙商研究

策,对国内外资金与技术资源的使用使万向突破了发展的瓶颈。因此,万向成为全国第一家乡镇企业上市公司、第一家进入 120 家试点企业集团的乡镇企业、浙江省第一家企业集团财务公司、浙江省第一家企业技术中心等(夏伯尧,2005)。

第二阶段:创造性模仿(1993—2003)

从 1993 年到 2000 年,万向集团销售额从 3.3 亿元增长到 68 亿元,年均增长 54%。从 2000 年到 2003 年,销售额从 68 亿元增长到 152 亿元,年均增长 31%。这表明万向比较稳健地保持了较快的增长速度。

上世纪 90 年代,万向提出了"大集团战略,小核算体系,资本式运作,国际化市场"的发展战略。大集团战略是指以资源共享为核心的整体营销管理,强调共享技术、共同市场、集中采购、集中控制资金和投资。小核算体系指每家子公司、专业厂都是自负盈亏、独立核算。

从 90 年代以来,万向开始了产业链的升级。万向的发展路径是先零件后部件,先国内后国外,先二级市场后一级市场。在国内,万向已经开始向一级供货商的升级,即开始为主机厂提供模块总成,在海外基本上还是以 OEM(贴牌制造)的方式为伟士通、德尔福等系统供应商提供配件(刘涛,2005)。

与此同时,万向不断进行组织与公司治理结构变革,从最初的承包制到股份合作制,再到总厂式管理,最后发展到集团化管理模式。1990 年,浙江省政府批准万向集团公司为省计划单列集团,企业逐步从"总厂式"管理转化为"集团化"管理,并完成了公司制改造,从而使集团与下属企业之间形成了资产纽带关系。围绕人力资源和企业文化的培育与发挥,采用员工分配、晋升、保障等方面的机制,极大地调动了员工的积极性。集团化管理模式运转以后,万向把原先集团下属的所有企业全都改组为有限责任公司,实行工厂公司化,让集团公司的全资企业、控股企业都变成有独立法人地位的、直接面向市场的竞争主体。万向集团自 1994 年以来,有意识地推行 M 型管理。但在 M 型管理的实践中,领导层逐渐发觉直接移植的 M 型管理模式过于强调分散化管理,难以形成员工对集团的认同,于是在 M 型管理模式的基础上进行创新,推行改进的 M 型管理模式,强调理念统合,把 M 型母公司的主要功能定位为"控制、监督、发展"(夏伯尧,2005)。

到 2000 年,万向集团变成了一个不相关多元化经营的公司,其产业横跨汽车零部件、宾馆旅游业、农业、房地产、流通贸易业、投资业、金融保险业等。在子公司层面,以汽车零部件为主的万向钱潮股份有限公司是一个相关多元化经营的公司,其产品包括十字轴万向节、等速万向节、轴承、传动轴、减震器、制动器等。针对集团实行不相关多元化经营、子公司实行相关多元化经营、孙公司实行专业性单元化经营的集团型企业,对其管理模式又提出新的课题。万向的管理模式经历了从"U型"到"准M型"再到"改进的M型"的演变。后来又提出超M型管理模式,母公司功能核心从"战略规划、交易协调"演进为"理念共鸣、战略规划和资源整合"(夏伯尧,2005)。

从上世纪70年代末开始,万向就开始试图走向国际市场。当时只要有相关的展会、交易会,万向就一定会参加。万向在产品外销中,采用贴牌生产的方式在中国生产,然后利用国外的品牌在国外销售。万向北美技术中心的成立保证了技术的国际对接。万向在1999年收购美国舍勒公司以前,曾经为这家公司贴牌生产了十几年。1997年,万向集团产品首次打入通用公司的生产线,2000年又成功成为福特公司的配套商,成为第一家进入国际一流主机厂配套体系的中国企业。万向与国外大公司合作,主要根据国外公司提供产品的设计和制造技术,在消化吸收基础上再创新,逐渐形成自己的设计与工艺技术,形成自有的知识产权。例如万向曾与一家美国公司合作,由美方提供第三代轮毂单元的制造技术,万向在生产过程中对其结构与材料等方面进行了改进与创新,形成独立知识产权并申请专利,产品返销北美、欧洲的许多国家和地区,使万向集团的轮毂单元制造技术达到了国际水平。

万向努力聚集国际优秀人才,其20多家海外公司的员工都是委托当地的中介机构公开向国际社会招聘的。以万向美国公司为例,580多名员工中,从国内派去的只有6人,雇员大都有全球著名公司工作背景,专业水平高,经验丰富。在市场营销方面,利用当地人才与渠道资源,推进了市场营销体系的本土化。目前万向已建立了以美国为主的国际生产基地,使产品更好地适合美国等国外客户的需要(段晓军,2006)。

第三阶段:自主创新(2000—)

到21世纪初,万向在汽车零部件领域已拥有万向节、轴承、等速驱动轴、传动轴、制动器、减震器、滚动体、橡胶密封件8大系列及悬架、制动2大系统产品,形成了"一、二、三、五、七"技术体系。一是以万向研究院为技术创新体系的核心;二是强调两个结合,即技术与市场的结合,外部资源与内部资源的结合,使技术创新工作方向清楚,目标明确;三是以投入、运行、激励三个机制为保障,强化利益驱动,确保技术创新有一个良好的环境和动力来源;五是以五个中心为依托,即竞争力推进中心、新产品开发中心、检测中心、信息情报中心、技术经济中心,使创新成果的转化快速实现;七是七个专业研究所,即热处理工艺研究所、锻造工艺研究所、设备和加工工艺研究所、测试数据集成研究所、系统集成模块研究所、质量安全系统研究所、汽车电子系统研究所,强化核心技术的培育。

同时,万向通过收购、并购等合作方式,利用外部资源推动企业创新发展。一方面,万向以并购和自创相结合的方式,实现外部创新资源内生化。万向先后在美国等地收购了舍勒、UAI、洛克福特、AI 等公司,在此基础上经过消化吸收再创新,形成了自己的创造性模仿和自主创新能力。另一方面,万向利用海外的技术、市场优势和国内在成本、人力上的优势,形成产业国际分工的生产模式。目前,万向通过分布在美国、英国、德国、加拿大等 8 个国家的 19 家公司,建立了覆盖多个国家和地区的开放式创新体系。

在国内合作方面,万向通过产学研合作进行核心技术开发。万向与洛阳轴承研究所联合建立了研发中心,与上海同济大学联合建立了汽车底盘系统研发中心,开展面向汽车产业关键、共性技术和配套技术的开发,积极实施与汽车制造企业协同的模块化工厂战略,优化汽车产业公共服务平台。万向不但建立了汽车零部件实验室、浙江省汽车零部件试验基地,还牵头组建浙江省汽车摩托车零部件质量检验中心、浙江省轴承产品质量检测中心、浙江省汽车零部件公共创新服务平台等。与此同时,万向推动国内产产合作,形成产品开发中的上下游合作机制。目前,万向已与海汽、上汽通用五菱、奇瑞、江淮等汽车公司实现底盘同步开发及系统集成供货的合作模式。

1997 年,随着万向技术中心的设立,企业知识产权工作逐步形成规范化运作方式。万向设立了专门的专利机构,建立了专利战略分析系统,并加大专利资金投入。到 2005 年,万向主持和参加制订标准 12 项,开发成功新项目、新技术 350 多项,其中 CIMS 应用示范工程等 2 个项目列入国家 863 计划,轿车减震器、轿车轮毂单元等 7 个项目被列为国家火炬项目,精密异形轿车离合器轴承等 5 个项目被列为国家星火计划项目,轿车等速驱动轴等 3 个项目列为国家创新基金项目,18 项新产品被列为国家级重点新产品(段晓军,2006)。截至 2009 年 7 月,万向累计申报专利 957 项,累计获授权专利 717 项,是世界上拥有万向节专利最多的专业制造企业。

万向美国公司在海外以"股权换市场、参股换市场、让利换市场"等方式,先后成功收购了 8 个国家的 18 家公司。万向收购了舍勒公司后,形成了自己生产产品和自己控制品牌的局面,这种方式被称作"反向 OEM"。万向创造的反向 OEM 模式是在全球化条件下的企业商业模式创新,为中国制造业加入全球产业分工、为中国企业的价值链升级,在全球范围内整合资源树立了典范。

1999 年,万向集团设立了电动汽车项目筹备小组,并于 2002 年完成 11 部电动轿车和 5 部电动大客车的样车开发。2003 年,万向开发的电动汽车顺利通过了国家轿车质量监督检验中心的检验,获得国家认可的技术开发资格。2006 年,经国家科技部专家评审,由万向集团承担的两项国家"863"计划的电动汽车重大专项"杭州市工况下电动汽车运行考核试验研究"和"WX 纯电动汽车动力总成研发"通过国家验收。作为电动汽车的先行者,万向集团有望成为国内首批标准制定参与者和市场领先者。

2002 年,万向集团在浙江开化收购了六〇一厂,目前已形成了年产单晶硅 400 吨的硅材料产业基地,其生产的太阳能电池板硅片已被应用在神舟五号、神舟六号载人飞船和嫦娥一号卫星上。2006 年,万向集团投资建成太阳能电池组件产业基地,产品通过了德国 TUV 实验室的试验认证,达到了欧盟 CE 以及 EN61215 标准。现在万向集团每年有数十兆瓦的太阳能电池组件出口到德国、西班牙、意大利等国。同时万向集团在浙江余杭、德清、长兴投资建成了 3 个天然气发电厂,总装机容量 30 万千瓦;在宁波、舟山、台州等地投资建设了 6 个风力发电项目;还计划建设 300 兆瓦的集太阳能电池、组件和光伏系统的研发、生产、销售和服务一体化的太阳能光伏产业群。2000 年 12 月,成立了万向创业投资股份有限公司,投资方向为信息产业与系统集成软件工程、生物医药、环保、新能源和新材料等高新技术产业。万向集团创新能力演化各阶段的能力特性见表 2-10。

表 2-10 万向集团创新能力演化各阶段的能力维度

能力阶段 ＼ 能力维度	技术元	组织整合	外部网络	技术战略
仿制 (1969—1993)	专攻万向节产品,规定每年税后利润的 80% 用于技术投入,集中资金进行技术改造	率先进行个人承包、招工制度、分配制度、责任制度和经营管理制度的改革举措	对机会资源的有效利用:成为万向节定点生产厂家,成为全国第一家乡镇企业上市公司	鲁冠球以超前的目光与企业家精神,制定了"三淘汰四提高"战略
创造性模仿 (1993—2003)	聘请一些退休的高级技术人员,开始为主机厂提供模块总成	从最初的承包制,到股份合作制,再到总厂式管理,最后发展到集团化管理模式	通过贴牌生产走向国际市场,成立万向美国公司	提出了"大集团战略,小核算体系,资本式运作,国际化市场"的发展战略
自主创新 (2000—)	设计悬架、制动 2 大系统产品;累计获授权专利 717 项,是世界上拥有万向节专利最多的企业	形成了"一、二、三、五、七"技术体系	以并购和自创相结合的方式,实现外部创新资源内生化,通过产学研合作等方式实现链合互动创新	进入电动汽车、新能源等领域,把握未来发展方向

浙商研究

五、聚光科技创新能力提高过程①

聚光科技(杭州)有限公司(以下简称"聚光科技")是由归国留学人员创办的高新技术企业,于 2002 年成立。公司拥有 4 个子公司、15 个办事机构和客户服务终端,员工人数已超过 1000 人。聚光科技是我国高端分析仪器行业和环境与安全检测仪器行业的龙头企业,产品应用于环境监测、工业过程分析和安全监测三大业务领域。聚光科技是依靠半导体激光吸收光谱技术这一核心技术开始创业,然后在光谱技术领域逐渐延伸,形成以 LGA 平台、OMA 平台、NIR 平台等为体系的多元化模式。聚光科技通过自主创新申请专利等知识产权 180 余项,负责制订 6 项产品国家标准,并牵头制订 1 项 IEC 国际标准(中国在分析仪器领域牵头制订的第一项国际标准)。其客户主要集中在环保、化工、冶金等领域,在分析仪器行业销售额为国内厂商第一。2010 年,营业收入 6.5 亿,净利润率 24.6%。

聚光科技发展的前期,主要是以产品研发为主,到了后期则研发与销售同步进行,公司进入快速发展期。以此为依据,将公司划分为三个阶段:第一阶段,2000—2002 年,公司酝酿与成立;第二阶段,2002—2005 年,公司初创期,以技术导向为主;第三阶段,2005 年到现在,公司快速发展期,技术与市场平衡发展。

第一阶段:公司酝酿与成立(2000—2002)

在斯坦福大学求学期间,公司创始人王健就认识到半导体激光气体分析技术具有代替传统采样气体分析技术的发展趋势和应用前景,在生产工艺优化、工业窑炉节能降污分析、安全生产及环保监测等领域,将产生巨大的经济和社会效益。

公司另一位创始人姚纳新当时也正在斯坦福大学求学。在一次聚会上王健和姚纳新谈起了光电一体化气体分析技术的巨大应用前景,姚纳新建议借力风险投资实现创业。两人立刻拟定一份计划书,然后回国实地调查了冶金等相关企业,进行了市场可行性分析。市场调研得出的结论令人振奋:随着我国政府提出"建设环境友好型社会"的目标,冶金、钢铁、能源、环保等行业对分析污染物成分的仪器要求越来越高。而从当时的市场环境看,我国高端大型气体分析仪器几乎全部依赖进口,中国有研发和生产高端分析仪器能力的企业非常少,每年超过 100 亿美元的市场,基本上被国外的大公司占领。我国迫切的市

---

① 本案例的写作参考了浙江大学管理学院博士生金露的调研报告:聚光科技有限公司案例分析,特此感谢。

场需求与落后的生产能力现状，显示了行业发展的巨大机遇。

很快，姚纳新和王健找到了同在硅谷的浙江同乡、斯坦福大学校友朱敏。他们一拍即合，于 2002 年 3 月，在美国共同设立了 FPI 公司（US），控股聚光科技的前身聚光有限公司。朱敏以天使投资人的身份入股 FPI（US），投入 60 万美元，获得聚光有限公司 11.905％的股份。

第二阶段：公司初创期（2002—2005）

聚光科技在本阶段主要是进行激光气体分析仪器系列的开发，以钢铁领域的销售为主。在线气体分析并不是聚光科技的独创，西门子公司在此前已拥有类似的测量仪器，但始终没有进入中国市场销售，原因在于西门子的传统气体取样检测设备已经基本垄断了中国钢铁行业。

当时聚光科技公司的人员只有 30 人左右，研发人员占绝大多数。公司整体上没有一个成形的组织结构，主要是以项目制的形式进行研究开发与市场推广。2003 年年底公司研发出第一台样机，当时聚光科技是国内第一家也是唯一一家生产激光在线气体分析仪器的企业。2003 年 12 月份公司开始销售产品，2004 年逐渐进入市场。2004 年获省科技厅重大攻关项目支持，在原产品基础上进一步开发，2005 年底所有关键技术都已开发完成，全部达到国际领先水平。聚光科技的激光在线气体分析系统系列产品经过几年的市场拓展，最后占到国内 95％的市场份额。半导体激光气体分析技术成为公司拥有的第一个核心技术。

聚光科技开发出的产品通过浙江省科技厅组织的新产品鉴定，为国内首创、国际先进，荣获国家科技进步二等奖，浙江省科技进步一等奖。2003 年 11 月公司通过 CMC 认证考核，取得制造计量器具许可证，产品开始投入批量生产。2004 年 6 月公司被认定为浙江省高新技术企业，2006 年 12 月取得环境保护产品认证证书，2007 年 7 月通过 ISO14001 国际环境管理体系认证。

聚光科技从国外引进了专业的生产线，现配有 SMT 车间、插件车间、检验车间、测试中心、装机、整机测试、包装车间等 10 余条完整的生产线。从生产厂地、人员素质、设备产能、质量管理、物料供应链管理、工程服务等方面来看，公司具备了先进快捷的生产能力，以及完善的后续服务和技术支持能力。

第三阶段：公司快速成长期（2005 年—）

仪器仪表是一个非常细分和多层次的行业，单个细分市场的容量都不是很大，如果只在单个细分市场竞争，就无法发挥规模经济效应，公司的成长空间非常有限。为了应对这一高度分散的市场，公司一方面根据市场的反馈以及技术的更新对已有的产品进行改进，另一方面投入大量资源进行技术调研与市场调研，寻找相关行业领域的市场机遇，开发新产品。公司最初最成功的领域是钢铁产业,其他领域如水泥、航天、环保行业也有一些应用。2006 年,公司借助于收购的摩威泰迪公司的关系渠道,开始在化工和空分行业进行产品的销售推广,占据了一定的市场份额。

通过技术与产业的延伸,公司开发成功拥有自主知识产权的基于紫外分光技术的 OMA 系列分光光谱仪和基于半导体激光吸收光谱技术的 LGA 系列激光过程气体分析系统,并且通过系统集成中心可以集成适用于各种工艺的分析系统,如 CEMS-2000 系统、脱硫脱硝过程分析系统、氨碳比分析系统等。

针对 CEMS-2000 系列烟气排放连续监测系统这样的环保产业产品,公司成立了专门部门和专项负责人对产品进行定制和开发。作为系统核心部件的 OMA-2000 分光光谱分析仪和 LDM-100 激光粉尘检测仪是公司在吸收了光谱分析技术基本原理的基础上,分别采用紫外差分光谱吸收和激光透射技术,从而从根本上提升了国内现有环保仪器的监测水平。

2004 年初,国家倡导"节能环保",各地相继出台了针对污染行业的管理政策,国内呈现出对环保产品的高需求态势。2006 年 3 月,国家明确提出了"节能减排"的约束性目标。聚光科技领导人认为,全面进军环保产业的时机已经到来。公司在调研传统技术应用的基础上,应用国际上提出的原位测量技术做进一步的开发,弥补了两种传统技术的缺陷,通过紫外吸收光谱技术,在 2006 年下半年推出了污染物排放检测产品。

2007 年 3 月,聚光科技收购了北京英贤仪器有限公司,这是国内唯一一家能提供成套近红外光谱分析技术的仪器公司。这次收购帮助聚光科技顺利进入了食品和医疗等领域。通过手持的紫外光谱检测仪器,就可以知道苹果的含糖量是多少、茅台酒的成分是否和厂家标准一致。

2006 年,聚光科技并购北京摩威泰迪科技有限公司,组建成立销售二部,负责公司全系列产品在石化、化工和空分行业的销售推广。由此,聚光科技在中国的销售服务机构扩展至 15 个,初步形成营销体系。同年 4 月,聚光科技推出 GT 系列智能气体检测报警仪,其独特的功能设计、卓越的性能深受广大用户认可。不久,又开发出第二代激光在线气体分析系统(LGA-4000 系列),产品集成度得到很大提高。9 月,聚光科技推出基于紫外分光光谱技术的 OMA-3000 系列过程分光光谱仪,将其与原有产品结合,可提供全面的工业过程气体在线解决方案。

2007 年至 2008 年,公司主要的经营领域是环保行业。目前公司的环保市场份额已经超过工业监测,占到公司业务的 50% 以上,在中国环保监测市场上已经站到了第一位。2009 年 4 月,开发成功的"SupNir-1000 系列便携式近红外分析仪"被评为 2008 科学仪器优秀新产品;2009 年 7 月,"DTS-2000 分布式光纤测温系统"顺利通过新国标认证,产品目前已经出口到美国、英国、日本、阿尔及利亚等国家。

2008年,聚光科技开始为客户提供综合化的行业整体解决方案和服务。公司通过自主开发、代理合作和行业整合等方式,不断完善产品组合,构建起国内领先的综合性整体解决方案。例如在城市环境监测领域,环保部门需要对空气环境、水环境、企业排污等做整体性综合监测,实现统筹综合治理。而单一类型的设备或服务很难满足环保部门综合管理的需要,因此它们迫切希望企业能够提供综合化的行业解决方案。

2008年河北迁安市城市级综合环境监测项目是聚光科技推行行业整体解决方案的典型案例。在该项目中,聚光科技以"环保运营商"的角色,帮助迁安市完成环境监测、监测信息管理及设备运营维护等各项工作,全面满足了迁安市环境管理的需求。到目前为止,聚光科技已经完成了沈阳市环保监控体系项目、河南省水质污染源监测系统项目和湖南省污水处理监测系统项目等多个城市级综合环境监测项目。此外,公司还成功拓展了企业级综合环境监测市场,目前已经成功为四川五粮液集团、山西太原钢铁集团和内蒙古乌海德晟化工集团等公司提供企业级环境监测综合解决方案。

目前国内的高端分析仪表行业刚开始起步,大部分公司还处于"卖设备"阶段,还不具备"卖整体解决方案"的能力。与它们相比,聚光科技推出的行业解决方案已经形成了"自主知识产权的核心设备+综合化信息管理系统+完善的运营维护"三位一体的全方位优势,形成了企业核心能力,赢得了竞争优势。

2005年,聚光科技引入了IPD研发流程,保证了信息在不同部门之间的传递。在产品开发过程中,聚光科技根据公司的战略定位,响应客户的需求,注重快速推出新产品,各个部门的员工代表都参与开发与讨论,大家根据自身的需求提出意见,并参与产品开发的评审,使得信息的交流更加充分,研发效率大大提升。相比其他竞争对手,聚光能够更快地完成从提出需求到产品推向市场的过程,每个技术平台的开发只需1年左右的时间,每年能够推出1~2个技术平台。公司典型的特点就是技术与市场紧密结合,在项目开发过程中市场人员和技术人员都参与其中,在研发过程中不断进行市场评估,确保产品能够满足未来的市场需要。

2011年,聚光科技企业技术中心成为"国家级企业技术中心",同年公司被环保部认定为"环境监测仪器国家工程技术中心",人力资源和社会保障部批准在聚光科技设立"博士后科研工作站",这些标志着聚光科技企业技术创新体系建设迈上了一个新台阶。

公司建立了市场部、产品开发部、事业部和销售管理部,形成了客户关系管理、市场拓展、销售三位一体的营销体系,保证了聚光科技产品的有效拓展与销售。公司在服务上投入很大,在全国拥有 4 个子公司,设立了近 15 个营销及售后服务中心和办事机构,从事销售和售后服务的员工超过 300 人,能够为国内用户提供 4 小时服务响应、48 小时现场服务及咨询。

聚光科技的发展是由最初的技术导向(技术寻找市场)逐步过渡到技术与市场协同发展,每一阶段都能够紧密结合市场环境与技术发展,制定公司的战略重点,从而进行新技术的储备与开发。聚光科技创新能力演化各阶段的能力特性见表 2-11。

表 2-11　聚光科技创新能力提高过程

阶段\维度	企业成立	初创期(2002—2005)	快速发展期(2005—)
技术	半导体激光吸收、光谱技术的研究	激光气体分析仪器开发成功,处于国内领先	光谱技术的延伸:紫外、近红外、原位测量等技术开发
组织		以研发为核心的项目组织	IPD 流程 四模块的整合:市场、研发、供应、工程
外部资源网络	中国市场需求、风险投资	钢铁领域的高速发展,呈现巨大的需求	利用政府环保政策,通过自建营销网络与兼并拓展新市场
战略与文化	技术寻找市场、创业精神	核心技术的产业化	技术与市场的协同、提供整体解决方案

六、浙江典型企业创新能力提高过程的比较分析

(一)创新能力提高过程的比较

除了本章上面分析的 5 个浙江典型企业外,本书在后面几章还会陆续分析其他几个浙江典型企业,包括横店东磁、吉利、正泰、中控和阿里巴巴,这 5 个企业的详细案例分析请参见本书后面几章。为了方便比较与归纳,我们将这 10 个企业的创新能力提高过程总结在表 2-12 中。

表 2-12　浙江典型企业创新能力提高过程

阶段\企业	第一阶段	第二阶段	第三阶段	小结与问题
杭氧	改革开放后较快形成仿制能力	较早开始创造性模仿,但直到 20 世纪 90 年代末才形成创造性模仿能力	开始进入高端产品开发和开拓新产品领域	创造性模仿阶段一波三折,没有尽快进入自主创新阶段

阶段\企业	第一阶段	第二阶段	第三阶段	小结与问题
西湖电子	花了较长时间进行仿制	利用数字电视机会	未能利用电视发展的新技术范式进行自主创新	开发成功数字电视后,没有进一步进行新技术开发
东方通信	利用合资机会开始仿制	及时进入创造性模仿,但在代工、设备与终端战略上徘徊	在核心技术上投入不足,使之无法完成自主创新	在技术变化迅速的产业中,没有高强度的技术投入,注定被淘汰
万 向	起点低导致较长的仿制阶段	价值链的爬升和国际市场促成了创造性模仿,重点是组织制度的建设	以并购方式,实现外部创新资源内生化,通过产学研合作等方式实现联合互动创新	外部创新资源整合非常成功,但内部自主开发投入不足
聚光集团	用技术寻找市场,创业精神	核心技术的产业化,形成产品开发能力	研发流程优化、技术与市场能力的协同	技术逐渐与组织、市场的结合,形成自主创新能力
横店东磁	1985—1995:通过技术引进获得创业机会,形成仿制能力	1995—1999:建立外部合作和自主开发的研发体系;标准化的研发流程。	1999— :向高端磁性材料和太阳能等新兴领域拓展,形成核心技术能力	在技术比较稳定的行业,规范化的技术学习是创新的保证
阿里巴巴	1999:创业精神和对机会的敏感	1999—2005:从免费入网到"诚信通"和"支付宝"的商务模式创新	2005— :逐步成为网商生态系统的平台领导	从模仿到依据中国市场特性的商务模式创新,再到平台领导的打造
中 控	1993—1995:依托高校创业,致力于技术开发	1996—2002:企业研发能力与市场能力的建设,国内领先	2003— :新一代产品标准制定与推广	依托高校实现创造性模仿,然后迅速进入新一代技术自主研发
正 泰	1984—1993:从小作坊创业到合资与技术引进,形成仿制能力	1993—2002:联合兼并的组织与制度创新、营销体系和研发体系的建设,形成创造性模仿能力	2002— :多层次开放式国际化创新体系的建设,进入太阳能光伏领域,开始自主创新	处于成熟产业的创业性企业,创新更多是在组织制度与市场,只有这些能力建设完成后,自主创新才能开始

浙商研究

续表

阶段 企业	第一阶段	第二阶段	第三阶段	小结与问题
吉 利	1997—2003：低成本模仿，仿制能力形成	2004—2008：研发体系形成，创造性模仿能力形成	2008—　：通过自主研发与收购开始建设以安全为核心的自主创新能力	企业家精神、学习调整能力、胆识促其超速发展

(二)浙江企业创新能力提高过程总结与归纳

在表 2-12 所列的 10 个公司中，可以分为三种类型的企业，这三种类型基本上代表了全部浙江企业的特征，每种类型企业的创新能力提高各有其特点：第一类是传统国有企业，包括杭氧、西湖电子和东方通信；第二类是乡镇与私营企业，包括万向、横店东磁、吉利和正泰；第三类是高新技术创业企业，包括聚光、中控和阿里巴巴。下面我们就分别概述这三类浙江企业的创新能力提高过程。

1.国有企业

杭氧、西湖电子和东方通信这三个企业到 20 世纪 80 年代初改革开放时，已经有几十年的发展历史，积累了比较扎实的能力基础。但是，在改革开放前，国有企业的创新基本上是在封闭条件下的低水平自主创新，与世界先进水平差距很大。同时，它们产权不清晰，组织制度僵化，没有营销概念与市场开拓能力，更没有战略与对外部资源的整合。改革开放给它们提供了最好的获得国外先进技术和管理的机会，它们都很好地把握了这个尽快提高创新能力的机会，通过技术引进与合作研发，不断的制度改革与组织建设，以及营销体系与市场开拓能力的建设，很快形成了创造性模仿能力。可惜由于技术依赖、体制和战略等多方面的原因，它们都没有能够由此走向自主创新，而是步履蹒跚多年才开始自主创新（如杭氧），或者根本放弃了自主创新（西湖电子和东方通信）。对杭氧来说，早在 20 世纪 80 年代末期就形成了创造性模仿能力。但是，在市场导向战略的指导下，企业把所有资源都用于满足当前的市场需要，解散了公司研究所，把所有研发人员下放到各事业部，以应对当前的市场需要，由此严重削弱了企业的技术研发能力。而在市场开始萎缩的情况下，不是加大研发投入，追踪国际先进技术，而是通过兼并收购实施多元化发展。只是到了 20 世纪 90 年代后期，杭氧才认识到问题的严重性，重新成立研究所，加强自主研发和合作研发新产品，终于在 21 世纪初开始了自主创新。而对于西湖电子和东方通信来说，虽然都是在 20 世纪 90 年代中期开始了创造性模仿，但都没有成功实现创新效益。西湖电子虽然领先国内同行开发出数字电视,但其技术上的缺陷和市场开拓能力的不足限制了企业的发展空间。由此导致的资金与市场的缺乏使企业没有了持续创新的动力,而当时甚嚣尘上的资本运作概念使企业领导人认为实业经营不如资本运作,因此企业在 2000 年后基本上放弃了自主创新。东方通信在 20 世纪 90 年代中期同时在多种移动通信设备和手机技术领域发力,显示了它当时以技术创新推动企业发展的雄心,但投入的不足(项目多,投入少)、研发策略的失误(如过于封闭)和国有体制等原因,导致它除手机外的研发项目几乎都失败,而企业在代工生产、移动终端品牌和移动设备技术上的难以抉择和战略徘徊,使它丧失了技术升级和品牌建设的机会。2000 年以后,东方通信也基本上放弃了自主创新。

杭氧在 20 世纪 80 年代初就确立了紧跟外国先进技术的战略,到 80 年代末已经具备较强的模仿创新能力。但 90 年代初战略方向错位和研发组织的分散,使技术能力逐渐丧失。虽然从 1996 年开始重新明确了战略并恢复了研发组织,但人才的流失、组织的涣散和市场机会的丧失很难弥补,这使创造性模仿能力的建立与提高变得非常困难。西湖电子的能力各维度在 20 世纪 90 年代中期大幅度提高,使它能够领先开发出数字处理彩电,但它的营销和制造能力限制了其研发能力的有效利用。它的问题是建立创造性模仿能力的时间太晚,失去了 20 世纪 90 年代初大屏幕彩电兴起的机会。东信虽然 1995 年就确立了建立移动通信领域系统技术的战略,并成立了技术中心。但直到 1998 年后才真正把技术研发放在工作的首位并加以实施,这时创新网络也才开始建立,失去了 20 世纪 90 年代后期开始的市场急剧膨胀的机会。

2. 乡镇与私营企业

浙江乡镇与私营企业都是在家庭或乡镇作坊这样很低的层次上开始起步的。它们的发展也基本上都经历了从仿制到创造性模仿,再到自主创新的过程。

(1)从起步到仿制

在 20 世纪 70 年代末开始改革开放时,浙江乡镇企业便风起云涌,这很大程度上得益于浙江源远流长的工商业传统。虽然改革开放之前的国有体制抑制了创业精神的发挥,但一旦改革之风吹来,浙江大地上便涌现一浪又一浪的创业潮流。我们研究的四个乡镇企业,万向和横店早在 20 世纪 60 年代就开始创业,在当时的环境下,其创始人是利用集体企业的形式开始创业。而吉利和正泰是在改革开放后的 20 世纪 80 年代开始建立的,所以一开始就以私营企业的形式创业。虽然时间不同,形式各异,但都体现了强烈的企业家精神。浙江民营经济是一种内生性发展,发展的动力来自内部。在这个阶段,浙商虽然在产品生产技术上基本上是对国有企业的模仿,但在企业组织、制度、市场等方面却屡屡创新,在国内领先建立了第一批私营企业、第一批专业市场、第一座中国农民城等。

由于起点很低,所以浙商都是从一些最简单、最便宜的产品起家,往往起到对国有经济拾遗补缺的作用。在技术上,它们也是通过模仿国有企业产品,利用国有企业的技术人员和淘汰的设备开始生产。但这四家企业之所以能够在众多浙江乡镇企业中脱颖而出,在于它们没有看低自己,而是不断地进行技术学习与技术改进,提高质量,开拓市场,终于赢得了市场的认可。同时,其企业带头人不仅是经营企业家,也是改革企业家(周其仁,1997)。从乡镇企业到个体家族企业,再到现代公司制企业,是浙江乡镇企业发展与制度创新的基本路径,也是它们建立仿制与创造性模仿能力的基本制度保证。在浙江企业起步阶段,家族制对企业的发展起过非常积极的作用,这主要表现为两个方面:第一,家族企业经营权与所有权的统一,使企业经营决策反应迅速,灵活善变;第二,企业内人际关系融洽,激励、监督和协调成本低。从文化层面看,家族企业优势的基础是中国传统的"家文化"。当时,在计划经济体制开始失效,而市场体制还没有建立起来的情况下,"家文化"为新兴的浙江企业提供了丰厚的社会资本。仿制阶段浙江乡镇企业最重要的创新能力体现在市场营销与市场网络的创造性。如在正泰成立之初,其产品完全依靠柳市蓬勃发展的专业市场和遍布于全国各地的供销大军进行推销,以此为基础,开始走向以市场为导向的创新之路。

(2)创造性模仿能力的建立

经过几年或十几年的发展,万向、横店东磁、吉利和正泰都依靠产品质量和市场能力生存下来,并逐渐发展壮大。但技术的落后、人力资源的短缺、资金的缺乏、企业组织与制度的混乱、营销体系的粗鄙都阻碍企业的进一步发展。这里关键的问题是人力资源的短缺和企业规模太小,而造成这些问题的主要原因又是家族企业组织制度的落后。一方面,由于家族企业股权的单一封闭,使企业无法获得更多的资源,包括资金与人力资源。随着企业的扩大,浙江企业社会资本中的社会信任和信任网络缺失问题也日益凸显,这主要体现在对外部引进的职业经理人和技术人才缺乏信任,使他们很难融入企业和形成归属感。另一方面,家族企业强烈的"家文化"阻碍了资本的集中,使企业规模难以迅速扩大。企业在外部交往和合作过程中,总是以血缘和乡缘为基础,很难形成大规模的联盟网络(范钧,2008)。所以,为了克服这些障碍,在这个阶段,浙江乡镇与私营企业都开始了组织与制度创新。如万向从最初的承包制,到股份合作制,再到总厂式管理体制,最后发展到集团化管理模式。通过体制改革与管理创新,万向基本上打破了家族企业的约束,大量招收大学生和社会经理人,形成以职业经理人为核心的人力资源体系。正泰从1992年到1994年,吸收了390多家企业,将它们改制为股份合作企业,然后在1996年进一步将它们改建为分公司,实施"大集团,小核算"管理,形成了母子公司并建立三级管理体制,加强了母公司的控制与决策权(史晋川等,2001)。同时,正泰通过经理人持股计划打破家族治理机制,提高了经理人对企业的认同。另外,正泰成立了中美合资正泰有限公司,利用合资企业的优惠政策引进国外技术与设备,提高企业技术水平。

与此同时,浙江企业开始建立完善的营销体系。如正泰从20世纪90年代初开始在全国各大城市建立特约经销点,到1998年,正泰在全国建立了210家销售公司,268家特约经销处。

从20世纪90年代中期开始,四家企业逐步成立了技术中心或者研究院,形成了比较完善的研发体系,研发投入也逐步增大。企业形成规范的质量管理体系,都通过了ISO的质量认证体系。同时,开始有了明确的战略规划,在核心技术开发、产品档次提升、产品品种多样化和产业多元化方面有了明确的战略决策,公司稳步成长。通过产品技术创新、市场创新、组织制度创新和战略创新,基本上形成了创造性模仿能力,四家企业都成为各自行业的龙头企业,站稳了市场。当然,在这个阶段浙江企业的创新还不是自主的创新,还是在模仿基础上的创新。

(3)走向自主创新

虽然到20世纪90年代末,四家企业都形成了创造性模仿能力,但其发展历史路径带来的约束却始终存在,阻碍企业走向自主创新。普遍模仿成为浙江企业的一个特征。浙商的草根性决定了它们起点很低,起点低决定了它们的模仿性。模仿性的惯性行为再加上功利性特性决定了它们不愿进行风险较大的创新活动,特别是在资金、技术能力不足以及知识产权等法律制度环境不佳的情况下,自主创新很难成为浙商普遍的战略选择。另一方面,浙江民营企业的素质,特别是学习素质、战略运筹素质和文化管理素质的不足,成为进一步发展的战略约束,它们过于重视有形、短期的战略要素,忽视无形、长期的战略要素(项国鹏,2001)。

走向自主创新首先是战略能力的建立,通过战略创新,克服核心技术、文化愿景的缺乏。四家企业都是按照这样的路径开始了自主创新的历程。如正泰2000年以后开始实施打造世界一流电气企业为目标的国际化战略,四家企业都在这个时期完成了战略的重构,都以自主创新和产业升级作为未来发展的方向。战略实施的关键是通过组织与外部网络的建设,整合内外部技术与市场资源,形成自主创新能力。四家企业在内部组织和研发体系的建设上虽然各有特点,但基本上都是灵活的集团管理模式加上一个多层次的研发体系。最能将四家企业区分开来的是它们迥异的外部资源整合模式。对于企业技术能力的建立,外部资源整合比内部组织更加重要,也都受到这四家企业的重视。它们或通过国际合作(如正泰与东磁),或通过收购,逐步掌握了相关领域的部分核心技术,或者完成了产业和价值链升级。

四家企业通过外部资源的整合基本上掌握了各自领域的核心技术,但这些核心技术要成为企业内在的自主创新能力,还要经过能力的内化过程,即从能力的表层深入到能力的深层,掌握技术能力的隐性知识。这个内化过程需要企业内部组织充分发挥学习的功效。因此,企业内部的组织与创新体系对创新的激励和承诺是形成自主创新能力的关键。从四家浙商企业来看,技术能力从表层到深层的内化过程都还没有完成,这是因为学习性组织还没有建立完善,企业战略、文化还不能支持对自主创新的承诺与激励。

3.高新技术创业企业

高技术创业企业不像乡镇企业起点低,而是一开始就在一个较高的技术起点或者资本起点上,如聚光科技和中控都以掌握的高新技术作为创业的前提,而聚光科技与阿里巴巴都是在国外风险投资的推动下迅速发展的。它们的创始人或者曾经留学与在国外工作,或者在中国高校工作,从而掌握了先进技术领域的核心技术,或者发现了国外最新的商业机会与商业模式。当然,三家企业创业时的资源禀赋有重大差别。中控是依托浙江大学的技术与资源开始创业,一开始就走上了创造性模仿的道路,浙江大学相关专业的技术储备是形成其创造性模仿能力的基础,然后利用浙江大学的科研实力形成自己的研发体系,在新一代技术上通过自主创新完成了国际标准的突破。阿里巴巴是基于浙江本土企业与市场的特点,通过创造性模仿开始创业,随后通过一系列商业模式创新实现了自主创新。聚光科技是唯一一家一开始就是以自主创新的科研成果创业的公司,其建立之初主要的努力方向就是通过技术产业化和建立营销体系,实现从技术导向转向市场导向、技术与市场平衡协调发展的创新道路。

我们把三类浙江企业创新能力提高过程的特点归纳在表 2-13 中。

表 2-13　三类浙江企业的创新能力提高过程总结

		第一阶段	第二阶段	第三阶段
国有企业	主要表现	引进国外技术,内部组织制度改革,形成仿制能力;主要体现为生产技术能力	通过外部技术合作、内部研发,市场开拓,形成创造性模仿能力;主要体现为跟随型技术开发能力	西湖电子和东方通信由于市场能力不足,导致发展缓慢;研发投入和外部技术合作力度不足,没有开始自主创新;杭氧由于技术与市场的平衡发展,开始形成自主创新能力
	主导能力	生产技术能力＋组织能力	市场能力＋研发能力＋外部网络能力	创新能力
乡镇与私营企业	主要表现	创业起家,以家族企业模仿国有企业,依靠专业市场,形成仿制能力;主要体现为市场能力	通过外部联合、兼并、合作,家族制度改革,营销体系建立,形成创造性模仿能力;主要体现为市场能力和依据市场开发新产品的能力	整合国内外资源,建立研发体系,开始了自主创新;市场能力与技术能力基本平衡,但内部研发投入不足
	主导能力	市场能力＋组织能力	市场能力＋研发能力＋外部网络能力	创新能力
高技术创业企业	主要表现	以高新技术或新商业模式创新创业起家,利用强大的外部资本逐步开拓市场	从技术或商业模式导向转向市场导向,技术与市场平衡协调发展,形成自主创新能力	技术与市场的相互推动扩展,形成多元技术与多元市场的协同发展;三个企业中中控的市场开拓能力稍显薄弱
	主导能力	研发能力	研发能力＋市场能力＋外部网络能力	创新能力

通过上面的典型案例比较分析,可归纳出浙江企业形成创新能力的三个关键的成功因素:

(1)战略优先

企业必须首先明确并坚持实施从模仿向自主创新转移的战略,才会专注于其他能力维度的提高。东方通信和西湖电子的教训就是它们要么是战略未能坚持实施,要么是没有及时尽快地完成从模仿到自主创新的战略转移。

(2)研发组织

企业在仿制能力基本建立起来后,就应尽快成立研究所或技术中心,不断总结企业在仿制过程中获得的技能和开发经验,为吸收研发知识和建设创造性模仿能力打下基础。并且通过技术中心系统地规划开发项目,有针对性地吸收外部技术和市场知识,持续进行研发能力的建设。杭氧早在20世纪80年代中期就通过研究所进行有效的技术组织整合,这使它的研发能力大幅度提高,但20世纪90年代初研究所的拆散使研发力量大为削弱和分散,几年后它与国际水平又拉开了距离。

(3)资源网络

创新战略的成功实施有赖于相应创新网络的建立。如果企业的战略是紧跟外国先进技术,就必须与外国公司建立多种合作,如东方通信和杭氧;如果企业的战略是开发差异产品,则应当与市场用户和国内研发机构建立合作关系,如阿里巴巴。因此,创新网络应当先于或至少同时与其他两个维度建立起来。

第五节　本章小结

企业创新能力不仅体现为设备、技术知识与技能,而且也依赖于企业的技术组织、资源网络和技术战略。本章首先分析了创新能力的四个维度及其相互关系,然后从知识角度讨论创新能力的本质及其层次性,从而加深了我们对创新能力这个概念的理解和认识。在此基础上,研究了创新能力演化的基本模式。特别针对发展中国家提出了企业创新能力从仿制能力到创造性模仿能力,最后到自主创新能力的基本演化轨迹。

剖析了杭氧、西湖电子、东方通信、万向和聚光科技这几个企业的创新能力发展历程,由此证明了前面提出的创新能力基本演化轨迹的一般性和特异性。并通过比较10个浙江企业的创新能力各维度的变化情况,归纳出三类浙江企业创新能力提高的基本轨迹,这三种类型基本上代表了全部浙江企业的特征,每种类型企业的创新能力提高各有其特点:第一类是传统国有企业,包括杭氧、西湖电子和东方通信,其主导能力是从生产技术能力和组织能力演化为市场能力、研发能力和外部网络能力,最后到创新能力,但基本上没有形成自主创新能力;第二类是乡镇与私营企业,包括万向、横店东磁、吉利和正泰,其主导能力是从市场能力和组织能力演化到市场能力、研发能力和外部网络能力,最后到创新能力,已经初步形成自主创新能力;第三类是高新技术创业企业,包括聚光、中控和阿里巴巴,其主导能力是从研发能力演化为市场能力、研发能力和外部网络能力,最后到创新能力,它们从创业起就开始自主创新,基本形成自主创新能力。

第三章　浙商创新能力提高的机制
——技术学习的知识循环模式

企业创新能力提高的机制体现于企业进行技术学习的动力、内涵和基本模式。从本文第二章的论述中我们知道，发展中国家企业创新能力的提高一般经历仿制能力、创造性模仿能力到自主创新三个台阶，每一个进步都是技术学习的过程，每上一个台阶都是创新能力的一次跃迁。因此，技术学习也就体现为从技术引进到仿制能力的形成，再到创造性模仿能力的形成，最后到自主创新能力的形成过程。

第一节　技术学习的性质与基本框架

第二章的论述告诉我们，创新能力的本质是知识，因而创新能力的积累是知识的积累与企业技术知识系统的更新。知识积累不是新旧知识的简单叠加，而是在已有知识的基础上，对企业内外部知识进行搜索、选择、获取，并与原知识系统进行连接和融合的过程。因此，创新能力积累是一个组织的认知过程，即是针对技术与创新知识的组织学习过程。我们将这样一种组织学习称为技术学习。

因此，技术学习是企业在技术与创新活动中，对内外部知识进行搜索、选择、获取，并通过使用、思索和提炼，达到消化吸收、提高创新能力的过程。

这个定义显示出技术学习不是一个单一活动，而是多因素、多活动、多部门相互协调和相互作用的复杂过程。对知识的不同类型，在知识演化的不同阶段，技术学习表现出不同的特征和形式。因此，下面我们从知识演化、组织学习和学习要素框架这三个方面揭示技术学习的内涵。

一、技术学习与知识演化

知识源于三个关键维度的集成:信息、理论和经验。根据经济合作与发展组织(OECD)对知识类型的划分,知识可分为知是(know-what)、知奥(know-why)、诀窍(know-how)、知谁(know-who)四种(OECD,1998)。面对复杂多变的世界,仅有 know-what 的信息和 know-how 的技能是不够的,除此之外,更有价值的知识是对基本原理的理解(know-why)和对事物发展与最佳行动的洞察(know-future)(见图 3-1)。

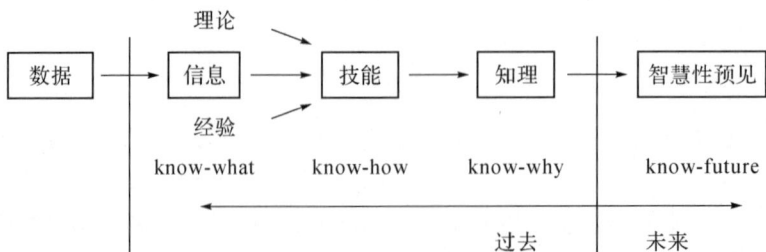

图 3-1　知识演化

理解和智慧之间的差别在于前者是致力于把事情做好,而后者是做正确的事情。信息、技能、理解与智慧的另一个差别是:前者是对已经存在和完成的事物的认知,而后者是对将来可能发生和如何行动的洞察。

知识演化并非完全是自然发生的,而是需要反复的行动与积累。数据必须经过过滤才能变成有用的信息。同样,从信息到技能,再到理解,都需要长期的工作训练。反而,一个人长期致力于某方面的工作,他能够形成与之工作相应的知识能力,但却很难再获得更高阶段的知识。有些人有很高的技能,但缺乏系统理解能力,他们只能够较好地完成某些特定任务,而不能完全理解为什么这样做,以及这样做对组织中其他部分有什么影响。

因此,不同阶段的知识,需要在不同的工作环境中,通过不同的学习方式获取和培育,如表 3-1 所示。

表 3-1　知识序列及其内涵

类　型	内　涵	示　例	获取途径示例
信息 know-what	关于事实的知识	化学配方、原料产地、机器用途	读书、查看数据库
技能、诀窍 know-how	如何完成一项任务的能力,累积的技能和知识	设计经验、技术活动流程	干中学、用中学、研究开发中学

类 型	内 涵	示 例	获取途径示例
系统理解 know-why	理解系统各个关键变量之间的相互作用,理解设计的基本原理	牛顿运动定律、组织效率低的原因	研究开发中学、组织间合作
智慧 Know-Future	深入理解事物运动发展的规律、预见事物成功的可能性	NEC 的"4C"愿景	战略学习、共同远景

二、技术学习与组织学习

技术学习是技术与创新活动中的组织学习。因此,从组织学习理论出发,能够更深刻地理解技术学习。

组织学习概念的提出,最早可以追溯到 20 世纪 70 年代,但组织学习作为企业能力提高和组织转型的有效方法,则盛行于 90 年代。由于组织学习这个概念的复杂性和深刻性,不同学者从不同角度对此概念进行了发掘,于是出现了多种不同的组织学习界定:

• 组织学习是对行为有着潜在影响的新知识或洞察力的发展(Simon,1976);

• 组织学习是一个过程,在此过程中,组织成员查找错误或异常,通过组织行动理论的重建来纠正,并将探询的结果根植在组织的心智模式中(Argyris and Schon,1996)。

(一)技术学习的类型

Argyris 和 Schon(1996)从认知角度,将组织学习划分为单环学习和双环学习。此后的学者基本上接受了这一区分,只是更明确地提出"适应性学习"与"创造性学习"这两个术语。从企业核心能力发展的角度出发,Andreu 和 Ciborra(1996)提出了一个三阶段学习模型:程序化学习、能力学习和战略学习。而 Meyers(1990)基于技术生命周期各个阶段的特点,将组织学习分为维持型学习、适应性学习、过渡性学习和创造性学习四类。

从核心能力的动态变化看,我们可以认为它是企业知识存量递增、重组和操作的过程,也是一个复杂的组织学习过程。借助组织学习理论对学习过程的揭示,我们也许可以更深刻地理解核心能力的本质特征。从本质上说,组织学习包括了一系列不同于个人学习的活动。组织学习的最大特点是以一个共享的知识基础为中心,正是这个包含着隐性知识的知识基础使企业行为的变化成为可能。

Meyers(1990)的四种学习模式的划分与企业技术演化周期密切相关(见表 3-2),特别是其在过渡型学习中对混沌状态和非线性学习模式的揭示,对我们认识我国企业转制时期创新能力提高和转换的过程,很有启发意义。

表 3-2　技术生命周期中的学习模式

发展阶段	新技术出现	增长	成熟	危机	更新
创新阶段	流动	转换	专业化	替代技术出现	进入新一轮流动
主导学习模式	创造型	适应型	维持型	过渡型	创造型
学习特征	发明或采纳新技术范式,定义新的求解模式	采纳已经出现的主导设计,模仿新技术	改进程序,提高效率	忘记过去,调整心智模式	

资料来源:根据 Meyers(1990)中图 1 改造而成。

从前面对组织学习的论述可知,学习的类型很多,而且从不同角度进行的类型划分有很大的差别。我们认为,技术学习的基本类型有:程序化学习、能力学习、战略性学习和转换学习(见表 3-3)。

表 3-3　技术学习的基本类型

学习类型	程序化学习	能力学习	战略性学习	转换学习
特点	通过重复工作积累知识	在创造性过程中深化知识	对新机会、新技术轨道的探询,对技术—市场发展前景的洞察	消除现有的思维定势和技术范式,准备接受和开辟新的轨道
学习方式	干中学、用中学	研究开发中学、联盟中学习	企业技术—市场定位,全新产品思想的发掘	学习如何忘记(learning unlearning)
知识类型	know-what know-how	know-how know-why	know-why know-future	

其中,程序化学习和能力学习已经被深入研究(Carsson et al.,1976)。而战略性学习和转换学习却很少论及,但实际上它们在创新能力提高中的重要性绝不能低估。甚至在一定程度上可以说,它们的有效执行决定了企业能否从技术引进培育出高水平的创新能力。

(二)战略性学习

在这个层次上,企业能力将超越以往的做什么(know-what)和怎么做(know-how),而进入到为什么(know-why)和智慧性预见(know-future)的领域,也超越了前面两种学习的静态效率的标准。在这样的组织环境中,哪些能力是核心的、为什么等问题都必须弄清楚,这样就为组织未来的努力提供了充分的动力和方向(比如在寻求新的组织惯例和资源上),使组织产生动态效率。比如竞争环境的重大变化将使得原先高效(静态效率层次)的能力变得毫无价值,因为它不再适应新的环境条件。随着企业和外部环境的不断变化,持续地审视能力、核心能力和企业环境、企业使命、组织内部环境之间的关系,并对上述变化作出反应是战略学习环路的真谛所在。

在新产品开发过程中,战略性学习体现在新产品思想和原型的定义与反复的辩驳中。战略性学习使企业从以前的技术范式的束缚中解脱出来,从用户的潜在需要和最新的技术发展中去发掘新的设计思想。因此,它体现为技术知识与市场需求知识的交融,由此产生的创造性飞跃是战略性学习的本质。

(三)转换学习

如果说战略性学习是学习全新的创造和超越,那么转换学习就是一种"破坏"——对现有范式和思维定式的摧毁。

转换学习存在于组织根据环境的巨变调整主要战略重点,特别是对技术范式做出调整的情况。这时候,企业所面临的技术—市场发生了根本性变革,企业现有的竞争地位开始动摇,竞争优势逐渐失去,战略逻辑已不再适用。企业被迫作出尝试,试图去理解新的竞争方式,尽管具有很大的模糊性和混乱。由于技术范式的逐渐消失,企业在寻找摆脱困境的方法时容易迷失方向。

转换学习的最重要的特征是"忘记"。此时,企业所遇到的崭新的问题是,以前的经验无从借鉴,线性的学习方式已无能为力,甚至有害。当企业面临技术或市场变革时,曾为企业带来市场优势的核心能力可能会成为核心刚性(Leonard-Barton,1992),企业可能过于倾心于现在的能力,而失去了适应环境变化的动态能力(Teece et al.,1997)。利用新的技术和市场知识,通过企业内的产品组合和组织的大幅度调整实现资源重组,是企业重新获得竞争优势的必要途径。但资源的道路依赖性使重组的实现变得非常困难,除非打破企业原有的知识结构,而一旦企业经过多年积累的知识结构被打破,它更加难以赶上竞争对手。

为了克服企业资源重组所带来的负面效应,Garud 和 Nayyar(1994)提出了企业连续重组的思想,即在不断进行知识积累的基础上,通过连续的、间断性的、小规模的资源和知识重组,在技术变革时对知识进行重新激活,实现自主技术创新。

三、技术学习的基本框架

技术学习是一个多因素、多活动相互协调与相互作用的过程,其中主要的因素和活动就组成了技术学习的基本框架。那么,对这些基本因素和活动的揭示是成功开展技术学习的前提。

(一)知识操作

根据 Gundry(1998)提出的六阶段循环模型、Leonard-Barton(1995)的知识创造四模式模型、陈劲(1999)提出的知识管理模型、郭斌(1996)对技术存量操作的划分以及企业知识管理实践,技术知识的管理过程是对企业内部、外部技术知识进行操作,以达到技术存量增加的过程,主要包括:外部知识的吸收;内部的知识创造;隐性知识的捕获与编码;知识的存贮与共享;知识激活与使用。

(二)知识循环

Nonaka 和 Takeuchi(1995)的知识循环过程(见图 3-2)极好地揭示了技术学习的本质在于知识性质的改变和知识在组织内外的流动。当知识从隐性知识转换为显性知识,再通过知识的共享与组合使知识得以充分传播,最后知识在每个部门和每个员工的特殊环境中内化为特定的技能。知识在此循环中,充分实现其价值,并得以升华。

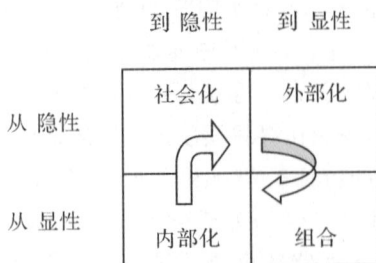

图 3-2　知识创造中的知识转换

在上述学者研究的基础上,结合我国企业发展的经验,我们认为,企业的技术学习活动主要包括八个方面的要素:技术学习的动力机制、技术的供给——知识网络、技术吸收能力、知识获取、知识外部化和内部化、知识共享与融合、知识创造和研发投入(见图 3-3)。

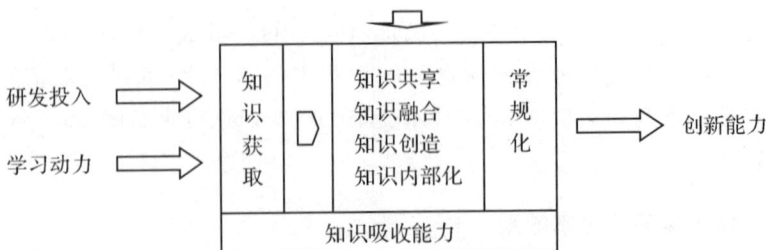

图 3-3　技术学习的机制和要素

(三)动力机制

技术学习的动力主要有三个方面:市场拉动、科技发展和政府驱动。

市场对技术学习的拉动可通过市场需求和市场竞争这两种形式来实现。独具慧眼的企业家能发现新的市场机会而率先开发新产品来占领新市场,或者能从其他企业的创新中发现新机会而进行创新。但大多数企业是在市场竞争的压力下生存和发展的,为了保住自己的市场地位或为了获得新的竞争优势,他们不得不提高创新能力,不断开发新产品、改进老产品和提高工艺水平。

科技发展是推动技术学习的另一个决定性力量。科技发展的水平和走向往往决定了技术范式和技术轨道的方向,因此,具备相当的科技能力是技术创新的基础,而准确地预测技术发展方向是企业制定正确的技术创新战略的保证。企业应该密切注视相关技术领域的变化,及时吸收最新的科技成果,使之成为提高竞争能力的技术依托。我国企业之所以陷入重复引进的追赶陷阱,在一定程度上就是因为缺乏新技术监测能力,只好跟在国外企业后面一味地模仿,无法完成自主创新。

当前我国的市场机制和企业治理机制都还很不完善。改革开放以来,国有企业体制不断调整,从放权让利到承包租赁,再到建立现代企业制度,使企业产生了技术创新的需要。但国有企业产权不明确,企业家的利益未与企业的长期发展挂钩,使企业和企业家没有成为技术创新的主体。在这样的条件下,理性的企业管理者总会趋于短期行为,创新意识淡薄,更不会考虑创新能力的培育。

我国政府长期以来不仅是政治中心,而且是经济中心和科技中心。由于其独特的位置和长期形成的社会联系,使其成为最大最丰富的信息和知识集散地。而我国企业在资金、技术力量等方面都比较弱,开展有效的创新还是相当困难的。因此,政府科研基金的支持以及政府通过产业科技政策引导企业和企业之间、企业与学校之间联合研究开发,是我国提高创新有效性的关键所在。特别对于发展中国家来说,如果在技术引进后,仅靠企业的渐进学习,恐怕永远只能在发达国家后面,甚至被越拉越远。因此,政府必须克服市场拉动的不足,使用半强制的手段(如韩国政府的危机制造),驱动企业学习,加速产业结构调整和技术升级。

(四)知识获取与吸收能力

企业从外部吸收技术知识是非常必要的。随着技术的日益多变复杂,很少有企业能够在每个关键技术领域都保持自主能力。因此,企业需要即时地识别与把握技术融合的机会,把外部获取的知识集成到已有的知识系统中,这一点对于多元化发展的企业和发展中国家的企业特别重要。知识吸收总是开始于显性知识的获得,如生产设备、技术专利和图纸的引进与购买,这仅仅是表层知识的获取。然后通过"干中学"、面对面的指导培训和反求工程,逐渐掌握隐藏在后面的核心知识(know-how 和 know-why)。最后将这些知识集成到组织的知识系统中,使企业的创新能力得以转换与更新。

企业的知识吸收能力取决于三个方面:企业的技术知识系统;其知识吸收渠道和网络;组织结构和激励系统。企业的知识吸收能力是企业原有的知识系统的函数(Cohen and Levinthal,1990)。企业拥有的知识系统包括企业个体的基本技能和技巧、组织内用于交流的共同知识、已掌握的最新科技发展情况。

企业的知识系统并不是个体知识的简单加总,其结构也是重要的。要实现技术的快速吸收,一方面要求个体的知识面具有多样性和交叉性,另一方面要求组织内个体结构的合理性。这样才能形成一个有效的信息交流系统。具体表现在企业是否形成一支在技术吸收过程中扮演不同角色的关键队伍,包括技术桥梁人物和接收者(receptor),他们能够将外部知识转换和传递到企业内部,并通过"翻译"、宣传和推动使企业能够接受新的知识。

吸收能力的提高是一个逐步积累的过程,在很大程度上是企业研究发展的结果。实际上,对于技术水平较低的企业或面对新技术的企业,无力自己开发或开发太慢,因此首先通过内部 R&D 形成对新技术的吸收能力,然后再吸取外部技术以形成创新能力,这是企业迅速提高创新能力的最佳途径。

吸收能力还取决于企业吸收知识的渠道和创新网络。企业的技术知识的来源有:用户、供应商、大学、研究院所、竞争者、互补品生产者、咨询顾问。不同行业的不同企业有自己不同的选择,这些选择决定了其信息渠道的适用性。最近,创新网络的思想广为流行。一个创新网络包含许多结点和它们之间的连接,这些结点由企业等组织所占居,通过网络,企业可接触到广泛的知识源。企业在网络中的位置有很大的战略意义,反映了它对网络的权利和影响(Tidd et al. ,1997)。

知识吸收能力并不完全是绝对的,同一个企业,相对于不同学习对象的吸收能力是很不一样的。因此相对吸收能力对企业选择学习对象是非常重要的。相对吸收能力取决于企业之间知识系统和管理系统的相似性(Lane and Lubatkin,1998)。当两个企业具有相似的知识基础,而教师企业有一些特殊的知识时,学习效果最好。企业间的相对吸收能力还有赖于知识处理系统(KPS)的相似性,KPS 主要体现为企业的报酬政策和组织结构,这一相似性使学生企业易于将教师企业的特殊知识嵌入到自己的管理系统中去。对新知识的吸收还依赖于新知识满足企业目标的程度及企业面对问题的相似性,这取决于企业的主导逻辑,即企业对问题及其解决方法的偏好和选择。

知识吸收是知识从企业外转移到企业内的过程。然而知识是不能单独存在的,它总是依附在某种物体、文字、软件、标准化图形、行为、个体和组织内部关系中。因此,知识的转移必然是以其载体转移的方式进行的。从这个角度讲,任何知识都是可转移的,除了物体、文字、软件和图纸可以购买外,行为可以模仿、拥有知识的个人可以引进、拥有优异组织能力的企业也可以购并。当然,不同知识转移的容易度和成本有很大差别。装载在设备、文字、软件和图纸中的知识的大部分已经表达于其载体上,隐藏在其后面的隐性部分相对较少,也比较容易通过"干中学"发掘出来。而载于行为中的知识不容易在组织间转移,因为一个企业的人员很难了解并模仿其他企业中人员的行为,除非通过合作生产或合作研发。对于具有特殊专长的人员和企业,很难通过引进或购并获取技术知识,即使已经获取,所费成本也很大,而且引进的人员和购进的企业不一定能与企业原来的员工融合,其知识就不一定能够发挥作用。

(五)知识创造

技术学习中的知识创造表现在两个方面:一是作为创新推动力的知识创造,这主要出现在以自主的根本技术创新为主导模式的国家或企业中。它一般以新的科学发现所导致的根本技术发明为基础,美国、英国就是凭借这一创新模式获得了"先发优势"的巨大经济效益。对于以科学为基础的产业,如生物工程、计算机与通讯产业,这个模式具有绝对的优势,这也是美国企业至今还主宰着这些领域的原因所在。

二是在技术问题求解中的知识创造,这类知识具有明确的针对性,大量表现为技术诀窍。孵化这类新技术知识的重要方法是尝试和模型化(Leonard-Barton,1995),尝试和模型化创造了技术的多样性,提供了不同的多样化的技术选择。同时,成为常规的尝试活动为企业建立了一种创造性气氛,以保证组织一直处于创造性的状态中。

如何建立这种创造性氛围? 有两个方面至关重要:(1)理智地接受失败;(2)认识失败在知识创造中的作用。从失败中获取知识也是能力积累的重要方面。沿着一个方向所进行的不成功探索,偶尔会显示出在另一个未曾预料到的方向上的巨大潜力,就如发现盘尼西林的著名例子。

进行持续和广泛的尝试越多,组织和员工也就对伴随的阵痛有更强的适应能力。企业可以应用强迫尝试、自然尝试和模型化等多种方法(Leonard-Barton,1995)探索技术与市场的不确定性,提高赢得未来竞争的能力。企业通过尝试与模型化创造的新知识是否有益,需要不断的评价与学习。学习的关键是对行为的反馈,企业应对项目结果和过程进行经常的审查,使知识创造瞄准最有价值的方向。

企业的知识积累和创造过程是从单个知识面和多个知识层面交叉两个角

度着手的。一般来说,知识首先在各自的层面上实现积累,当不同的知识层面相互交叉时,往往会产生新的知识。这需要通过不同知识背景的人员之间的"创造性摩擦"或"建设性冲突",将人们之间的矛盾疏导成创造性的冲突,使新知识在碰撞中得以产生。

(六)知识融合与共享机制

企业在学习过程中需要将分布在研发(R&D)、生产和市场部门的知识结合起来,将外部引入的知识与内部知识系统融合,使之充分交流,以产生问题的最佳解。因为部门人员对自己的职能领域的知识和信息较为了解,但常缺乏对其他职能部门的了解,尤其在某些技术相关知识上,都趋向于从自己的角度来考虑新产品开发。这些知识岛(以及围绕它们产生并支持它们的管理常规)是技术创新中问题解决的严重障碍(Leonard-Barton,1995)。因此,在企业创新中需要形成一种知识共享、知识交流的机制和氛围。这不是一个容易的或自动的过程,就像花粉授精一样,其成功在于企业在合适的时点上实现两个知识面的耦合。如录像机的研制开发是磁记录材料、电子学、频率调节等知识面融合的结果。

今天,新产品更多来自跨专业结合,技术融合(把不同核心技术结合起来)的能力是创新企业成功的主要原因,如惠普的"MC^2"项目(测量、计算、通讯)将产生一个全新产品系列。管理的任务是保证摩擦是创造性的,要将具有不同知识偏好、认知偏好和研究方法偏好的人结合在一起,还要鼓励冲突,就需要具有 T 型知识的人来协调与翻译。在解决问题的实际需要中,T 型知识的人往往在不同知识基础之间或专业知识与具体应用的结合点发挥作用。他们能组合自己的知识,能胜任面向复杂问题的系统化思考。知识融合必须超越单项知识的智力边界,需要有一条线或一个方向将不同的知识串在一起,这条线可以是产品概念、产品原型或明确的项目目的。

(七)技术投入机制

创新能力积累是一个需要投入的过程,因此,在积累途径选择中必须考虑企业的财务能力。尤其是对购买兼并来说,财务能力不仅指资金供应能力,还包括在资本市场上进行操作的能力。资金投入是能力积累的基础,不管是技术设备、人员和管理都需要资金的支持,因此高于行业平均水平的 R&D 投入是创新能力迅速提高的基本保证。

从国际竞争来看,主要工业强国为了夺取技术创新上的领先地位,在研究发展的投入上呈现出互相追赶的势头。从 20 世纪 60 年代以来,日本一直保持着 1% 以上的 R&D 投入(R&D 投入/GDP),到 80 年代后期及 90 年代初期甚至超过 3%。这是日本企业能够迅速提高创新能力,并在 20 世纪 80 年代后成为技术大国的主要原因。

根据我们对浙江企业的调查,发现缺少创新资金是仅次于缺少技术专家的创新障碍。所以,我国企业技术创新能力积累有两个重要方面:知识与资本。同时,资本积累是知识积累的基础和前提。企业必须将两者结合起来,不断把积累的资金转换为知识的积累。这样才能进行持续的技术创新,形成核心能力。同时,资金的分配比例也非常重要,必须进行技术创新的合理组合,注意资金在产品创新与工艺创新、渐进创新与重大创新间的合理配置,以促使创新能力的快速协调发展。但我国多数企业的 R&D 经费不足,特别是消化吸收费用投入过低。

因此,企业在资金能力较弱的情况下,应选择关键点,以高投入形成突破。如中兴通信公司坚持研究开发高投入,使其创新能力得以快速提高(如表 3-4 所示)。

表 3-4　中兴研究开发费用表

年　份	研究开发费用(亿元)	销售额(亿元)	研究开发费用/销售额
1996	0.31	3.0955	10.00%
1997	0.67	6.3123	10.60%
1998	1.97	19.6800	10.02%
1999	4.00	25.0000	16.00%

数据来源:1. 浙江大学管理科学研究所,中兴通讯调研报告,1998 年 10 月。2. 中兴通讯各年年报摘要。

(八)知识外部化和内部化

知识外部化和内部化是隐性知识和显性知识的相互转化。隐性知识是一种难以表达的知识,将这部分知识转化为可以表达、可以言传的显性知识的过程就是隐性知识的捕获和外部化过程。反之,显性知识转化为个人独特的隐性知识是内部化过程。显性知识虽然易为组织操作和共享,但由第二章中对创新能力的知识层次的研究,我们知道它仅仅是创新能力的表层知识,知识的真正内涵隐藏在能力内部的隐性知识中。因此,我们必须通过实践,深入挖掘出知识的基本原理和知识应用的诀窍,才能真正提高创新能力。

(九)知识的常规化

不管组织中的成员具有多么广博和精深的知识,如果这些知识没有用一条行动与行为规则和价值观的主线将它们连接起来,就不会成为企业的强大力量。而常规化就是企业有意识地构造一条连接各方面知识的主线,使之成为企业创新能力的基础。

第二节　浙商技术学习的模式：典型案例研究

上节对知识演化与技术学习过程作了一般的论述,这些结论是建立在大量的国内外学者研究成果的基础上的,其中西方学者的研究比较深入地分析了技术学习的基本内涵和作用机制,特别是近 20 年来知识理论与知识管理的兴起,使技术学习的研究在微观机理上获得了突破性进展(Nanaka,1995;Leonard-Barton,1995)。但这些研究的主要对象是以发达国家企业知识创造为基础的学习过程,如果我们仔细分析他们研究的出发点和逻辑起点,就会发现其研究对象都已形成或接近形成核心能力,他们关注的焦点是如何通过创造知识来扩展和深化自己的能力。

另一方面,从 20 世纪 80 年代开始,许多学者(包括西方和亚洲各国的)也对发展中国家的企业创新能力提高的机制做了大量研究,形成了比较公认的创新能力提高模式:引进、消化吸收、创新。这一模式从本质上刻画了发展中国家的企业创新能力提高的基本过程,但似乎显得过于粗糙。虽然 20 世纪 90 年代以来我国一些学者的研究大大丰富了对此模式的认识(陈劲,1994;吴晓波,1995;谢伟,2000)但有一些基本问题仍然未予阐明。

(1)从引进到消化吸收、再到创新是否有必然的联系? 实际上,技术引进有多种多样的形式,既有设备等硬件,也有专利、图纸等软件知识,因此不同的技术引进会有不同的消化对象,所获得的技术知识也不同。如果引进的是生产设备,那么消化的就主要是生产技能和工艺知识,而不是创新所需的研发知识与技能。同时,创新所需的研发技能并不是通过对引进技术的消化而得,而往往是在直接吸收外部技术知识(如通过合作研发和引进人才)的基础上消化而成。因此,这一模式仅仅描述了创新能力提高的外在过程,而没有揭示其内在的知识演化。

(2)上述模式明确表明形成创新能力的知识源是在外部,但却没有阐明外部知识进入企业组织后,怎样被消化,经过怎样的知识处理和转换过程,才能成为企业内在的能力。实际上,这个问题的理解是对能力提高过程进行有效管理的基础。

本书第二章对企业创新能力演化轨迹的研究为我们解决上述第一个问题奠定了基础,使我们能分别针对能力演化的不同阶段,分析能力积累中知识演化的机理。同时,我们以发展中国家的企业创新能力演化为基本框架,将西方学者有关知识管理与学习的理论与浙商的创新实践结合起来,提出浙商创新能力积累的基本学习模式。

本节通过分析两个典型浙商的创新能力积累过程,归纳出具有普遍意义的技术学习模式。

一、东方通信公司(下面简称"东信")的技术学习

与我国大多数企业一样,东信的创新能力发展走过了一条从技术引进到仿制能力的建立,再到创造性模仿的道路。

(一)仿制能力的学习

1.知识获取:引进手机与基站生产线

20世纪80年代末,东信在中国移动通信业务初露端倪之际,立即瞄准移动通信设备市场,并在科学分析的基础上大胆决策,果断决定与摩托罗拉公司合作,并于1990年底与摩托罗拉签订蜂窝移动电话技术引进合同,开始了移动通信的产业发展之路。

在移动电话机技术引进项目实施初期,东信发现,由于用户较少,各地直接进口基站系统时顺带进口部分手机即已够用,从而决定启动基站系统设备技术引进项目。在广泛深入地进行市场调查和科学预测的基础上,争取中国政府有关部门认可,于1991年7月与摩托罗拉公司签订了蜂窝电话基站系统设备技术引进合同。1992年适逢中国移动通信市场暴涨,手机供不应求,基站设备市场迅速扩张,企业当年销售收入突破4亿元,进入移动通信产业的决策获得初步成功。

2.知识共享与内部化

随着移动通信产业在中国的迅猛发展,市场竞争日趋激烈,市场需求开始向多样化、小型化发展。东信公司为了保持已有的优势地位,积极推进制造技术创新,努力提高投资效率和投资收益。1993—1996年四年间,对移动手机生产线进行了五次技改,累计投资近2亿元。产品由8800X、8900X单一系列逐步增至兼有多系列的产品品种,迅速适应市场需求,取得了良好的投资效益。其中9900X手机生产线技改实现当年投资、当年回收、当年赢利。

3.知识融合与技术常规化

东信移动手机生产线是美国摩托罗拉公司设计的,采用表面贴装、免清洗再流焊、在线测试等制造技术。生产的工序控制和产品质量控制是按摩托罗拉公司制定的标准,该生产线生产9900X手机的生产能力为每天1200~1400台。东信在完全掌握了这些制造技术的基础上,大胆进行创新,通过对表面贴装和自动测试工序的优化组合,提高工序能力;同时在工序控制管理上,压缩工人交接班和更换材料的时间,提高了工作效率,整条生产线生产能力提高到每天

1400～1600 台。此外,在质量控制和生产设备管理上也有一系列创新措施(主要制造技术创新点见表 3-5),从而使东信生产的手机在质量上超过了摩托罗拉公司在美国、英国及天津独资生产线上生产的手机,生产能力也优于上述这些生产线。

表 3-5　东信公司的干中学和技术改进

序　号	主要创新	生产线效果	企业收益
1	优化表面贴装及自动化测试工序	提高工序能力	提高仿制能力,占领更大市场
2	压缩交接班及换材料时间	提高有效工作时间	提高仿制能力,占领更大市场
3	根据市场反映的特别技术参数如9900X 接收灵敏度特别增加抽测工序	提高产品质量	产品竞争力提高,企业信誉提高
4	通过生产技术人员持续精心维护保养设备达到优良精确生产设备,而非通过经常更新设备	设备利用率提高	减少企业投入,增加投资收益
5	技术人员经常不断自我培训	应变能力增强	人员素质提高

4.组织与管理的程序化

引进的先进技术要最大限度地发挥出经济效益,还必须有相应的一整套管理措施。东信自 1990 年以来先后进行了生产体制、营销体制、科研体制、劳动人事体制,直到产权体制的改革和股份公司的设立,其中大部分是与技术创新配套进行的。

在 1990 年以前,东信公司的组织机构以工艺专业化为主:产品设计、材料供应、生产、质量、销售等分门别类纵向管理,总部的生产部门要集中调度到每一个车间,包括各种零件,甚至一颗颗螺丝钉。比如,通信设备机架总装配发现零件有遗漏或差错,就要机加工、电镀、油漆各个车间的相关工序都组织加班。这里的主要"瓶颈"问题是跨度太大,层次和环节太多,生产效率低下。为了解决这一问题,公司把相关车间捆在一起,成立相对独立管理的分厂,减少了环节和差错,提高了效率。经过这样的改革,第二年产量增加一倍:1990 年是 4000余万元产值,1991 年就增加到 8000 多万产值。东信从抓质量基础管理入手,落实责任到人,通过严格工艺规范和纪律要求,大力整顿生产环境和秩序。1996年,企业顺利获得中国电子质量体系认证中心和法国国际质量认证有限公司颁发的 ISO9002 质量体系认证合格书。

在 1993 年前,东信的产品是集中销售,有一个销售部集中推销公司的各种产品,产品门类有移动基站、手机、交换机、传输设备、无线传输、寻呼系统等十几个门类,上百个品种。在这种情况下,要求每个销售人员熟悉各种产品情况相当困难。即使产品销售出去,在工程督导和回收资金的时候,也会遇到很多问题和矛盾不能及时解决,比如产品质量和服务的问题。因为销售部门与生产技术等部门都是平行的部门,很难与产品设计和制造部门直接沟通。为了方便用户,扩大市场,提高运营效率,东信1993年把销售职能分解到各分厂,将各分厂逐步转制为事业部。

东信建立了集中的产品研究所,负责公司所有产品的研究和开发,而且人员编制固定。这样有两个弊端:一是当在市场上销售产品发现技术和质量问题时,难以很快与技术人员取得沟通,技术人员的市场竞争意识不够;二是科研人员开发的产品与市场脱节,难以取得最新信息,技术人员创新意识薄弱。东信针对这一问题,于1992年解散原产品研究所,将应用性的产品开发分散到各事业部和分厂;同时于1994年成立了企业技术中心,将超前性的产品开发集中管理。

(二)创造性模仿能力的学习

从20世纪70年代中期以来,东信持续投入并成功开发出激光照排机、程控交换机、程控调度机等30余项新产品。公司虽然努力进行自主开发,在上述几个产品的开发上也确实作出了很大成绩,但由于受国家科技环境、技术基础结构等的制约,产品工艺始终跟不上国际先进水平。到20世纪90年代受到Cannon、NEC等国外产品的冲击,市场份额逐渐下降。据该公司的科技人员估计,与国际先进水平相比,东信在这些产品上的差距大概有8～10年。

东信在几个产品上多年的自主开发,虽然创新能力增长很快,但与国际先进水平的差距却没有能够拉近。这在一定程度上说明在低水平上的重复开发不是一条有效的能力提高途径。

反之,20世纪90年代初在手机和移动机站上的全套技术引进,以及随后生产系统的完善和不断的技术改造,使东信在几年内飞速发展,取得了可观的经济效益。也正因为与摩托罗拉公司的合作,使东信开始建立现代企业的管理制度和规范。在此基础上,东信开始了高水平的创新活动,即与国际技术发展接轨的产品开发。东信的创造性模仿是以两种方式同时进行的:一是独立的模仿开发;二是在美国建立研究所,进行合作开发。

1.创新体系的建设

1995年,经国家经贸委批准,东信成立了国家级技术中心。技术中心的成立标志着东方通信向优化发展战略、加大技术创新力度、保持竞争优势方向迈出了坚实的一步。公司的研发组织由三大块组成:CDMA交换机、ATM、光通信设备和芯片的开发在公司技术中心进行；手机等移动终端的开发在属于手机事业部的手机研究所和设在美国硅谷的研究所合作进行；CDMA 移动基站系统由公司在北京的研究所进行。

这一组织形式有这样一些好处：

手机的开发放在手机事业部有利于利用公司多年来生产手机所积累的经验。公司在组装摩托罗拉手机的几年间，不断探索其生产设备和产品设计的诀窍，积累了丰富的隐性知识，这是公司能够自主开发手机的基础。同时，手机研发是为事业部的当前市场服务，因此，把研究所放在事业部有利于连接开发与市场，也有利于研发部门、生产部门和营销部门的集成。而放在美国的研究所能够提供最新的信息，并可作一些前瞻性的研究，以弥补事业部内研究的局限性和短期性。

公司将 CDMA 交换机、ATM、光通信设备和芯片的开发放在公司技术中心进行是因为这些项目对公司来说都是全新的东西，虽然公司已在生产光通信设备，但都是较落后的产品，与现在开发的产品相比较，技术差距很大。而且这几个产品之间有较大的技术关联性，放在一起具有规模优势，有利于项目之间知识交流和共享。

2. 合作开发

为了缩短开发周期，东信已经与国内外高等院校及高科技通信公司建立了良好的合作关系，引进了一批成熟的先进技术。东信创新能力的快速提高得益于东信在美国硅谷设立的手机研究所，这使东信能够利用硅谷的高级人才优势和信息优势，在很短的时间内就开发出技术先进的手机。由此，东信能够建立自己的品牌，走上自立之路。同时，东信杭州总部的手机研究所也同时进行开发，并不断派人参与美国硅谷研究所的开发工作。这样使硅谷研究所专家的隐性知识能不断流进东信内部，使之最快、最好地提高创新能力。

随着开发的深入，公司不断引进各种专业人才，在 1998 年公司共拥有 500多名研发人员，其中博士、硕士、高级工程师等构成的高级专业人才约占 40%。经过几年的努力，到 2000 年，已经培养出一批在移动通信、传输、信息网络方面的学科带头人。在这些人的带领下已成功地开发出具有自主知识产权的"EC528 手机"、"GY155-01SDH 宽带综合业务接入网"、"GF155/622-05SDH 传输设备"等产品；自主开发的专用芯片 EC1101AP，目前已成功应用于 GF155-05SDH 传输设备中；面向未来的 CDMA 移动交换机、CDMA 基站、第三代移动通信系统等项目已经全面启动。

3. 模仿开发

东信以其在通信制造业多年的优势和近 10 年来在中国移动通信领域的先

驱地位,一直致力于开发拥有自主知识产权、国际国内领先的具有前瞻性的通信产品。东方通信的理想是培育国际领先的科技人才,提升自主开发实力,进入世界优势行列。

经过几年的努力,到 2000 年,公司已经建立起一套完整的研发体系,并具有良好的技术氛围和团队合作精神。东方通信拥有一系列自主开发的光传输设备及配套设备,包括标准型 STM-1/STM-4SDH 设备、迷你型 STM-1SDH 设备、数据接入单元设备、DSO 交叉设备以及 EI 适配器等。公司提供系列化设备供组网灵活选用,能够为用户提供最经济的解决方案。

东方通信作为无线通信生产厂家,其战略意图是为用户提供整个移动系统的解决方案。其中包括移动核心网、传输网、无线接入(基站和控制器)和移动终端。早在 1994 年,公司就已在生产手机、基站和传输设备,只是当时的 PDH 传输设备比较落后,已属于淘汰产品。因此,公司决定以 SDH 传输设备作为技术中心开发的第一个产品,由此开始技术积累,最终形成自主的移动系统。CDMA 交换机、ATM、光通信设备和芯片的开发在公司技术中心进行,这些基本上是通过独立地模仿进行开发。在此过程中,技术中心广泛吸收国内各方面的技术人才,加快了技术学习过程。下面以东信技术中心成立后开发成功的第一个产品(SDH 光传输设备)为例,说明他们是怎样从开发中学习并逐步提高创新能力的。

SDH 传输设备的开发开始于 1996 年 12 月,这是技术中心成立以来的第一个真正的新产品。这时候的技术中心完全是白手起家,在实践中一步一步地摸索。SDH 设备在国外已是技术上成熟的产品,技术已趋于标准化,在国内如武汉通信研究院和华为公司也都已经开发出来,虽然东信比它们晚了一步,但可与东信的其他设备配套使用,因此可占据一定的市场优势。

研发项目下达到技术中心后,项目组很快成立,开始了初步设计。这是整个过程中最困难的阶段,用了差不多 20 个月才完成。因为大部分开发人员都是新手,无论是在知识上还是经验上都不足,开发过程成了一次真正的学习和摸索。在此过程中,公司从某研究所引进的技术专家和国外的芯片供应商起到了决定性作用。

SDH 传输设备的核心部件是芯片和软件。其中的芯片是真正意义上的核心产品(core product),而软件是关键的互补产品。在当时的情况下,公司要想自己设计芯片几乎是不可能的,因此决定使用国外厂商的芯片。但这种使用并不是简单的用用而已,因为整个设备都建立在芯片上,必须先弄清楚芯片的技术原理,才可能设计其他部件,包括软件。

于是,东信把芯片供应商作为自己的教师,把技术图纸作为自己的教材。

除了请国外的技术专家来讲解指导以外,他们还经常通过电话和电子邮件请教,碰到关键问题,就派人去对方厂里当面切磋请教。芯片供应商的技术人员也为他们的钻研精神所感动,总是悉心指导,每问必答。

弄清楚了芯片的技术要求,另一个难关是软件的设计。东信在这方面也没有任何经验,只好想办法到国内一个研究所引进了一位有此开发经验的专家,同时将一些比较困难的部分拿出去与一些大学和科研院所合作开发,这其中有浙江大学、邮电部研究所、东南大学等单位。另外,他们也使用一些国外现成的软件,一方面可缩短开发时间,另一方面也可从中学到许多技术知识。例如,他们在一种购买的网管软件中发现有不能匹配的问题,经过几天几夜的连续奋战,终于找到了软件中存在的问题,当他们把这个问题反映给国外的软件商后,对方颇觉意外,以后再也不敢小瞧他们了。

到1998年底,初步设计终于完成,经过短短几天的测试和评审,产品便被拿到浙江海盐去开实验局。这时候,各种问题层出不穷,开发人员全都来到海盐,现场解决产品问题。实在有解决不了的问题,便回到杭州请专家一起会诊。因此,设计、测试、实验、评审是反复进行的,这一反复持续了大半年。到1999年11月,产品终于设计完成,经过中试后,开始投入生产。

在边学习边开发的2年中,技术中心的开发人员成长起来了,一大批创新能力强、经验丰富的专家得以产生。在1996年,中心仅有两名系统分析师,而到1999年,公司已有将近20名系统分析师,这些都是能独当一面的将才。回顾三年来的开发历程,有两点经验是决定性的、也是促使创新能力提高的推动力。第一点是学习,通过向国外供应商、国内合作的大学、科研院所和厂家学习,使他们有了重要的知识源,这个源的广度和深度对学习的效果具有决定性的影响;另一方面,组织内的相互学习更是不可或缺。对高科技企业来说,产品开发所需要的技术知识范围很广,因此每个人吸收能力的局限性使其吸收方向限于某一方面。那么,如何在开发中使不同专长的人员相互补充,相互学习,便是项目成功的关键。第二点是实践,勇于实践,通过激励和压力的并存,使开发人员的主动性和潜力能够充分发挥出来。

能力的提高来自知识学习的过程,特别是通过组织学习,可大大加快企业知识的积累。公司技术中心在这方面做了很多工作,如成立了多种技术沙龙,作为经常性的知识交流平台。这些沙龙一般每周活动一次,由一位开发人员作专题讲座,介绍国内外最新的发展动态,或交流技术开发中获到的经验和教训。这些沙龙中很多是跨项目的,由此也促进了项目之间的知识交流和共享。

到20世纪90年代末,东信已经大面积铺开了创造性模仿活动,开始建立全球性的研发体系。多个具有国际水平的产品开发已经完成或接近完成,特别是手机的开发成功标志着东信初步具备了创造性模仿的能力。

4.创造性模仿能力学习中存在的问题

虽然东信通过模仿开发和合作开发创新能力得到了长足的发展,但与国内的华为、中兴等先进企业比起来,还是落后不少,这突出表现为其最新产品的推出都比华为、中兴晚了1～2年。而对于通信产业来说,新产品迟推出是致命的,落后一年,就意味着失败。据我们初步分析,主要问题是:

(1)没有将创新能力的培养放在首要的位置,研发投入太少

作为一个高科技行业的公司,应该在项目选择时把创新能力的培养和提高放在首要位置。东信公司没有明确的能力规划,没有围绕能力规划的人才规划,这可能是公司的技术水平没能跟上国内外技术发展的根本原因。到2002年时,公司的研发人员只有500多人,而且这几年高水平的研发人员流失严重。根本无法与华为、中兴公司几千人的研发队伍和10%以上的研发投入相比。

(2)没有形成广泛的创新网络,没有充分利用国内外的创新资源

技术中心最早进行的传输设备的开发,虽然是属于高科技产品,但在国外已经有成熟的技术和产品,同时在国内也已经有一些科研院所和企业开发出或正在开发。因此,应当说东信处在非常有利的位置,完全可以通过与这些国内外厂家的广泛合作,尽快提高自己的技术创新能力,尽早将产品推向市场,在国内形成竞争优势。虽然公司也认识到自己开发能力的不足,积极到科研院所寻找有相关开发经验的专家人才,也确实请回了几位长期从事通信设备研究的专家,以他们作为各项目的领导和知识种子。但因为在通信设备这一高科技行业,技术发展日新月异,而国内与世界先进国家同行的差距还比较大。东信仅靠几个也正在摸索的专家难以在短期内跨越技术差距,如果能广泛动员国内各方面的人才,发挥集体的智慧,肯定能大大缩短追赶时间。另一方面,公司与国外厂家的合作主要局限于其所用芯片的供应商。虽然在与芯片供应商的频繁接触和合作中,学到了非常多的知识,开发人员能力提高的很大部分是在这一学习过程中得以实现,但这一知识源太狭窄,难以在短时间内弥补开发能力的差距。

(3)没有有效进行知识交流和职能之间的界面管理

虽然技术中心的几个研究所之间的知识交流和人员交流比较频繁,但与中心以外的手机研究所和位于北京的基站研究所就处于相对隔绝的状态,除了一些迫不得已的情况,很少有交流发生,更不用说与其他国内外竞争对手。东信的产品开发过程中,只在第一阶段,即产品计划阶段,技术部门与生产部门有较多的交流,对市场和用户作了调查分析。然后是在最后开实验局的时候,才与用户有了广泛的交流。而在开发的中间阶段,特别是在产品性能的确定过程

中,并没有吸收用户参与,也没有对市场的潜在需求作深入的研究。

5.战略调整

东信创新失败的原因是同时在设备和终端两个不同的领域进行自主研发,而投入的资金与人力远远不能满足这些领域开发的需要。就连投入量远大于东信的华为当时也坚持只做设备。东信没有在特定的技术领域,投入重兵,实现局部优势的战略,而是将力量分散在设备开发、终端、代工生产、房产开发等领域。因此,技术跨越在东信是不可能成功的;同时,一直依赖于设备制造成长的东信在销售上只与各地电信局打交道,而不懂面对最终客户的手机市场,无法与波导、TCL 等企业竞争。

2003 年以后,面对困难的局面,东方通信及时进行了战略调整,通过深入分析技术发展趋势和我国市场需求的现状,经过多次遴选并结合集团自身能力确立了五大产业,并积极投入资金开发新产品。其中有交换网络事业部研发的新一代 IPS 综合业务资源平台系列的三个最新产品,这个平台涉及了多个发明专利,达到了国际先进水平;东信和平智能卡公司带来了通信、金融、公安、社保等行业的各类智能卡产品,丰富多彩的卡种引起了外商的青睐;东信百丰公司开发出 ES2112、ES2188、ES2158、EG678、EG699 和 EG688 6 款手机,其中最小的一款手机长只有 9.2 厘米、宽只有 3.5 厘米、厚仅仅只有 1.2 厘米,其时尚的外观设计和卓越的功能吸引了用户的目光;东信金融的电子无线和有线支付终端引起了国内外客商的极大兴趣;东信的金融产品与方案主要有三类:现金类产品(ATM 等),非现金类产品(POS 与自助终端),金融软件与解决方案(安全监控、Abwoa 统一平台等)。

东信在一些领域提供了整体解决方案,例如由东信北邮提供的曾荣获国家科技进步二等奖的 EB 移动智能网、WV/POC 平台、位置平台、彩铃业务平台、NCSP 核心业务平台,东信金融提供的面向移动运营小额移动支付整体解决方案、多渠道中间业务统一平台、东信通信事业部的网络综合性能管理平台和微型直放站、光纤直放站等整体解决方案。东信北邮信息技术有限公司作为浙江移动彩铃系统承建商,与浙江移动公司合作,在 2003 年 3 月首家实现了彩铃业务,走在了移动增值业务技术发展的前沿。随着彩铃业务的广泛普及,如何挖掘彩铃用户的潜在价值,成为东信北邮关注的焦点。增值业务需要和人们的生活密切结合才有生命力,因此,公司利用彩铃业务为基点不断衍生出新的产品系列,如彩铃 DIY、彩铃随心贴、彩铃复制、彩振等新功能,以及 12530 语音门户、彩话业务和多媒体彩铃等。这些新功能的推出赢得了广大用户的青睐,提升了客户的潜在价值。

随着用户对媒体的需求从纯话音逐渐向话音、数据与多媒体并存的格局转变,电信增值业务有了极大的发展空间。东方通信为增值业务系统开发商提供了全面的接入层解决方案,为增值业务平台供应商提供了三个系列平台,即综合信令平台、综合媒体平台和信令监控平台。产品被中国移动、中国联通、中国电信、中国网通以及多个海外运营商大容量地长期使用,得到用户信任。东方通信提供的 IPS 平台有以下特点:适用于智能网 SCP、HLR、彩铃/彩话系统、短消息中心、多方会议、IVR、视频 IVR、视频彩铃、智能公话、POS 售卡系统等各种电信增值业务。

2003 年后,东信战略调整的关键点是从通信的核心网系统级设备的自主开发,转而面向我国市场的业务级系统与增值服务平台产品、智能卡和金融应用产品的改进与创新。东信在 2006 年的扭亏为赢和快速增长的势头,已经证明其战略转向的成效。当然,东信能否在今后的几年中实现持续的发展壮大,还取决于它能否在 3G 与其他通信技术应用领域发现创新的机会,开创自己独特的蓝海。我们把东信的技术学习过程的要点总结在表 3-6 中。

表 3-6　东信的技术学习

技术学习阶段	技术学习方式	形成的能力
1990—1996 仿制能力的学习	1. 知识获取:引进手机和机站生产线	设备与操作能力
	2. 知识共享和内部化: 严格按工艺标准和质量标准进行生产;大量进行生产技能培训和员工自我培训,掌握技术诀窍。	形成仿制能力
	3. 程序化: 大量的工艺改进和工序优化组合,提高生产效率,形成惯例化的作业程序和技能。同时进行了生产体制、科研体制和营销体制的改革,形成以市场为导向的组织体制。	建立高水平的生产制造能力
1995— 创造性模仿能力的学习	1. 知识获取,共享与内部化: 1995 年成立技术中心,开始独立开发先进的移动通信设备。通过对外国产品的分解反求、引入国内有经验的研发人员和与国外芯片供应商的合作获取产品设计知识。加强培训和知识交流,设计技能大幅度提高。	开始建立创造性模仿能力
	2. 进一步的知识获取、共享和内部化: 1998 年成立手机研究所(美国和国内各一个)和北京研究所。使东信能够利用高水平的外部研发人才,在较短时间内吸收设计技巧和管理规程。1999 年手机开发成功。	开始形成创造性模仿能力
	3. 常规化:2000 年开始进行,未完成。	

续表

技术学习阶段	技术学习方式	形成的能力
2000—自主创新能力的学习	1. 知识吸收与融合：网络学习。 与摩托罗拉、IBM、西门子、朗讯、BCI、CA、德州仪器等公司合作开发产品。2001 年东信倡议成立国产手机企业手脑论坛，加强各厂家之间的合作。	开始建立创新网络
	2. 战略调整： 面向我国市场的业务级系统与增值服务平台产品、智能卡和金融应用产品的改进与创新	战略能力比较薄弱

二、横店东磁公司的技术学习过程

横店东磁公司（以下简称"东磁"）是全国最大的磁性材料生产、出口基地，公司生产的 80％以上的铁氧体产品出口 30 多个国家和地区。公司主要生产喇叭磁钢、微波炉磁钢、电机磁瓦、彩色电视机偏转调色用磁条、电机机壳、电机定子、锰锌铁氧体、镍锌铁氧体、碱性电池、硬质合金、太阳能电池单晶硅片、太阳能电池片等 21 大类 3000 多种规格产品。产品广泛应用于家电、汽车、计算机、通讯、太阳能电池等领域。公司连续多年被松下、韩国三星、荷兰飞利浦等国际知名大公司评为最佳供应商，是全球最大的永磁铁氧体生产企业。

东磁是国家科技部批准的国家高新技术企业，公司设有专业从事磁性材料及应用工程技术开发的东磁研究院和我国磁性行业第一个博士后科研工作站，是全国磁性行业第一家通过 ISO9002 质量体系认证的企业。2003 年 1 月，公司又通过了 ISO9001 和 GB/T19001-2000 质量管理体系换版认证。2010 年，东磁公司实现销售收入 45 亿元，利润 4.4 亿元。

（一）技术创新

东磁之所以能取得今天的成就，重要原因是及时实施了"科技兴企"的战略。公司专门成立了技术开发部，负责全公司的技术改造和开发工作。公司每年拿出利润的 60％用于科技投入，公司领导亲自参与技术改造和技术开发的工作。早在 1985 年，东磁引进一批磁性材料专业技术人员，开始生产磁性材料，在总经理何时金的主持下，成功开发了色纯磁片，填补了国内空白。接着公司成功开发了 Y30BH-Y35 系列永磁铁氧体磁体，主要配套于高级音响、录像机、电视机、微波炉和轿车电机，市场潜力十分巨大。尽管东磁的产品在国内一枝独秀，可他们居安思危，在相继开发色纯磁片、KC-88 纽扣磁钢、受话器磁体、瓦形、方形磁体等系列新产品的同时，加大了软磁产品的开发力度，使软磁产品的规格达到上百种。公司每年有数十种新产品上市，新产品产值率保持在 40％

以上。

"十五"期间,公司坚持以市场为向导,采取多渠道筹措资金,瞄准通过技术改造和技术创新之路发展特色产业的目标,寻求高标准、高质量技术改造项目,共实施了"高性能永磁铁氧体生产线技改"等国家级重点项目七项,"高性能汞碱锰电池生产线技改"等七个浙江省重点技改项目都相继建成并投入生产。高新项目的实施,使东磁产品结构更趋合理,规模迅速扩大,产品档次不断提升,永磁铁氧体的生产能力由"九五"期间的年产 6.5 万吨增加到 9 万吨,软磁铁氧体生产能力由原来的年产 1.5 万吨增加到 3.5 万吨,成为世界第一永磁预烧料和永磁铁氧体生产基地,全国最大的软磁铁氧体生产基地。

在"十一五"期间,他们又迈出了坚实的步伐,2005 年上报了"高性能合金磁粉芯"等三个国家级技改项目,由国家有关部门批准立项,公司投资 20792 万元。目前,项目已经成功完成,相关产品的产业化也已实现。

"以一流的工作环境,吸引一流的人才精英,创造一流的科技成果"是东磁开发部的战略目标,1989 年左右公司引进了一些外国先进设备,以保证产品质量。几年来,开发部配置了先进的德国博朗兹 hh-ex-0.25/1451 实验钟罩炉、钟罩式气氛烧结炉、真空炉、改进型真空烧结炉、成型压机、砂磨机、烘箱等材料研制设备及日本 SY-8232 BH 分析仪、美国 HP-4291B 高频阻抗/材料分析仪、HP-4284A 多频 LCR 测试仪、美国 CH258 功耗测试仪、德国 Robograph 2 磁瓦测试仪等仪器共计约 100 台(套)国内外先进的实验及检测设备,进行新产品、新材料、新技术、新工艺的研究开发工作。

(二)创新组织

公司十分重视高新技术产品的开发,建立了东磁公司中央研究院。研究院中从事研究开发的高中级科技人员达 60 余人,配置了国际先进水平的全自动磁性材料检测装置,拥有国内最先进设备的国产化示范生产线。其多项产品填补了国内或省内空白,技术水平到达国内领先,接近世界先进水平。

1990—1995 年,东磁进行了生产流程、生产管理(特别是废品管理)和质量体系的建立与完善,广泛建立了 QC 小组,这些小组为公司提出了众多生产工艺改进的建议,提高了产品质量与性能。

公司中央研究院包括硬磁和软磁两个研究所(现在增加到七个研究所),同时还建立了测试中心、化验中心,投资 600 万元建成了两个实验工厂,完善了从试制到中试再到批量生产的完整体系。2002 年被浙江省经贸委认定为省级企业技术中心。公司中央研究院主要从事磁性材料性能的基础研究和应用研究,为公司作技术储备和以后的技术开发的超前研究。同时他们也做一些创新性的技术开发工作,其开发项目一般由各厂提出,经常是研究人员与厂内技术人员共同完成。公司下属的各事业部也有自己的技术开发部门,主要做短期和改进性的开发项目。事业部下属的生产厂有技术科,主要工作是解决生产中出现的各种技术问题,以维持生产的正常运行。

(三)创新的机制

东磁科技创新以市场为导向,不惜投入巨资开发新产品。公司每年将销售收入的6%、税后利润的60%投入技术开发。东磁积极参与集团公司的科技发展风险基金的建立,利用风险基金的投资优势发展具有国际水平的高科技项目。

公司总经理何时金有一句颇具哲理的格言:"牵着市场鼻子走,市场来到家门口;跟着市场屁股走,市场奥妙摸不透。"为了牵住市场,公司采取了四条有力措施:一是及时了解各级政府发布的市场政策;二是要求供销员带任务出门,带信息回家;三是公司高层管理者亲自带队走访用户,考察市场,了解动态;四是不惜重金聘请磁性行业的国内外专家为公司的技术、信息顾问,及时掌握国内和国际市场上的最新信息和动态。

如在1998年初,何时金去美国考察后带回一条重要信息,在美国等发达国家,在公共场所凡是妇女儿童经常出现的地方,法律明文规定要铺设"软体防滑弹性地砖",因此这种软地砖的市场潜力极大。于是,公司拨出专款组织人员进行科研攻关。几经努力,终于用废旧轮胎制成软地砖,开辟出新的产品类。

2005年,东磁有52%的收入来源于出口。公司从2002年起开始转变产品开发与销售的理念,通过参与客户前端设计进行主动销售。这种转变,一方面使东磁能够深刻理解客户的需求,帮助开发部门改善产品设计,另一方面能够改善东磁与客户的关系,促进销售。

东磁很注意发挥国家有关政策的效力。用公司技术副总经理陆柏松的话来说,就是怎样"用好国家的技术创新政策",尽量争取国家的支持。东磁公司承担的星火项目共有8项,其中国家级的有"高性能永磁铁氧体"和"NaFeb粘结磁体"、"Y30高性能横磁铁氧体系列产品开发",省级的有五项。东磁多次获得国家级企业荣誉和产品荣誉,如获得全国重点高新技术企业、经贸委技术创新试点企业等称号,这些荣誉极大地促进了公司的发展。

东磁一系列高技术成果的取得与公司十分重视人才的"绝招"是分不开的。他们制定了"凝天下之智,创东磁伟业"的人才战略。公司向各方人才承诺,凡是来公司工作的高级人才,安排最好的住房,工资和奖金给予较大幅度的倾斜,并设立了贡献奖。公司用这种"借梯登楼"的办法,聘请了50多名科技和管理人员。同时,公司用"造梯登楼"的办法,投资100万元,培养了400多名工程技术人员,成了东磁的"永久牌"技术骨干。

公司于 2001 年建立了开放实验室,吸引了一些高级技术人才来此工作交流。同时建立了博士后流动站,为公司进一步提升科技水平,为研究工作的深入开展打下坚实的基础。公司实行学术带头人不断更新的政策,以此激励技术人员积极进取,最大限度地发挥个人的潜力。

(四)合作创新与外部知识的获取

东磁地处浙江横店,地理位置比较偏僻,难以留住高水平的专家。因此,他们大力发展对外技术连接与合作,使自己能尽快获取国际上的最新技术信息。他们与十几所大学都有联系,与中科院物理所建立了长期的合作关系。中科院帮助东磁培训人才、进行实验测试。双方还合作开发新产品。

由于磁性材料的生产在我国长期限于低档水平,基本未涉足高档产品。为了尽快进入高档市场,东磁引进了许多国外专家。1994 年 9 月,德国专家布林格·弗里德博士来到横店,与公司新材料、新产品研究所的有关专家共同进行了高性能永磁铁氧体的制备项目实验.经过近 2 个月的技术攻关,解决了高性能永磁铁氧体的技术难题,确定了 Y30BH 及 Y35 高性能永磁铁材料的技术参数,为大规模生产 Y30BH、Y35 产品提供了技术实施方案。1996 年 6 月,公司请德国热处理专家罗丝博士来公司研究所从事高性能永磁铁产品的烧结工艺的基础研究工作。经过一个月的反复实验、分析,圆满完成了产品快速工艺烧成实验,与原来的烧成工艺相比,缩短了三分之一的时间。当年新增产值 2500万元,附加值提高了 70%,使公司成为生产高档磁性材料的龙头企业。

为了打破国际高性能永磁铁氧体市场被日本 TDK 等企业垄断的局面,使中国高档产品能够大规模进入国际市场,东磁于 1997 年 4 月及 1998 年 5 月又连续两次引进法国专家来东磁从事 DM44H 高性能永磁铁的工业性开发。东磁在加大对国外智力引进力度的同时,尽力做好引进项目,特别注重对来东磁工作的和有联系的专家学者的感情投资,以充分利用他们的技术知识。

(五)东磁的创新战略

东磁在 1999 年底提出了"一个巩固、两个发展、三个培育、四个开拓"的发展思路。

一个巩固,即巩固拳头产品永磁铁氧体扬声器磁钢。当前,这一产品市场竞争激烈,价格下跌幅度很大。要通过技术创新,以最好的质量和最低的成本满足各类用户的需求,巩固在此市场的龙头地位。

两个发展:一是加速发展磁瓦生产,进一步开发市场;二是加速发展偏转磁芯,提高产品质量和档次,满足国际市场需要。

三个培育:一是培育功率铁氧体,这个产品市场国际大公司多,竞争激烈,但市场广,潜力大,东磁的优势是有一定的客户基础和较低的成本;二是培育电机,主要工作是提高产品技术含量,增加产品品种,提高制造技术;三是培育扬声器,这个产品已为索尼、松下和菲利浦等公司所认可。

四个开拓,即开拓无汞碱锰电池、名片管理器、塑胶地板和塑磁产品。这四种产品都是现代社会中人们为提高生活工作质量所需要的,其应用范围将越来越广。其中的名片管理器是类似于掌上电脑的高科技信息产品,由此可进入多功能的信息处理产品市场。东磁以前无开发和生产此类产品的经验,因此他们在北京建立了北京东磁技术开发公司,希望借用北京众多的科技人才,尽快进入信息产业这个潜力极大的领域。

东磁的这一发展思路是建立在对市场、竞争对手、技术变化和自身条件认真分析的基础上,进而做出的正确判断和相应的对策。东磁公司充分认识到自己的优势和劣势及自己的机会,牢固树立了危机意识,这是他们获得成功的关键所在。

经过技术引进与模仿,东磁成功占领全球扬声器磁体和微波炉磁体市场之后,开始向中高端产品市场迈进。面向汽车电子市场的高端电机磁瓦是其永磁业务的新增长点。2005 年,在公司永磁业务的收入增长中,有 52% 来自于电机磁瓦产品。公司生产的高单价电机磁瓦在永磁业务中的地位日益提高。2005年,公司的电机磁瓦的销售量约 6520 吨,销售收入 1.275 亿元,分别占永磁业务的 14% 和 30%。

同时,公司迅速提高软磁业务的新产品开发能力,对高端软磁产品的开发渐显成效,成了公司的另一个增长点。2005 年,公司软磁产品获得了 TS16949汽车产品质量管理体系认证,汽车市场的销售已占公司软磁收入的约 6%;此外,LCD TV 市场的高速增长也带动着公司软磁产品的销售。在公司产品战略和营销战略的支持下,东磁不断推出新产品,向中高端市场挺进,高毛利率产品在收入中的比重持续提升。

为了寻找更大的发展空间,抓住高新技术产业的市场机遇,东磁作出了向新能源产业进军的战略规划,并于 2009 年正式开始投入太阳能光伏产业。目前,100MW 晶体硅太阳能电池片生产线项目的第一、二条生产线已顺利建成投产,并实现了较好的收益。为了逐步完善太阳能光伏产业链,公司加大投入,向太阳能电池片相关的上下游产品进军。一方面继续扩大单晶硅太阳能电池片的生产规模,同时,积极投资多晶硅太阳能电池片生产,形成单晶、多晶太阳能电池片并存的产品结构。另一方面,公司也投资太阳能电池组件的生产,实现硅片、太阳能电池片、太阳能电池组件的系列产品生产线,实现公司在太阳能行业领域的完整产业布局。

与此同时,横店集团准备在新疆阿克苏投资建设发展多晶硅光伏产业项目,准备建设温宿县循环经济产业园区。一期工程计划投资 253 亿元,项目规划建设 6 万吨多晶硅、1000MW 单晶棒、1000MW 多晶锭、2000 万平方米化成箔、1800MW 自备电厂、配套煤炭开采及后续光伏产业延伸工程。二期工程建设年产 4.2 万吨多晶硅生产线和 1200MW 自备电厂及后续太阳能光伏产业延伸工程。一期工程预计在 2011 年 5 月底前开工建设,在 2013 年底前投产。

同样,我们可以将以上所述东磁的技术学习过程总结为三个阶段:仿制能力的学习,创造性模仿能力的学习和自主创新能力的学习,主要事件见表 3-7。

表 3-7　横店东磁公司的技术学习过程

技术学习阶段	技术学习方式	形成的能力
1985—1995 仿制能力的学习	1.知识获取:1985 年引进一批磁性材料专业技术人员,开始生产磁性材料;1989 年左右引进一些外国先进设备,以保证产品质量。	技术引进
	2.知识共享与内部化:在这些专家的带动下,员工开始掌握工艺技能;通过加强各厂之间的技术与人才的共享,使员工的技术水平迅速提高。	生产工艺诀窍的获得
	3.组织管理变革与常规化:1990—1995 年进行生产流程、生产管理(特别是废品管理)和质量体系的建立与完善(QC 小组,ISO9001 认证)。	大规模生产系统的建立,管理层对内部运营的有效控制。
1994— 创造性模仿能力的学习	1.知识获取与内部化:1994 年开始与国内外企业、大学和科研院所合作开发,由此获得研发技能;通过三项措施(销售人员带信息回家、高层领导访问客户、聘请技术与市场顾问)来认识市场。	开始学习产品的设计技能
	2.共享与内部化:鼓励各事业部之间的技术与人才共享;组成各种攻关小组,快速提高开发技能。	初步掌握开发技能
	3.常规化:建立外部合作和内部公司与事业部结合的研发体系;建立开发项目决策机制和标准化的研发流程。	基本具备创造性模仿能力
1999— 自主创新能力的学习	提出了"一个巩固、二个发展、三个培育、四个开拓"的发展思路;向高端磁性材料和太阳能等新兴领域拓展	开始思考未来的优势所在

三、案例分析小结与案例比较

在本节中,我们详细分析了东信与横店东磁技术学习的过程。这里,我们按照同样的角度,把本书选取的 10 个典型浙商的学习过程总结在表 3-8 中,以

浙商研究

方便进行比较和归纳。

表 3-8　浙江典型企业技术学习过程

变化特征	第一阶段	第二阶段	第三阶段	小　结
杭　氧	从生产技术引进到生产管理流程的规范化(干中学)	从合作开发到研发体系的建立(合作与研发学习)	网络建立与战略学习开始	创造性模仿阶段一波三折,战略学习没有完成
西湖电子	引进生产技术到规模化生产流程(干中学)	合作开发数字电视(合作与研发中学习)	电视机发展新技术范式下战略思考没有进行	开发成功数字电视后,缺乏战略学习与网络学习
东　信	利用合资机会形成生产管理流程的规范化	及时进入创造性模仿,但没有充分利用外部知识	创新网络与战略学习不足	缺乏战略性学习
万　向	从模仿到大规模生产流程建立与规范化(干中学)	通过价值链的爬升进行研发学习,通过建设研发组织将研发流程规范化	以并购方式,实现外部创新资源内生化,开始思考未来战略定位	外部创新资源整合学习非常成功,但研发能力内生化不足
聚　光	创业精神指导下内生的技术学习(研发中学习)	通过核心技术的产业化,研发流程优化、技术与市场的协同学习	战略学习与网络学习:未来方向与全球资源整合	技术逐渐与组织、市场的结合,开始战略学习
横店东磁	从生产技术引进到生产管理流程的规范化	建立外部合作的研发体系。标准化的研发流程。(合作与研发学习)	战略性学习:向高端磁性材料和太阳能等新兴领域拓展	从规范化的技术学习到战略性学习
阿里巴巴	创业精神指导的创造性模仿(模式、技术与市场的干中学)	业务扩展与自主商务模式创新,技术与管理模式的规范化(研发中学习)	网络与战略学习:逐步成为网商生态系统的平台领导	从模仿学习到依据中国市场特性的模式内化,再到打造平台领导的战略学习
中　控	依托高校创业的技术获取与研发中学习	企业技术与市场知识的协同学习,研发体系的规范化	战略与网络学习:新一代产品标准制定与推广	依托高校实现知识内化,然后迅速进入战略与网络学习
正　泰	从小作坊创业到合资与技术引进,生产管理流程的规范化(干中学)	营销体系和研发体系的建设(研发中学习)	多层次开放式国际化创新体系的建设,进入太阳能光伏领域,开始网络学习与战略学习	处于成熟产业的创业性企业,创新更多是在组织、制度与市场,主要是干中学与合作中学习

变化特征	第一阶段	第二阶段	第三阶段	小　结
吉　利	低成本模仿,生产管理流程的规范化(干中学)	合作研发体系形成(研发中学习)	通过自主研发与收购开始建设以安全为核心的自主创新能力(战略与网络学习)	企业家精神、学习调整能力、胆识促其超速发展

在上面的案例研究中,通过对 10 个企业的创新能力发展历程的分析,可以看出浙商技术学习过程有一些共同的规律性。这 10 个企业可以分为两类:

第一类包括中控与聚光,它们开始于内生的研发学习,然后是向外扩展中的技术与市场结合中学习,最后是通过网络与战略学习整合外部资源和思考未来发展方向;

第二类是剩下的 8 个企业,虽然每个企业的创新能力积累过程呈现出许多差异,同一企业在不同发展阶段的学习机制也不相同,但它们在下述两个方面表现出一致性:

(1)能力积累的起点都相同,即都开始于对外部知识的获取。对于前面两个阶段的技术学习,这与通常的观点是一致的。但对自主创新能力的学习,通常人们比较强调企业内在的开发能力,强调能力的内生性,与我们这里案例分析的结论不一致。

(2)当外部知识进入到企业内部以后,首先经历了知识在组织内的广泛传播和在实践中逐渐被消化的过程,然后通过知识的融合与常规化,成为企业内在的创新能力。

第一类企业是高技术创业企业,虽然近年来浙江涌现出一些这类企业,但总的数量还是很少。浙商中最多、最普遍的还是第二类企业,这类企业的学习方式体现了浙商典型的学习模式。那么,浙商的学习方式为什么会产生实践上惊人的一致性,这就需要我们作进一步的理论分析。

第三节　技术学习的一般模式:理论分析

本章第一节在知识管理与组织学习的基础上,探讨了技术学习的类型和基本框架,而第二节的案例分析使我们对技术学习的模式有了很深的感性认识。本节在此基础上,将学习机制与发展中国家的创新能力演化过程结合起来,从理论上进一步研究创新能力演化各阶段的技术学习过程,从案例研究中得出的经验结论归纳出技术学习的基本模式。

本书第二章提出，浙商创新能力演化的一般轨迹是：通过技术引进到仿制能力，再到创造性模仿能力，最后到自主创新能力。其间所经历的三个能力阶段对企业创新能力各维度的要求很不相同，因此企业在形成每一种能力时所进行的学习方式也不同。下面我们就针对每个阶段进行细致的分析。

一、仿制能力的学习

企业从技术引进到最终形成仿制能力，须经过如下的过程：

（1）知识获取

发展中国家的企业仿制能力的形成开始于生产技术的引进，但这并不仅仅是简单地拿来即可，往往必须根据技术要将引进设备和过程与原来的设备和过程按工艺进行重组（吴晓波，1995）。尽管企业在此阶段无法掌握该技术的原理和诀窍，对引进技术有很大的依赖性，但它毕竟使企业的创新能力上了一个台阶，使企业被纳入到先进的技术体系中。此时企业获得的是显性知识（技术操作步骤和方法），其获取的多少和掌握的快慢取决于已有的吸收能力。

（2）知识共享

技术引进的工作一般由少数技术专家完成，因此只有经过培训这些知识才得以在企业内传播，为大家所接受。这个阶段的知识仍是显性知识，其学习机制是知识共享。

（3）知识内部化

当企业内多数员工接受了这些技术后，就开始运用，并在实践中学会怎样有效地使用。这个阶段的技术学习主要以"干中学"和"用中学"的方式进行，即在生产过程中，提高工人的操作技能，提高产品质量，降低生产成本。同时，在技术使用经验的基础上，进行产品工艺的部分调整。这是企业学习设计技巧的第一步。于是，逐渐形成使工作效率提高的隐性知识（诀窍、对原理的理解）。

（4）知识融合与常规化

每个员工都会在工作中形成自己独特的隐性知识，而同时企业内员工在工作中不断地发生相互作用，不断进行相互协调。使各自独特的隐性知识关联起来，形成组织知识（关系协调）。最后，这些知识的融合形成规范化的工艺与管理标准，同时一些隐性的技能知识与相应的价值观也成为企业员工的共识，成为常规化的组织能力。

从技术引进到仿制能力建立的过程中，企业获取的知识如知识创造过程中的知识循环（Nonaka，1995）一样，也经历了一个循环转换的过程（见图3-4）。在此过程中，隐性与显性知识的交融、个人与组织知识的协调，便形成了运作现代生产大系统的能力。

形成过程：技术引进 ⟶ 培训 ⟶ 干中学 ⟶ 相互协调 ⟶ 仿制能力

知识变异：显性知识 ⟶ 显性知识 ⟶ 隐性知识 ⟶ 隐性知识 ⟶ 隐性＋显性知识

学习机制：知识吸收 ⟶ 知识共享 ⟶ 内部化 ⟶ 融合 ⟶ 常规化

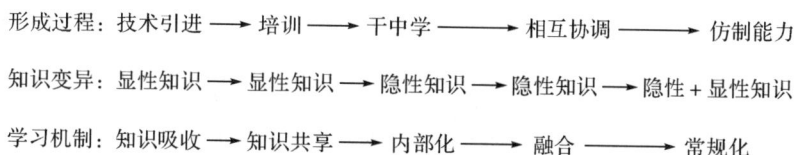

图 3-4　仿制能力的学习过程

仿制能力虽然是显性知识与隐性知识的组合，但以显性知识为主，即设备操作程序、产品与工艺标准、管理规程等，同时也需要隐性知识的补充，如操作技巧、产品工艺调整方式和管理经验。

通过引进技术建立起的仿制能力对于发展中国家的企业来说是一个里程碑。它标志着企业从以前自我封闭、低水平研发和生产的状况中摆脱出来，进入现代先进的技术轨道和生产体系。这个转变是一个艰难痛苦的过程，其障碍主要不是技术和管理程序，而在于这些技术和管理所体现的价值取向。新技术和管理系统与旧体系的价值冲突往往使相互融合的过程很漫长，旧体系的思维和行为惯性在很大程度上限制了新体系的生长。这意味着企业从一种技术范式向另一种过渡，其过程往往不是宣传和教育就能解决的，经常需要进行大规模的人员调整和组织重构。特别是对于我国国有企业，其过程就更加漫长。如东方通信 1991 年引进摩托罗拉生产线后，为了保证生产质量，在推广标准化生产程序和严明生产纪律中遇到了很大困难，总裁施继兴至今感叹不已。

二、创造性模仿能力的学习

企业在仿制能力阶段就开始了对引进技术的模仿，如产品工艺的调整和零部件的国产化。但这仅仅是简单模仿，即复制已有的成熟产品。反之，创造性模仿是一种创造性活动，包括以最新产品为蓝本进行重新设计和根据本国市场特点进行的创造性改进。创造性模仿要求企业对国际最先进产品技术和对本国市场需要有很深入的理解，对新技术原理和设计方法有全面的掌握。从技术学习的人员组成看，仿制能力的学习主要是通过生产线上的技术人员和工人，而创造性模仿能力的学习则主要通过专职的研究与开发人员。因为创新能力的学习并不是仿制能力的简单延伸，而是要建立全新的能力。

企业从研发知识的获取到形成创造性模仿能力，须经过如下的过程（见图 3-5）：

（1）知识获取

创造性模仿阶段也是以显性知识（或半显性知识）的获取开始。但此时吸收的知识并不是完全可显性化的（即不能用语言、公式、软件和标准化的图形来表示），而只能是半可显性化（即只能用行为、关系和隐喻来表示）。这个阶段，企业是通过合作的研发活动，通过观察和模仿外部专家们的行动、语言和组织

形成过程：参与研发 ⟶ 技能共享 ⟶ 研发中学 ⟶ 相互协调 ⟶ 创造性模仿能力

知识变异：显性知识 ⟶ 显性知识 ⟶ 隐性知识 ⟶ 隐性知识 ⟶ 隐性＋显性知识

学习机制：吸收知识 ⟶ 知识共享 ⟶ 内部化 ⟶ 融合 ⟶ 常规化

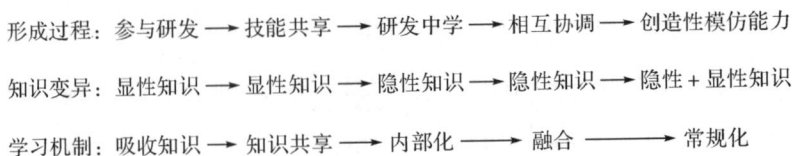

图 3-5　创造性模仿能力的学习过程

关系来获取知识。

（2）知识共享

从合作研发中获得的知识只是掌握在少数研发人员手中，因此只有经过培训这些知识才得以在企业内传播，为大家所接受。这个阶段的知识仍是显性知识，其学习机制是知识共享。

（3）知识内部化

当企业内多数研发人员在新的研发组织和研发专家指导下工作后，就开始在研究开发中学习与深化这些知识，并在实践中学会怎样有效地使用，并逐渐形成使工作效率提高的隐性知识（诀窍、对原理的理解）。如果说仿制能力主要是建立在重复性的经验之上，那么创新能力更多的是在对基本科技原理和市场知识的理解上，将知识应用于开发对象的能力。它显然需要从事研发工作的人员掌握更广泛的知识、具有更高的理解力和创造力。因此，如果说仿制能力的提高是以"干中学"为主，那么创新能力提高必须以"思中学"为主。它不仅强调在研究开发中的思考和对经验的提升，而且还重视研发前的理论演绎和理论对实践的导向。

（4）知识融合与常规化

每个员工都会在工作中形成自己独特的隐性知识，而同时企业内员工在工作中不断地发生相互作用，不断在进行相互协调。使各自独特的隐性知识关联起来，形成组织知识。最后，这些知识的融合形成规范化的研发方法与管理程序，同时一些隐性的技能知识与相应的价值观也成为企业员工的共识，成为常规化的组织能力。这个阶段的常规化不是如仿制阶段的几乎完全的规范化，而是对研发过程和研发技能的半规范化（或者半结构化）。这里的关键问题是既要考虑到研发活动的不确定性，于是不能完全规范化，同时也要尽量提高其运作效率。

创造性模仿的学习一般要通过"研究开发中学习"和"合作中学习"（或"基于联盟的学习"）。研究开发中学习可以从仿制能力阶段的简单模仿延伸过来。但直接的延伸往往不会有效，因为此时要求对设计原理的掌握、对产品构架的整体理解和对用户需求的了解都远远超过简单模仿时的个别技巧。因此，与国外企业的合作设计或者引入高水平的研发人员是获取设计技能与产品构架知识的最佳途径。当然,这样的合作并不是平等意义上的合作,而是一方通过参与设计学习另一方的经验与方法。另一方面,在用户需求主导的产业中,企业与其产品用户的密切联系和合作是获取市场知识、通过产品变异赢得竞争优势的捷径。

与仿制能力相比,创造性模仿能力更强调隐性知识,因为它毕竟是一种创新活动,所以此时企业面对的不再是规范的、稳定的生产活动,而是探索性的创新活动。

三、自主创新能力的学习

虽然自主创新与创造性模仿都是创新,但两者之间却有很大的差别,这一差别甚至大过创造性模仿与简单仿制的差别。因此,从创造性模仿到自主创新意味着一次更大的飞跃。在此过程中,企业必须学习在一个更广、更长期的社会经济、技术发展和用户需求的框架中来考虑研究开发活动,学习建立更广泛、更密切的知识网络以获取和使用充分的信息、知识和资源,学习"忘记"长期形成而现在不再适用的主导逻辑、核心能力和组织文化规范。这是一项非常艰巨的任务,其过程的痛苦不亚于一场"文化大革命"。

这是一个转换学习与战略性学习相伴随的过程,因为"破"与"立"必然是相辅相成的。应该说,技术学习的这个阶段已经不是狭义的"技术"学习,而是企业战略逻辑的建设和战略能力的全面提升。如果说在创造性模仿阶段企业关注的是研发过程中的问题求解,即关注开发对象和开发目标相对确定时完成任务的技能和组织方式,那么在自主创新阶段,企业应更加重视长远的战略发展,即新业务和新产品思想的挖掘和评价。因此,此时企业所需要的不仅仅是解决问题的能力,而是对未来经济与技术发展和市场需求的洞察力,以及将这种洞察力转化为实际行动目标的魄力。这是一种超人的组织智慧,是由组织中众多优秀人才通过团体学习凝聚而成的。

自主创新能力是由众多优秀人才的个人智慧会聚而成的,这一思想决定了此阶段学习的网络性和团体性。当企业通过仿制能力和创造性模仿阶段的修炼,其内部运作能力和科技开发能力已经达到较高水平。此时,企业的目光应该由内转向外,更多地关注宏观环境的景象;也应该由当前转向未来,更多地跟踪事物的演变。企业现在没有了可供追随的先进者,也没有可供援引的规范。面对复杂多变、四处风险的世界,一切需要自己去摸索。由此,企业需要更多地利用国家乃至整个世界的智慧,才能把握规律。

战略性学习主要有"网络中学习"和"预测未来中学习"两种方式。网络中学习源自企业与用户、供应商、竞争对手、政府、大学科研院所等其他相关机构组织建立紧密的联系,充分利用它们的信息、知识和资源,在此过程中超越自己狭窄的经营范围,在一个更大的时空中考虑企业的发展。预测未来中学习源于企业将自己从现在环境的约束中摆脱出来,直接面向未来,以此解放思想,放宽视野,创造性地设计企业的未来。

这里,网络中学习是基础,企业只有充分吸收各方面人才的智慧、调动一切可以调动的资源、深入理解自己所面对的环境变化,才可能拥有超人的智慧,也才能正确理解并设计自己的未来,而不是凭空妄想。因此,战略性学习仍然始于外部知识的吸收,然后是内部的消化、提炼和创造,最后常规化以形成真正自主的智慧和行动(见图 3-6)。

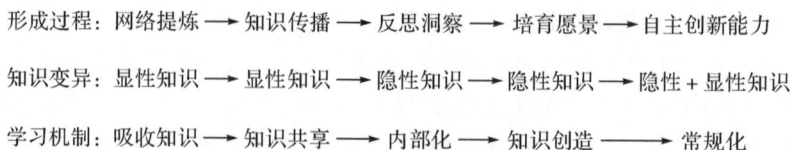

形成过程:网络提炼 ⟶ 知识传播 ⟶ 反思洞察 ⟶ 培育愿景 ⟶ 自主创新能力

知识变异:显性知识 ⟶ 显性知识 ⟶ 隐性知识 ⟶ 隐性知识 ⟶ 隐性 + 显性知识

学习机制:吸收知识 ⟶ 知识共享 ⟶ 内部化 ⟶ 知识创造 ⟶ 常规化

图 3-6 自主创新能力的学习过程

需要注意的是,这个阶段的常规化已经不是针对具体的技能和管理流程,而是企业的愿景、价值观和核心能力。这些要素的形成并在企业内被广泛理解与共享,成为指导企业一切工作的核心,是企业能够持续发展的根本保证。

四、技术学习的基本模式

在创新能力提高的各个阶段中,技术学习有其独特的主导模式。仿制能力阶段的主导学习模式是程序化学习,创造性模仿阶段是能力学习,而自主创新阶段是战略性学习(见图 3-7)。

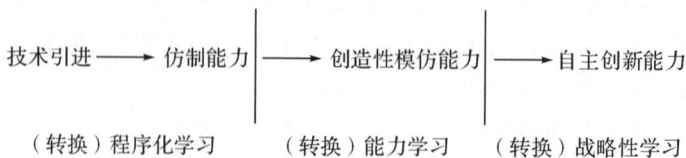

技术引进 ⟶ 仿制能力 | 创造性模仿能力 ⟶ 自主创新能力

(转换)程序化学习 (转换)能力学习 (转换)战略性学习

图 3-7 创新能力各阶段的主导学习模式

然而,从前面我们分别对三个阶段的论述可知,每个能力阶段都有其相适应的企业组织过程、战略和文化,因此从一个阶段到下一个阶段需要企业进行各方面的调整甚至变革,这就要求有一个转换学习的过程。在成功进行了转换学习后,企业能力才可能通过建设性学习积累起来。

虽然三个阶段的技术学习都显示出类似的知识循环转化的规律性,但每个阶段技术学习的内涵却有很大的差别,表现出学习主导模式的水平、范围和方向都有质的区别(见表 3-9)。

表 3-9　技术学习的模式与特点

创新能力阶段	主导学习模式	学习内容	主要学习方式	学习范围	学习方向
仿　制	程序化学习	• 操作与管理规程 • 操作经验与技巧	• 知识共享 • 干中学	生产技术	经验
创造性模仿	能力学习	• 研发组织与管理规程 • 对技术系统与市场需求的系统理解 • 研发技能与创造性思考	• 知识共享 • 研究开发中学习 • 合作中学习	研究发展与市场需要	对过去经验与行为的提炼与思考
自主创新	战略性学习	• 创新网络的建设与整合 • 洞察未来经济技术发展与市场需求 • 将洞察转化为实际行动目标,并设计自己的未来	• 网络中的知识共享(网络中学习) • 洞察与培育愿景(向未来学习)	国际化的创新网络	未来

　　三个阶段的技术学习都显示出类似的知识循环转化的规律性,这个过程与 Nonaka 和 Takeuchi(1995)对于知识创造中的知识循环过程有相同的内涵(见图 3-3),只是整个过程的起点不一样。知识创造过程的知识循环源于企业内部知识的创造,能力提高开始于隐性知识,而我们提出的技术学习模式中能力提高过程的知识源于外部,能力提高开始于外部显性知识的获取。当外部知识进入企业后,沿着两条路径转化:一是知识在组织中共享,使知识被组织成员广泛掌握和使用;二是知识通过个体成员的干中学得以深化,逐渐发掘出其中隐性的诀窍。然后由此获得的组织知识与个体的隐性知识相互作用、相互融合,最后通过常规化而形成企业的内在能力(见图 3-8)。

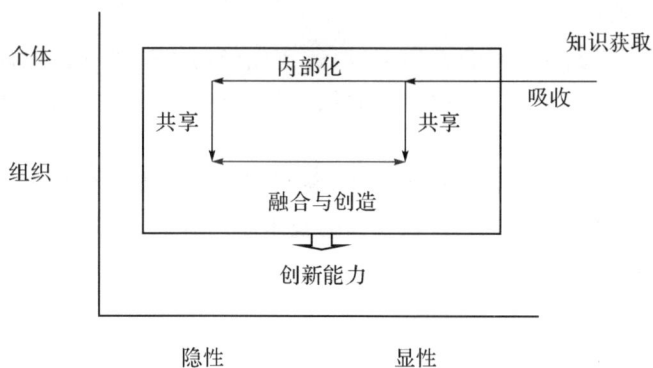

图 3-8　技术学习模式中的知识循环

当然,在企业创新能力演进的不同阶段,知识转换的内涵与过程并不相同,表现出知识在组织内部可能以多种途径循环演进。不过关键的是,我们这里的模型与 Nonaka 和 Takeuchi(1995)的模型的本质都在于知识必须通过在组织内部的完整循环才能够成为有效的能力。

第四节　本章小结

本章探讨浙商创新能力提高的机制。首先从企业的内外部环境出发,考察企业创新能力提高的动力机制、知识获取机制、知识共享与知识操作机制和技术投入机制。从宏观与微观、静态与动态多个维度出发,揭示出技术学习(特别是联盟学习与网络中学习)的本质内涵和作用机制。

然后以东方通信、横店东磁等 10 个浙商为例,对浙商创新能力的提高过程进行典型案例分析,由此归纳出浙商技术学习的基本模式。这 10 个企业可以分为两类:

第一类包括中控与聚光,它们开始于内生的研发学习,然后是向外扩展中的技术与市场结合中学习,最后是通过网络与战略学习整合外部资源和思考未来发展方向。

第二类是剩下的 8 个企业,虽然每个企业的创新能力积累过程呈现出许多差异,同一企业在不同发展阶段的学习机制也不相同,但它们在下述两个方面表现出一致性:

(1)能力积累的起点都相同:即都开始于对外部知识的获取。对于前面两个阶段的技术学习,这与通常的观点是一致的。但对自主创新能力的学习,通常人们比较强调企业内在的开发能力,强调能力的内生性,与我们这里案例分析的结论不一致;

(2)当外部知识进入到企业内部以后,首先经历了知识在组织内的广泛传播和在实践中逐渐被消化的过程,然后通过知识的融合与常规化,成为企业内在的创新能力。

最后,以知识动态演化机制为基础,从组织学习角度探讨创新能力提高中技术学习的机理,提出了基于知识吸收的技术学习模式,从理论上阐明了浙商技术学习的基本模式。

第四章 浙商创新能力提高的途径
——内外途径的循环模式与创新网络

企业的创新能力积累依赖于内部和外部的知识源。一方面,企业必须通过创造知识来形成独特的内生化能力;另一方面,也必须广泛吸收外部各方面的知识,充分拓展自己的知识领域,跟上最新的技术—市场发展趋势。

虽然内部和外部途径对企业创新能力提高都是必需的,但其作用却大不相同,在不同的情况和条件下,具有完全不同的作用机制。本章就是力图探讨这两种途径各起何种作用,以及相互补充的机理。在此基础上,本章着重研究技术外源和创新网络在创新能力提高中的作用。

第一节 创新能力的提高途径概述

根据知识的来源,创新能力提高途径可分为内部途径(内部 R&D)和外部途径(技术引进、技术联盟和创新网络)。

一、内部途径

内部途径主要是指通过内部 R&D 获取新知识,以提高企业的创新能力。内部 R&D 包括:

- 以重大或渐进创新不断完善现有技术体系;
- 以重大创新成为新技术体系的开创者;
- 创造性地模仿先进的产品和技术;
- 对引进技术进行模仿或改进性的研究开发,促进引进技术的消化吸收;
- 对引进的产品和设备进行分解、反求和模仿,吸收隐藏在其中的技术知识。

许多学者的研究发现,内部 R&D 对创新能力的提高具有不可替代的作用,因为技术知识具有环境依赖性,企业放弃 R&D 活动就意味着失去新知识产生的环境,就会严重损坏企业的创新能力(Prencipe,1997);内部 R&D 提供潜能去保护现有能力并且在新的领域中发展新的能力。因此,通过技术创新尤其是内部 R&D 来优化和扩展企业的技术知识存量是提高创新能力的重要途径。

内部研发能十分有效地提高企业的研究与开发能力。为此,许多落后企业为加深企业对先进技术原理的理解和积累自身的研究与开发能力,不惜投入大量人力物力,对成功者的先进技术进行重复性开发。同样,对失败创新项目的评价也必须考虑其对于创新能力提高的潜在效应。

从战略意义上讲,内部 R&D 可以使获得的新能力融合于企业原有能力体系中,这样它在短期内难以被模仿。因此,内部 R&D 是最具有战略重要性的根本的能力积累途径。但研究发现,内部 R&D 具有几个明显的缺陷:

- 常常是成本高昂的;
- 难以发展完全不同于现存能力基础的全新能力。企业在面对环境不确定性的情况下,投入的不可逆转性会阻碍其对新技术的投资(Ghemawat,1991);
- 内部 R&D 会遭遇企业内部因素造成的阻碍。组织惰性可能限制企业现有规程集合的扩张和抑制企业在超越企业局部搜索的领域中发展其创新能力(Nelson and Winter, 1982)。

二、外部途径

外部途径是通过吸收外部技术知识来提高企业的创新能力,主要包括技术引进、技术联盟和创新网络。

在科学技术迅速发展、学科与工程技术门类日益多样化和交叉发展的现代社会中,即使是世界上最大的跨国公司,在技术发展和创新中也做不到完全自给,需要吸收别国和其他企业的技术和知识。因此,从外部获取知识已成为技术发展和技术创新中的一种普遍现象。

随着世界经济的全球化,各国间的经济和知识边界逐渐消融。世界所有的技术接纳者和技术资源之间的连接和交往越来越密切,以至于它们形成了一个具有无数结点的网状结构。日本公司与美国中西部许多小规模高校结盟;韩国、我国台湾地区和我国大陆的企业纷纷在美国硅谷设立研究所;我国台湾地区新竹和硅谷之间的人员来往密切。知识在这一网络中不停地流动,不断缩小着发达国家和发展中国家间的技术差距。

(一)技术引进

技术引进有多种方式:

（1）成套技术设备的引进

这种方式的优点是可以较快地形成生产能力和进入市场，是我国早期引进（1978—1995 年）的主要方式，其缺点是耗用资金大。这种方式的另一个缺点是引进方不能深入了解技术的内部结构和机理，往往造成对国外技术的依赖，不利于创新能力的提高。

（2）引进设计、制造、生产工艺等软件技术

这种方式除了可以节省引进资金，使资金节省下来以用于消化吸收与研究发展，还有利于创新能力的提高。

（3）研究与发展的外部合约

企业运用签订外包合约的方式把一部分研究与发展工作委托给其他研究机构或大学，以及其他企业。有的企业出资在大学或研究机构中建立实验室与研究中心，以补足自身力量的不足。这种方式可以利用大学与研究机构中的高水平专家、教授和研究队伍，这种企业（产业）与研究机构和大学的合作和联盟在国内外均有广泛的运用。而且经验证明，它对提高企业自身的创新能力有很大裨益。

（3）购买许可证

这种方式可以从其他企业包括竞争对手那里获得所需的技术。其缺点是限制了使用企业的自由度，并且必须支付费用，这又会降低企业的利润。但通过这种方式，可以推动使用者企业进行学习和研究发展的努力，可以促进企业创新能力的形成和缩小技术差距。韩国企业正是利用获得许可证的方式，很快提高了技术创新能力。

（4）引进专业人才

对想进入新行业的企业或者发展中国家的企业来说，引进具有高水平研发能力的人才是提高技术创新能力的捷径。如韩国企业在 20 世纪 80 年代大量引进在美国和日本工作和留学的韩籍技术人才，这对于它们能够在 80 年代迅速形成高水平的创造性模仿能力，并在 90 年代开始建立自主创新能力，起到了关键性作用。

从本质上来说，技术引进分为三种：购买硬件、购买软件和引进隐性知识（嵌入在人脑中）。软件包括专利、许可证、设计技术等。购买硬件具有方便、迅速、战略自主性高的优点，缺点在于耗资较大和不易于获得核心技术知识。购买软件的战略自主性低于购买硬件，能够获得一些核心技术，对于提高创新能力有很大作用，但其范围仍然限于显性知识，无法获得研发的技能。

只有引进人才是获取创新技能最快速的方法。但引进高水平专业人才也并不能保证整个企业创新能力的迅速提高，因为人员引进后必然有一个与企业

组织融合的过程,这是一个相互适应的过程。如果这个过程不能完成,那么引进专家的知识就不能有效地发挥作用,长期来说,企业创新能力不会有根本的提高。

因此,引进人才有两种方式:一是直接引入到企业内部,这种方式需要对引进的人员进行仔细评价,这里主要是对他们技术以外的性格、合作性、文化取向等方面进行评价,以判定他们与组织的适应性。只有引进了真正能够融入企业的人才,才能充分发挥特殊人才的带动作用。另一种方式是在人才熟悉的环境中使用他们,这样就能避免他们脱离其熟悉的环境后无法发挥作用。如现在我国许多企业在发达国家的技术聚集区域建立研究所,利用当地的科技人才,利用他们掌握的最新技术和研发技能,进行适合国内需要的新产品开发。

(二)技术联盟

合作联盟是指两个或多个企业为了实现特定的战略目标而采取的任何股权或非股权形式的共担风险、共享利益的联合行动,是 20 世纪 80 年代大量出现的一种企业发展途径。合作联盟具有以下特点:企业对与产品相关的资产投入较少;适于面对高度不确定性的技术环境。

按联盟对象分,合作联盟可分为两种:与竞争者的联盟为水平联盟;与顾客或供应商的联盟为垂直联盟。按合作的具体形式分,合作联盟可分为三类:松散的合作关系,包括网络组织、机会性联盟等;(非股权的)契约关系,包括分包经营、许可证经营和特许权经营等;(股权的)正式的所有关系,如联营、合资企业等。

合作的优势在于:弥补自身在进入新行业时的资源和能力不足;获得"相乘"效果和可持续竞争优势。合作的问题在于:联盟各方的动机并不相同,追求的利益不完全一致,可能产生冲突;文化和观念不同,缺乏信任;有可能培育出比自己强大的竞争对手。从提高创新能力的角度来说,联盟途径主要分为合资生产、合作 R&D 与购买兼并三种。

1. 合资生产

合资企业是一种广泛应用的合作方式,其优点在于:由于合资企业是一种基于股权的合作方式,合作双方都会关注其利益,技术先进方往往愿意提供最先进的产品技术,并且帮助技术落后方提高其生产技术和管理技术水平。其缺点在于:为了避免培养竞争对手,技术先进方一般不愿意提供产品的开发技术,甚至会限制技术落后方进行产品技术的研究开发。

在合资企业中,合作双方尤其是技术落后方可以在面对面的接触中学习对方的知识,通过程序化学习吸收程序和规程等显性知识,通过组织间学习吸收技术诀窍等隐性知识。但由于合资企业这种形式的限制,以及我国企业自身能力与合作伙伴相比往往比较落后,因此以程序化学习为主。

合资生产使企业的创新能力得到了迅速提高,但这种提高主要体现在生产技术上,从根本上说,对产品的开发技术并无根本影响。虽然外方愿意提供最先进的产品技术以使合资企业的产品与外方企业同步,但这是跨国公司的战略,他们利用合资企业的产品占领市场,并不希望提高落后方的技术创新能力。

2. 合作 R&D

合作 R&D 是一群企业之间分担 R&D 项目的成本和共享其成果的协定,其形式包括 R&D 合同、R&D 协会、研究性合资企业等。一些研究者认为合作 R&D 是一种企业通过向其他合作者学习技能和能力来克服其资源限制的工具。企业技术资源的有限性决定了不可能将研究与开发工作全部内部化,必须通过战略合作,获取企业所需要的互补性知识和资源。

合作 R&D 的方式在技术迅速发展和开发规模日益庞大的情况下被采用得愈益普遍。其优点在于:可以分担庞大的研究与发展费用,可以共享新技术,也为互相学习提高能力创造了条件。随着科技的发展和竞争的日益剧烈以及重大创新所需研究与发展投入的剧增,这种方式不仅在非竞争对手间被采用,即使是竞争对手之间也在不同程度上采用这种合作方式。

与内部 R&D 不同,合作 R&D 是一个组织间学习、能力学习与知识创造交替进行、互相促进的过程。在此过程中,双方如果能力与知识互补并且组织结构与文化类似,组织间学习会取得很好的效果,不仅有利于 R&D 项目的成功,也有助于双方提高各自的创新能力。与内部 R&D 类似,能力学习(R&D 中学)在合作 R&D 中也发挥重要作用,能够获得许多隐性的技术知识。因此,合作 R&D 是一个复杂的过程,不仅涉及组织内部的知识学习,也涉及组织间的知识学习。

3. 购买兼并

研究表明,收购兼并是目前世界上大企业通行的一种发展战略,具有迅速扩张规模、降低成本、多元化经营、降低风险、增强市场控制等优点,从技术角度来说,对增强企业的技术研发实力和应用效果也具有很好的作用。例如美国通用汽车公司兼并休斯公司,目的在于引进高级技术;日本索尼公司兼并美国哥伦比亚影片公司和哥伦比亚广播公司的唱片公司,主要目的也是为了获取这两家公司在摄像、有线电视系统、高清晰度电视及卫星广播方面的技术。

这种途径的困难在于:双方企业文化之间的冲突;管理人员的职位安排及

激励制度;对管理能力要求较高。购买兼并所获得的知识主要是附着在另一企业的人力资源、技术设备、信息系统和组织管理体系中的技术知识,是对被购并企业创新能力整体接纳吸收的复杂过程,相当于购并企业与被购并企业进行组织间学习,相互影响,促进双方各自的技术轨道合并与发展。

今天,企业进行购并的目的越来越趋向于获取目标企业的关键人才和完善的组织运作方式,由此能获得嵌入在人员、组织关系和组织行为中的隐性知识,这通过其他方式是无法或很难得到的。并且,一当购并后与企业组织融合,就可以较好地进行相互学习,这对企业改造和更新具有很大的促进作用。

在高技术产业,如信息和生物工程产业,面对技术的快速发展和不同技术、不同行业间的相互融合,传统的产业界限日渐模糊。为了跟上技术发展,获得技术优势,企业必须不断拓宽自己的技术领域和更新创新能力,特别对于大型企业,在根本型创新上无法与大量的高科技小公司相比。因此,当新技术即将进入产品开发时,通过购并一些小公司迅速进入新兴技术领域是大型企业的最佳选择。实际上,微软公司就是凭借这一招在多个软件领域建立了自己的优势地位。

而对于后进国家的生产型企业,虽然具有先进的生产设备和制造能力,并且也具有相当水平的产品和工艺的更新设计能力,但往往在核心技术上仍然依赖于国外企业。在这种情况下,通过购买发达国家的高科技小公司,迅速形成自己的技术创新能力,特别是将最新技术用于产品设计的能力,也是一条实现技术跨越的捷径。如日本的各家电集团,在 20 世纪 80 年代大量购买美国的高科技小公司,使它们能够迅速将最新技术变成商业产品。

(三)创新外包

外包是一种基于协作的策略,它把跨企业的业务运作联合在一起,以实现企业的共同发展。其中,外包创新是可能获取最大收获、也具有最大风险的外包行为,这使企业能够最大限度地利用外部资源进行创新,充分利用全世界最优的技术资源。许多领先的企业都希望在创新过程中把创新的风险和成本降低 60%~90%,而将创新的速度、创新的效益提高 10 倍甚至是百倍。外包创新就是实现这个目的的技术创新战略管理的一项重要环节。

试想,制药业的基因库中每天增加 1000 亿个数据,单独的企业不通过外包根本无法处理如此庞大的信息。著名的思科公司在外包创新方面已经花费了 122 亿美元,这是因为它发现依赖其自身的能力无法实现 100% 的增长速度。

外包创新来自四方面的动力(Quinn,2000):需求每 14~16 年就增长 1 倍,给创新带来了巨大的机遇;先进的软件、通信、市场反馈技术降低了相关的风险和成本,使小企业进入新市场的机会增多;互联网和其他信息技术使技术之间的交叉更为容易;对创新有效的激励措施,如降低税率、灵活的企业机制、贸易壁垒的不断降低促使企业家不断地开发和探索新的知识。

(四)创新网络

近年来创新网络的概念得到了广泛传播,创新网络的出现为企业内部开发提供了许多新的机会。对于创新网络,人们尚未形成统一的看法。一方面有人认为,创新网络是一种全新的组织结构,具有代替企业内部层级结构和企业外部市场的双重功效;另一方面有人认为,创新网络只不过是一种组织结构的过渡形式而已,处于组织内部层级结构与外部市场机制之间,网络的出现为企业建立了一条新的通向市场的通道。

创新网络可看做是创新能力提高中所有外部途径的总和,当然,这不是简单的加总,而是通过网络结构使所有外部途径能够有效地整合起来。因此,网络是所有成员之间关系的完整集,而这些关系的紧密或松散使之呈现出一定的结构,由此表现出一定的行为,导致每个成员企业在能力提高的外部途径上具有很大的差别。

第二节　浙商创新能力提高途径的案例分析

前一节探讨了内外两种途径在创新能力提高中的作用,并总结了许多学者对两种途径适用条件的分析。但实际上,我们对浙江大量企业的创新能力发展过程的考察发现,每个企业都在使用内外两种途径,并且两种途径交替地成为主导方式。由此,促使我们通过典型案例分析,进一步探讨内外两种途径对创新能力积累的作用。

一、西湖电子创新能力提高的途径

本书第二章已经对西湖电子创新能力提高过程进行了详细分析,本章将其内外途径的变化情况总结在表 4-1 中。

表 4-1　西湖电子创新能力提高的内外部途径循环

	外部途径	内部途径	能　力
自主创新阶段	跟踪与研究数字技术、1998年参加数字产业联盟	还未开始	

续表

	外部途径	内部途径	能　力
创造性模仿阶段	1996 年引入德国 MICRO-NAS 公司的数码芯片,并在与之接触中学习数字彩电的核心技术	1996—1998 年,进行 IC 周边电路的设计和 IC 控制软件的设计,完成数字处理彩电的开发	创造性模仿能力
	1995 年与芯片供应商 SGS 等国外企业合作开发单片机主电路	1996 年开发出单片机芯,同年开发成功 NICAM 数字双伴音/立体声大屏幕彩电,开发 C5410A 内藏式卫星地面接收机,彩电产品系列化	
仿制阶段	1995 年引进大屏幕彩电生产线	1995—1997 年进行了大量工艺改进,1995 年通过 ISO9001 质量认证	仿制能力
	1993 年引进彩色显示器生产线	开展"工艺突破口"活动,1991 年开始进行"三项制度改革"和用工、分配制度改革;	
	1985 年引进彩电生产线	1987—1991 年,掌握生产技能、工艺改进和产品改进,建立质量保证系统,仿制了 5 条生产线,完成彩电从手控、半遥控向全遥控的转变,单制式向多制式的转变	

　　西湖电子的创新能力提高过程见第二章和第三章,表 4-1 和图 4-1 展示了它选择内外途径的情况和示意。在图 4-1 中,螺旋线的上部就是企业此时的主导途径,下部是辅助途径。图中实线代表内部途径,虚线代表外部途径。在图 4-1 的每个阶段中,创新能力积累都经历了内外途径的多次循环。如在仿制阶段,内外途径经历了三次循环;在创造性模仿阶段,经历了两次循环。实际上,在任何时期,企业都需要内外途径的作用,但其中一种途径会处于主导地位。

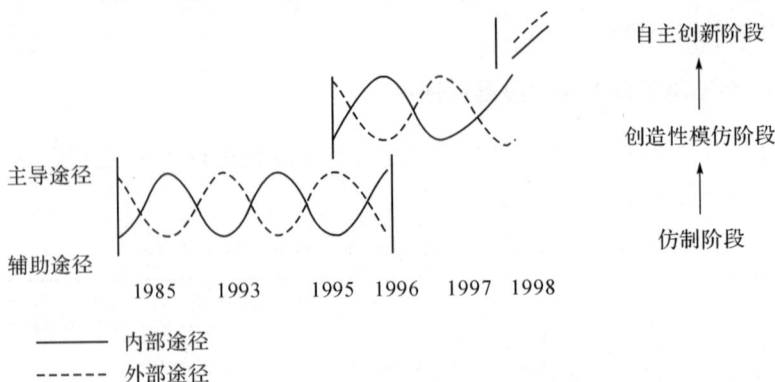

图 4-1　西湖电子创新能力提高中的内外途径

二、东方通信创新能力提高的途径

东信创新能力提高过程中内外途径的变化情况见表 4-2 和图 4-2。

表 4-2　东信创新能力提高的内外部途径

	外部途径	内部途径	形成能力
自主创新阶段	2003 年开始战略转移,根据国内用户需要寻找开发差异化产品的机会	寻找适当的技术—市场定位 进行电信增值业务系统的开发	
创造性模仿阶段	1998—2000 年在美国研究所开发手机,北京研究所开发移动基站	1998—2000 年,杭州研究所同时进行手机开发,并进行移动交换机等通信设备的开发	创造性模仿能力
	1996 年开始引入国内有经验的研发人员,通过与国外芯片供应商的合作获取产品设计知识	1995 年成立技术中心,开始独立开发先进的移动通信设备。通过对外国产品的分解反求、加强培训和知识交流,设计技能大幅度提高	
仿制阶段	1990 年和 1991 年分别引进移动电话和移动机站生产线	1992—1995 年,进行大量工艺改进,对手机生产线进行 5 次技改。生产体制改革,制造出高质量的手机	仿制能力

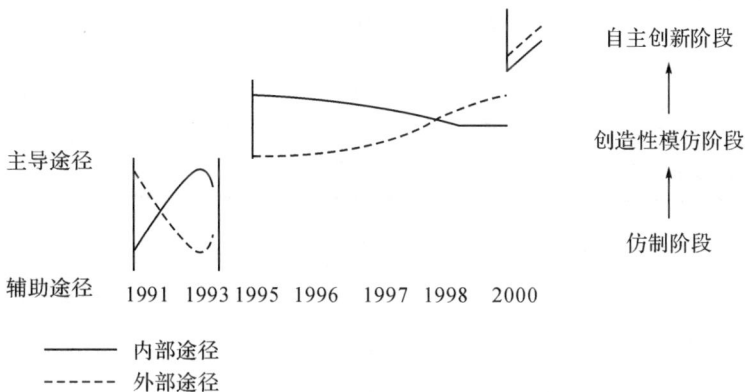

图 4-2　东信创新能力提高中的内外途径变化

三、杭氧创新能力提高的途径

杭氧的创新能力提高过程见第二章,表 4-3 和图 4-3 展示了它选择内外途径的情况和示意图。

表 4-3　杭氧创新能力提高的内外部途径

	外部途径	内部途径	形成能力
自主创新	跟踪 10 万吨级技术	自主研究储备最新技术	刚开始
创造性模仿阶段	1996—1998 年从国外购买低温工程物性数据库及流程模拟软件,同时与法液空、苏尔寿等公司合作进行基本的流程设计控制方案及计算掌握整体流程设计及控制技术	1997—1999 年通过技术监测和设备反求,杭氧开发全精馏(无氢)制氧技术。独立设计第六代产品,并与国外企业设计的方案进行比较,由此改进自己的设计	创造性模仿能力
创造性模仿阶段	1985 年开始与林德公司等国内外企业与学校合作设计增压式分子筛透平膨胀机等核心技术设备	1986—1989 年自行设计第五代空分设备	创造性模仿能力
仿制阶段	1981 年引进林德公司的常温分子筛净化技术和日立公司的离心式压缩技术	1981—1982 年开发了一批专用设备和配套关键技术,1982 年制造出第四代空分设备	仿制能力
仿制阶段	1978 年引进林德公司的第三代产品技术与设备,并进行合资生产	1978—1980 年通过干中学和培训,改进工艺、设计专用设备、建立作业标准	仿制能力
仿制阶段	1965 年对进口的日本空分设备进行剖析,并引进部分图纸	模仿并改进日本产品的部分构件,1969 年设计制造出 20 世纪 50 年代水平的第二代空分设备	仿制能力
仿制阶段	1954 年引进苏联的分馏塔图纸,并对其空分设备进行分解反求	自行制造了 200 多台非标设备,1958 年设计制造出 40 年代水平的第一代产品	仿制能力

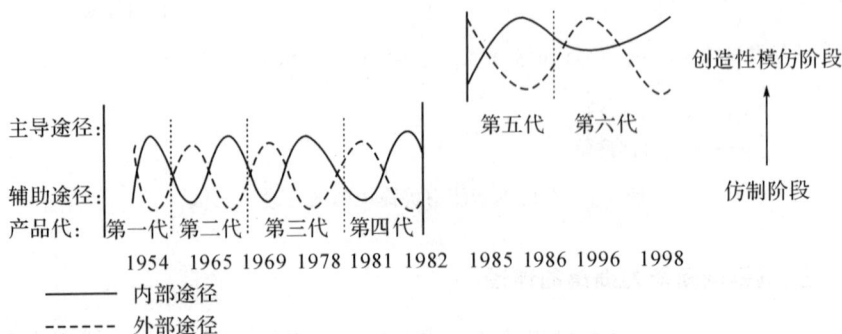

图 4-3　杭氧创新能力提高中的内外途径变化

四、聚光科技创新能力提高的途径

聚光科技创新能力提高过程中内外途径的变化情况见表 4-4。

表 4-4 聚光科技创新能力提高的内外部途径

	外部途径	内部途径	能 力
快速发展期（2005—）	2006 年并购北京摩威泰迪科技有限公司	2005 年建立 IPD 研发流程	技术与市场平衡的自主创新能力
	2007 年成功并购北京英贤仪器有限公司，全面介入食品安全、烟草、医药、酿酒等领域	2006 年形成营销体系	
初创期（2002—2005 年）	与客户交流，了解西门子等国外公司的相关产品，从国外引进专业的生产线	2002—2003 年开发激光气体分析仪器	开发能力与产业化能力
企业成立（2002 年）	了解相关行业的市场与技术状况	2002 年公司成立，在此之前的科学研究奠定了创业的基础	研究能力

从表 4-4 可知，聚光科技的创新能力提高过程开始于公司成立之前公司创始人长达几年的科学研究，因此开始于内部途径。虽然在公司成立与初创阶段，创新能力的提高以自主研发的内部途径为主，但对相关行业市场与技术的了解、与客户的交流这样的外部途径还是很重要的。同时，从国外引进的生产线形成了公司高水平的产业化能力，使公司开发的先进产品得以迅速推向市场。在 2005 年公司进入快速发展后，通过建立 IPD 研发流程和营销体系，内部途径再次成为公司创新能力提高的先导，而随后通过两次成功的收购使公司在市场控制、技术与产业领域扩展方面前进了一大步，形成了公司技术与市场平衡的自主创新能力。

五、案例分析小结

上面分析的四个企业中，除了聚光科技外，其他三个企业的内外途径变化都显示出如下特点：

• 在仿制阶段，三个企业都是以外部途径开始，都表现出明显的内外途径交替，虽然三个企业分别是一次交替（东信）、三次交替（西湖电子）和四次交替（杭氧）。

• 在创造性模仿阶段，西湖电子是从外部途径开始，表现出两次明显的内

外途径交替;而东信却是在 1995 年从内部途径开始,虽然也通过引进人才和向国外芯片供应商学习,但其主导途径是进行内部的研发,直到 1998 年后才在国外设立研发机构和与国外企业进行合作开发。这种逆向的途径交替的效果显然不佳,东信的内部研发直到 2000 年仍然很少开发出具有市场效益的产品。而它在 1998 年加强与国外企业的开发合作后,1999 年就开发出具有世界先进水平的手机。这从反面证明了外部途径的先导性。杭氧也是从外部途径开始,表现出两次途径交替。但在第二循环中,内外途径的交替不很明显,杭氧在 1997—1998 年间设计第六代产品时内外途径几乎同时进行。这是因为在 1985 年自行设计第五代产品以后,建立了比较强的研发能力,使其在 1997 年设计开发第六代产品时,除一些新技术需要外部帮助与合作开发外,大部分技术设备都能够自行设计。因此,内外部途径同时进行就不奇怪了。

• 三个企业的自主创新还未真正开始或刚开始,它们的努力在内外途径上几乎同时进行,这里还没有表现出明显的途径交替。

• 外部途径的先导作用。三个企业都能通过技术与设备引进,以及之后的干中学迅速提高仿制能力。但在仿制能力形成后,一些企业通过合作开发和分解反求,迅速转向创造性模仿能力的建立(如杭氧),而另一些企业(如西湖电子和东信)却没有及时进行战略转移,没有积极与外国企业进行合作创新和建立技术联盟,丧失了发展机会。因此,企业不仅要认识到仿制阶段外部途径的先导作用,也必须认识到创造性模仿阶段外部途径的重要作用,不能闭门搞创新,否则其结果只能是低水平的重复开发。

• 内部途径的决定性作用。本文分析的几个企业都能在技术引进后,迅速转向干中学,建立仿制能力。在创造性模仿阶段,一些企业(如杭氧)能够在外部研发合作的同时或随后就大量投入内部研发,使它们很快形成强大的研发能力,开发制造出与国际水平同步的产品。而东信在形成仿制能力后,虽然也成立了技术中心,但内部的研究开发一直是在低水平上进行(研究开发强度一直在 1% 左右),其原因一方面是对内部研发没有足够的重视(企业领导人将主要精力放在扩大生产规模、建设营销网络和分散投资风险),另一方面是企业在合作创新和知识外源上投入太少,使企业没有站在最先进的技术平台上。

• 创新能力的建设需要持续地努力。如杭氧从 20 世纪 50 年代到 80 年代,多次经历了从外部技术引进到独立设计的交替,才形成高水平的仿制能力。但杭氧虽然在 80 年代中后期通过合作开发、分解反求和内部开发第五代产品形成了一定的创造性模仿能力。但它却满足于已有的市场优势,将主要精力用于扩大生产规模和进行多元化,使它与国际先进企业已经缩小的创新能力差距又被拉大了,失去了技术跨越的机会。

聚光科技创新能力提高的途径与前面三个企业不同,它每个阶段能力提高的途径总是以内部途径开始,然后是通过外部途径促使内部积累形成能力的应用与扩展。

第三节　创新能力提高途径的动态分析

一、创新能力形成过程的两种模式

本书第二章阐述的企业创新能力的知识层次理论是我们认识内部和外部两种途径互补作用的理论基础。企业创新能力的形成总是循着两种过程演进:

第一是基于知识创造的过程,这是 Nonaka(1995)的知识循环过程所描述的情形。在此过程中,企业首先通过内部 R&D 探索新的技术领域,由此创造的隐性知识成为创新能力提高和扩展的起点和基础。然后通过编码成为显性知识,并在组织中广泛传播,使这些知识成为可操作和应用的能力。最后,这些知识与外部的相关知识相互融合,使企业通过这些知识与其他企业和组织形成新的技术联盟,增强自己在创新网络中的地位。总之,知识通过从内部运动到外部融合的演进,使企业的创新能力得以形成或者提高。其形成过程如图 4-4 所示。

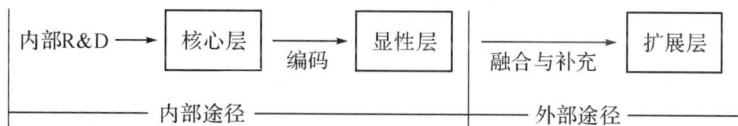

图 4-4　基于知识创造的创新能力形成过程

第二是基于知识吸收的过程。这时新知识开始于能力的显性层次:引进与获取外部知识。这可以是直接引进完全的显性知识(表现为文字、公式、图表、程序,或嵌入到设备、工具和产品中的知识),也可以是通过合作吸收相对显性化的知识(或者称为半显性,表现为人员和组织的行为方式和规范);然后企业以获得的显性知识为基础,通过内部努力(干中学、反求分解、研发中学习)挖掘其后面的隐性知识(操作诀窍、研发技能、对技术—市场发展的理解等知识),由此获取并形成创新能力的核心知识;最后,企业以自己的内部能力为基础,扩大与外部的知识连接,形成更广泛的创新网络。总之,知识总是源于外部途径,然后经过内部途径形成能力核心,最后再通过外部途径建立知识连接。其形成过程见图 4-5。

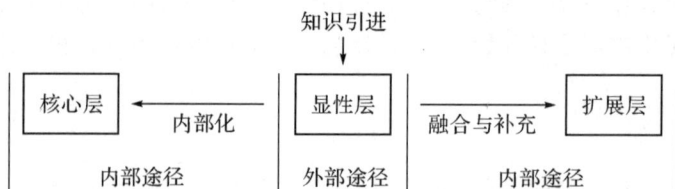

图 4-5 基于知识吸收的创新能力形成过程

对于浙商来说,除了少数企业外(如聚光科技与中控集团),大多数企业创新能力的形成都主要是基于知识吸收的过程。仿制能力从引进显性层的设备、技术图纸和生产组织,到获得核心层的操作与仿制技能;创造性模仿能力从合作与反求中学习研发技能与组织规范,到通过内部研发系统地掌握研发技能,形成研发组织运行的常规。本书第二章论述了创新能力从仿制能力到创造性模仿能力再到自主创新能力的演化轨迹。而第三章和本章前面论证了每一类创新能力都经历了从显性层到扩展层和核心层,以及它们相互融合与支持的过程。将总体创新能力的演化轨迹与每一能力的形成过程结合起来,就形成了创新能力演化的螺旋式上升过程,见图 4-6。

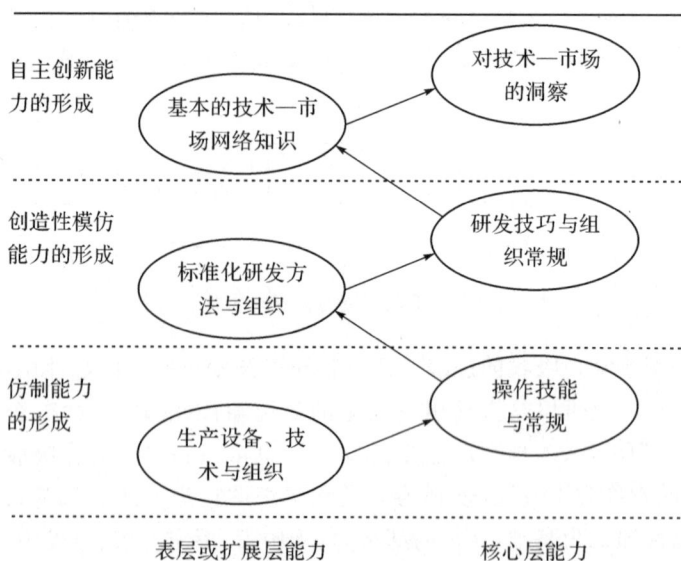

图 4-6 创新能力演化的螺旋式上升过程

二、创新能力提高中内部与外部途径的互补作用

不管是基于知识创造还是基于知识吸收,企业创新能力的形成都必须经过

内部和外部两个途径。内部途径是企业获得隐性知识,以建立能力核心层的必经之路;而外部途径是企业通过知识引进进入新技术轨道的捷径,也是建立能力扩展层的唯一方法。

不仅如此,内部和外部途径还是相互补充和相互促进的。实际上,企业内外两方面能力的提高是相互依赖、相互促进的。

一方面,内部创新能力的提高使企业能够吸引更多的外部组织,建立更多联盟和更广的网络。内部途径所形成的能力核心是企业吸收外部知识(吸收能力)和扩展知识网络的基础,具有较强能力的企业参加技术联盟的机会更多,因为他们的能力能够吸引潜在的联盟伙伴,以使它们在一个领域的优势能与伙伴在另一个领域的优势互补。

另一方面,外部能力的提高使企业有机会吸收更多的技术—市场知识,加速内部能力的积累。因此,企业总是在内外两方面,即高水平的核心能力与广泛有效的创新网络,同时积累。

实际上,任何企业在创新能力提高的同时都在进行知识吸收和知识创造,即同时行进在上述两条演进过程中。但是,大量的实例表明,企业在其发展中的一个阶段主要是通过某一种途径提高创新能力的,即每个阶段有一个主导的演进途径。本书前两章的实证研究显示,多数浙商在仿制和创造性模仿阶段是以知识吸收为主;而在自主创新阶段一般是两种过程的结合。如聚光科技强调自主知识创造,而杭氧和西湖电子强调在广泛吸收外部知识的基础上开展自主知识创造。对落后企业,特别是发展中国家的企业,从引进技术到与国外先进企业形成广泛的技术联系,其创新能力的提高往往是沿着图 4-5 所示的路径进行。

三、能力积累中内外途径交替的螺旋运动过程

在创新能力积累过程的三个阶段中,每个阶段的创新能力积累途径都经历了从外部技术源到内部途径的转换过程,这样就构成了技术知识外源与内部途径的三次循环(见图 4-7)。

(一)仿制阶段

企业通过技术引进,开始接触到先进的技术和组织管理,由此走上主流的技术发展轨道。然而,此时的企业并不能很好地使用引进的技术和管理,只有通过实践中的学习才能获得使技术发挥效力的技能,也才能建立起强大的仿制能力。因此,在引进技术后必须致力于通过内部的干中学和用中学进行消化吸收,即必须及时从能力提高的外部途径转到内部途径。

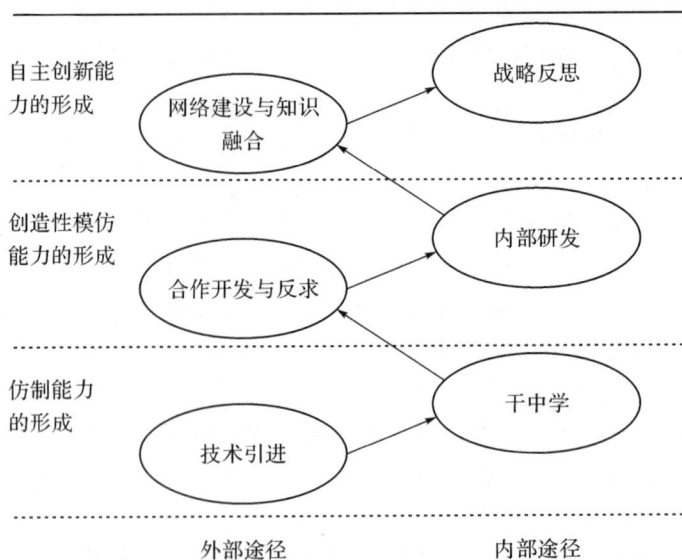

图 4-7　内外途径交替的双螺旋运动过程

(二)创造性模仿阶段

仿制阶段从引进到消化(干中学),形成仿制能力,为进一步的创造性模仿打下了基础。但是,对生产技术的吸收并不能直接导致创新能力的形成,因为这是两个不同层面的能力,对企业的知识性质有完全不同的要求,这在第二章已有比较充分的论述。因此,从仿制能力到创造性模仿能力,企业必须有一个知识的飞跃。如我国许多企业引进技术后,在短短几年中(一般是 3～5 年)就建立起强大的仿制能力。但此后创造性模仿能力的建立却耗费了许多年(8 年以上),至今仍只有少数企业取得成功。

依靠企业自身来完成这一飞跃是相当困难的,即使成功,也肯定会成本高或时间长。于是,内部途径不利于企业迅速建立创新能力,更无法在基于时间的竞争中取胜。因此,再一次从外部途径开始,仍然是企业成功的捷径。

当然,这个阶段的外部途径不是简单的技术引进。因为构成创新能力的知识无法像生产技术一样以专利、图纸等完全显性的形式出现,而是存在于研发人员的大脑中,在个人和组织行为以及组织关系中显示出来。这类知识的获取要求获取者和被获取者之间在研发中密切地接触,由此熟悉和了解研发知识的显示方式,以促进这些知识的转移。因此,这个阶段的外部途径处于一个较高的水平,是内外途径螺旋运动的又一次循环的起点。

同样,企业从外部获取的研发知识必须经过吸收过程才能为组织所掌握。这个阶段的吸收方式是内部 R&D,以此较高级的方式进行研发技能的消化吸收。

(三)自主创新能力阶段

自主创新虽然和创造性模仿一样都是创新,但两者之间有着本质的区别。自主创新阶段需要企业超越前面两个阶段的静态效率概念,建立动态效率的观念,从孤立地考虑自身到从全行业甚至全球来考虑自己的发展。这样的观念革命不是仅仅通过具体的研发中学就能完成的,而必须拓宽企业的视野,将自己放置在较宽的环境中,从知识网络中吸取最深刻的思想来发展企业的智慧。

同时,企业需要深刻分析和反思产业和技术发展趋势,深刻理解市场和用户的潜在需求,由此确定自己将来的技术—市场定位和产品—工艺技术开发战略。因此,企业必须将从外部途径获取的知识与自己思考创造的知识结合起来,在对外部知识营养的充分吸收后,再返回自身进行修炼、体会和洞察,形成自己独特的核心能力。

(四)内外途径交替螺旋运动的本质属性

内外途径交替的螺旋运动过程是在每一个创新能力平台内的内外途径交替和在总体上创新能力水平和所要求的内外途径不断提高这两个过程相互叠加的结果。螺旋运动过程主要表现在两个方面(如图4-7所示):

(1)每一个技术平台内的内外途径交替

第三章和本章前面的论述说明发展中国家企业的创新能力形成是基于知识吸收的过程(如图4-5所示)。在此过程中,创新能力的形成一般是开始于获取表层知识,然后再深入到能力核心层。这一过程决定了创新能力提高的途径往往首先以外部途径为主,然后过渡到内部途径。

(2)创新能力提高途径的循环上升

随着创新能力从仿制到创造性模仿,再到自主创新,虽然每个阶段的创新能力提高途径都从外部途径到内部途径,但每个阶段所要求的内外部途径的方式和水平都不同(见图4-7),企业在较高阶段使用内外部途径对企业已具备的能力有较高的要求,而企业在每个阶段所形成的创新能力为它在以后阶段有效使用内外部途径建立了基础。如具备一定的仿制能力是企业实施合作开发、分解反求和研究发展中学的基础和必要条件,具备相当强的创造性模仿能力是企业建立广泛的创新网络与战略联盟、洞察技术—市场发展和进行自主开发的基础与必要条件。因此,创新能力提高途径在总体方向上表现出循环上升的趋势。

(五)内外途径交替螺旋运动过程的必然性

在创新能力提高过程中,产生内外途径交替的螺旋运动具有其内在的必然

性,主要体现在:

(1)内外途径的互补性

企业总是在内外两方面同时积累:高水平的核心能力与广泛有效的创新网络。

(2)内外途径作用的先后过程

虽然创新能力的提高需要内外途径的互补作用,但它们作用的强度在一段时期内有很大的强弱之分,往往首先以外部途径为主,然后再以内部途径消化从外部获取的知识(特别在仿制和创造性模仿阶段)。

(3)创新能力演化的螺旋式上升

将总体创新能力的演化轨迹与每一能力的形成过程结合起来,就形成了创新能力演化的螺旋式上升过程。

(4)创新能力演化过程中的连续性积累和间断性跃迁

创新能力从仿制到创造性模仿再到自主创新是个间断性跃迁的过程,但这一跃迁的实现也是逐步积累的过程。较低阶段的创新能力是企业建设较高阶段能力时的吸收能力基础。企业有了这样的吸收能力,才可能充分利用外部途径吸收外部知识,形成内在的核心层能力。

(5)内外途径的交替性

创新能力演化的螺旋式上升和内外途径作用的先后,决定了在总体创新能力演化过程中,内外途径表现为交替的螺旋运动过程。因此,同一阶段中的途径交替作用和不同阶段之间螺旋式上升融汇成螺旋运动的必然性。

(六)有效管理途径交替螺旋运动过程的要点

根据上面对内外途径交替循环的分析,企业对创新能力提高过程的管理需要从下面几点出发:

(1)企业必须对创新能力的螺旋上升有一个清晰的认识。在较低阶段的能力建立起来后,就应迅速从较低阶段的创新能力目标转移到较高阶段的能力目标。

(2)企业应积极利用每一能力积累阶段中内外途径的交替作用。一方面重视外部途径的先导作用,在自身能力较弱的情况下坚持通过外源获取知识,使自己站在世界先进企业的肩膀上。另一方面,企业必须充分认识内部途径对于创新能力形成的决定性作用,在获得了足够的外部知识后,就应该大规模投入知识的消化吸收和内部 R&D,及时将工作重点转移到内部的干中学和 R&D,以及对相关技术—市场发展的思考。

(3)上面所述的途径交替螺旋运动过程是对企业现实发展的简化和概括。虽然它描述了创新能力演化的本质特性,但不可避免过于简单和刻板。因此,企业必须针对行业和自身的特点,进行具体问题具体分析,制定正确的途径使用策略。如杭氧形成仿制能力和创造性模仿能力的过程表明,每个阶段往往会经历多次内外途径的交替,该项能力才得以形成。同样,内外途径的交替循环也是一般性的、概括性的结论,有时在时间上并不表现明显的交替,而可能同时或几乎同时使用内外两条途径。

第四节　创新网络与浙商创新能力提高的外部途径

从本章第二节所分析的几个案例可知,虽然每个企业在创新能力提高的过程中,都或多或少经历了以外部途径为主的时期,但不同企业在不同阶段所使用的外部途径在性质和程度上有很大差别。本节致力于分析影响企业选择外部途径的主要因素,从浙商发展的经验和教训中总结出一些具有规律性的结论。

一、创新网络概述

20 世纪初,熊彼特首次提出了创新的概念,并将创新视为经济增长的内生因素,将创新置于其经济发展理论的中心。虽然他认识到大规模工业组织的内部 R&D 增长的重要意义,但没有考察企业内 R&D 部门和其他部门,以及企业与外部组织之间相互作用对创新的影响,而是将创新归因于企业家的本质特性。因此,他主要将创新作为企业家的"英雄行为",而用户仅仅是被动的创新接受者。

熊彼特所开拓的领域为后人留下了巨大的研究空间。从 20 世纪 60 年代起,经济学家开始对创新进行了系统的经验研究。到 70 年代,大部分研究集中在单个创新上,其目的是识别出创新成功和失败的特征。在此期间,最重要的进展是认识到创新中技术和商业不确定性的内在特征,由此识别出影响创新成功的主要因素有(Freeman,1991):

　　• 用户需要和网络。成功的创新者会尽力去理解现在和将来潜在用户的特定需要。

　　• 开发、生产和营销行为的协调。成功的创新者建立了良好的内部创新网络。

　　• 与外部科学与技术知识源的连接。

　　• 对创新项目投入高质量的 R&D 资源。

　　• 创新领导者的高地位和宽泛的经验。成功的创新必须有企业高层领导

浙商研究

的参与和承诺,这对内外部网络协调是非常重要的。

• 基础研究。内部基础研究的重要性主要是因为它提供了与外部科学知识网络连接的可能性。

总之,这些研究都肯定了与用户和技术源的外部合作对于企业的重要性。20 世纪 80 年代前,创新网络主要是组织间非正式的联系,正式的技术合作和联盟仅限于少数行业。从 80 年代开始,正式的技术合作大量涌现,成为最近 20 年来最重要的趋势。

近年来创新网络的概念已经得到了广泛传播,创新网络的出现为企业内部开发提供了许多新的机会。对于创新网络,人们尚未形成统一的看法。一方面,有人认为创新网络是一种全新的组织结构,具有代替企业内部层级结构和企业外部市场的双重功效;另一方面,有人认为创新网络只不过是一种组织结构的过渡形式而已,处于组织内部层级结构与外部市场机制之间,网络的出现为企业建立了一条新的通向市场的通道。

一个网络中包括许多结点,具体说来,这些结点分别为企业、大学、政府、顾客和其他参与者,在这些结点之间存在着单向或多向的联系。一个企业在网络中所处的结点位置对企业的发展具有关键影响,同时该位置也反映了该企业在市场中的影响力。在实际运作中,该种影响力以技术、技术诀窍、信任度、经济实力及合法性等具体因素表现出来。网络有可能是松散型的,也有可能是紧密型的,具体采用何种形式取决于各企业之间互动联系的频度、质量及类型。

企业不仅是个法律上自负盈亏的单位,也是在企业自有知识和公共知识之间的界限。企业的这些独特知识(特别是其中的隐性知识),形成企业的核心能力和组织常规,是竞争优势的最终来源。这一"原子式"的观点假定企业是独自行动的,它的竞争能力完全取决于其内在的资源和组织常规。

但近年来人们开始以"嵌入"的观点来理解企业的竞争能力。嵌入的观点强调企业的社会、经济和专业网络对企业生存和竞争的作用,这些网络支持企业间经常和重复的知识共享和合作创新。这使企业作为自有知识和公共知识的界限变得模糊,企业间的联盟与网络常常促使知识穿过企业边界,成为网络内的"准公共物品"。外部知识对企业的价值是多方面的,其中最为人称道的是通过与供应商的知识交流加快产品开发速度,而最近的研究更是表明适当的外包创新可使产品开发成本和时间大大减少。

从嵌入的观点来看,企业的行为和效益在一定程度上决定于它与其他企业和社会组织间关系的模式。每个企业都处于不同的网络或在同一网络中的不同位置,这使它接触到不同的社会经济组织,因此有不同的机会和约束。特别是不同企业在通过网络来发现和利用新出现的机会时,具有不同的潜力。因此,我们必须理解企业的不同网络模式怎样影响其竞争能力。

另一方面,这些联盟或网络的作用不仅在于为企业提供了新知识和补充能力,而且在于它们对企业间关系的协调,由此大大增强了企业自身的能力。因此,企业的竞争能力不仅来源于自己的知识和其网络中的知识,而且来源于企业间的协作规则,这些规则支持企业间的合作和行动集成。

(一)网络存在的理性

前面讲到网络的许多作用,但为什么企业选择网络,而不选择市场交易或内部等级制呢? 实际上,促使企业进入网络的因素很多,其中主要有(Debresson,1991):

- 技术和市场的不确定性;
- 技术的系统性。新技术和新产品要求多种技术的相互补充和相互融合,这是任何单个企业无法做到的。
- 网络合作是一个正和博弈,即存在网络租。

创新是资源的重新组合,但企业并不具有事先计划和评价各种组合的能力,因为这些资源组合机会的可能性和价值是随着技术发展和市场发育逐渐出现的。同时,许多新的重新组合机会来源于企业与用户、企业与其他组织的交互作用,因此,建立广泛的网络可作为一个寻找和评价不同组合方式的程序。这是仅注重内部运作的企业无法做到的,因为它比较窄的重组空间和组织计划的一致性对创新形成了很大的限制,所以组织的自我封闭必定走向死亡。

最有价值的机会更多来自组织间隐性知识的交流,而这类知识的转移和共享无法通过市场交易完成,因为隐性知识嵌入在组织中,并具有交易的非排他性。这一方面使可转移的知识量大大减少,无法充分发挥知识(特别是隐性知识)的效力和交互作用;另一方面市场交易中的机会主义行为和免费搭乘现象使企业的创新和组织间的技术交易量远低于最优水平,阻碍了创新能力的提高。

(二)界于企业与市场之间的网络

经济网络是企业和各种组织机构之间关系的集合,包括纵向(买方—供应商)和横向(技术、技能和其他的资源共享)关系。在此定义下,理想市场是网络的一个极端,虽然大多数市场都包含一些企业和机构的网络,它们比纯粹市场中的企业有更多的联系。

网络结构意味着一些协调规则,它们一方面增强成员企业的个体能力,另一方面本身也是一种能力,这种能力为网络中企业所共同拥有。前者是通过网络对外部技术和市场信息的接近(Gulati,1998),以评价创新机会。后者是企业间关系中的协调规则本身导致的能力,这使企业发展合作以增加他们的利益。

这些规则可能是供应商如何配送的协定,如及时制(just in time)或大批量生产。或者是更复杂的规则以治理合作创新过程,使成果能够共享。

企业在专业知识的积累上有极大的优势。斯密早在几百年前就认识到,企业由于专业化分工,通过不断重复的干中学,使生产效率提高,即通过劳动分工的专业化是获取能力与知识的驱动力。

企业为了协调分工发展出一整套组织常规和文化,降低了交流和协调成本。但同时这些常规也规定了企业发展的方向,而限制了另一些可能的方向,因此使超越既定轨道的创新难以发生。反之,市场能引发创新和对新能力的选择。在哈耶克看来,市场是一个合作秩序扩展的过程。在分工与合作过程中,市场不断寻找适合扩大着的生产的技术特征和发展着的人的人性特征的成本较低的分工合作的规则(Coleman,1990)。在纯粹市场中,企业间的联系只有通过价格来形成。这种连接方式信息量小,无法作为知识传播的桥梁,因此也就不会形成对企业创新的限制,不会成为新知识的障碍。即我们可以说,市场是诱导和接受创新的最佳经济协调机制。但市场的这一优势的另一面也就是它的劣势,企业间过少的关系使它们缺乏信任、难以合作,引起较高的交易成本。

网络作为界于市场和企业之间的协调规则,既有企业的专业化优势,又能够保持足够的开放性,以接受创新。这是网络能力的两个互补的优势。

(三)网络中的知识共享

企业特有知识的转移和新思想的创造与传播是网络的一大优势,也是网络协调与市场协调的主要区别。网络通过紧密的产业共同体形成高度的信任,以促进企业间的知识共享。

最能体现知识共享的网络是区域群落。区域群落中一般包含一些子群,每一子群之中的企业形成紧密的联系,而子群之间的连接相对较少。不同子群与外界保持不同的联系,这使它们接近新知识和创新机会的能力大为不同。区域中的基础设施和社会组织对知识共享有很大的影响,这些中介机构为区域中的企业提供许多支持和服务,其中包括技术辅助中心、大学研究计划、培训中心和地区研究所。总之,区域组织作为网络中介机构,为企业提供多种多样的服务,其中最重要的是作为知识和信息库,为企业减少信息寻找成本。

(四)网络与创新

前面我们论述了密集连接网络的优势,但网络内组织间的密集连接往往造成过多的连接,由此提供过多的信息而浪费资源。相反,在稀疏网络中,横跨许多结构洞(处于未连接的网络成员之间)的企业具有信息效率和对网络的控制力。这个企业对所需要的信息而言很少有多余的连接。同时,处于结构洞中的企业往往是其他企业的信息中介,能够控制信息的流动。因此,网络中许多企业将依靠它来接收和发送信息和资源。

桥连接（Mcevily and Zaheer，1999）是一个企业与其他经济、专业和社会团体之间的唯一连接。除此以外，它们之间没有其他连接方式，即桥连接横跨一个结构洞。在区域群落中，拥有桥连接的企业是子群落之间的中介，能够控制子群落间的信息交流。而与另一些群落形成桥连接的企业能获取较多的信息和创新机会，成为区域中的信息先导和创新机会源。桥连接表现在三个方面：相互作用的非剩余和稀疏性，以及地区分散性，其中地区分散性对区域群落特别关键。

但是，相互作用的低频度本身并不能保证发现新机会，除非一个企业的连接伙伴没有相互关联，并且这些伙伴分散在不同地区和行业。因此，关键的并不是连接的强弱，而是一个企业的伙伴间结构洞的存在（Burt，1992），即没有多余的信息存在。这样，一个企业能够在有限的资源约束下，建立广泛的连接，横跨多个结构洞，使之接触广泛的知识和信息源，获取更多的创新机会。

企业的咨询网络可能是最重要的知识渠道，通过它，企业（特别是小企业）获得学习新技术、新的管理方式和其他增强竞争能力的机会。咨询网络中的地区分散性使这些咨询人员无法经常面对面地交流，因此他们的信息和知识不会趋同，从而不会提供多余的相似信息，这样使企业能够获得各种不同的咨询信息和机会建议。当企业的所有咨询人员相互陌生时，其咨询网络将是高度非冗余的。在这种情况下，所有咨询员都在不同的经济、专业和社会团体中工作，了解不同的创新机会。

企业能够通过网络来提高利用信息与知识的能力（吸收能力），而吸收能力是企业更新竞争能力的关键来源。这在以社会机构为中介的区域网络中最为明显。在区域群落中，地区基础设施的重要特征是众多的地区组织为企业提供公共服务。企业之所以能通过与地区组织的连接获取竞争能力是基于地区组织特殊的网络中介作用。作为中介，地区组织通过吸收、整理知识，以及减少搜寻成本帮助企业获得竞争能力。

除了为企业提供特殊的支持服务（培训、市场研究和应用研究开发）外，地区组织也作为外部知识与创新机会的仓库。因为地区组织与区域内许多企业建立广泛的关系，所以对区域内企业面临的典型问题，能够提出比较好的解决问题的方案。由于它们具有观察企业解决相似问题的众多经验，因此吸收和储存了有关企业竞争能力和组织运作常规的知识供其他企业使用。

地区组织也通过帮助企业进行外部知识源和特定的关键技能的定位，减少获取竞争能力的搜寻成本，这是因为这些中介组织与社会系统的各方面都保持了紧密的联系。这样，区域中的企业就可以减少过多的社会关系负担，把时间和精力放在正常经营上。因此,企业不必与网络中和网络外的组织保持太多的联系,而只需与几个特定的中介保持关系,就能够获取充足的知识和信息。事实上,中介组织将有着不同兴趣、拥有不同信息和知识的个体连接起来,从而在社会鸿沟之间架起了桥梁。

(五)网络与竞争优势

那么,一个企业应当怎样通过知识网络获取竞争优势?我们需要考虑企业在什么条件下,会使用哪一种网络形式。影响企业选择的一个条件是它的战略:是利用现有的技术与信息,还是探索新的创新机会。利用现有机会的本质是改进和扩充现有的能力、技术和范式,而探索的本质是试验新的具有很大不确定性的机会。利用战略主要是通过提高运作效率来获得短期回报,而探索战略则是通过寻找和试验正出现的创新机会来保证将来的收益。企业在任何时候都需要同时实施两种战略,但需权衡两个战略的重要性,以决定以哪个为主。对利用和探索的资源分配比例决定于环境条件,如在不稳定的环境中,技术和市场的发展方向有很大的不确定性,企业必须分配更多的资源来探索新的机会。

利用和探索对信息的不同要求决定了企业适当的网络类型。对探索战略,关键是获得新信息以评价不同的选择,所需要的信息领域相对较宽,但不必很深,因为重点是确定可行的机会而不是进行技术或市场开发。而在利用战略中,强调渐进创新,关键是获取特定知识以加深对特定领域的理解。利用战略的解空间(解的可能范围)是很好定义和相对窄的,要求对特定知识有深入的掌握,而不仅仅是一般的了解。如丰田的供应商参与多种多样的产业网络,学习产业和环境的新知识,以免错过新的发展方向,其中七个供应商组成的核心团体共享日常运作经验,一起探讨如何降低成本,促进隐性知识的创造和转移(Dyer and Nobeoka,2000)。因为探索战略需要新的、更一般的信息,无需在任何方向投资,所以为了获得较宽的信息源,企业可以忍受信息的模糊性。而当企业从探索阶段过渡到利用阶段,就需要深入的知识掌握和精确的信息。

在不确定的环境中,企业若要探索新的创新机会就不能形成封闭的强连接网络。这种网络限制了企业的选择空间,导致网络成员的共同盲点,而这些盲点对它们可能是灾难性的。当一种战略和组织规范在一个密集网络中扩散后,任何与之相违的行为,不管对网络成员有多大的价值,都会被拒绝采纳。因此,企业环境的不确定性越高,企业之间连接的密度就应该越低。

利用战略要求有特定创新方向的专有知识,这些知识更易于从密集的网络结构中获取。因为企业已经投资在特定的方向,所以不能忍受模糊的信息,而多重和多余的信息源能够使企业正确评价和深入把握所得信息,降低信息的模糊性,获得更精确的信息。因此,在相对稳定的环境中,企业应当与较多的战略伙伴建立密切的关系。

例如,日本企业界具有长期的组建正式企业集团的传统,从早期的家族式企业集团到近期的相对松散的企业集团。日本的企业集团可以大致分为两个类型,虽然这两个类型在某种程度上存在重叠。一种企业集团是竖直型的层级结构,集团将一批供应商和分销商按照层级结构组织起来,将这些企业与一个大型的工业制造厂商捆绑在一起。著名的丰田汽车集团就是该类型的集团。同时,这些大型制造厂商又是另一类型集团的成员,在该类型集团中包括大银行、保险公司、贸易公司以及各主要工业集团的代表。该种跨行业的大型集团为工业半成品开拓了一个广阔的内部市场。

二、创新能力提高过程中的外部途径

(一)仿制阶段的外部途径

生产能力中的知识主要是嵌入在设备、图纸和生产管理程序中的显性知识,相比之下,能力的隐性部分和扩展层都较小。而且,这部分隐性知识(主要是操作技巧)通过干中学比较容易获得。因此,这个阶段外部途径的主要任务是获取完全可编码的知识,而设备引进和合资生产是最快最直接的获取途径。同时,因为这个阶段获得的技术一般是成熟技术,发达国家的企业也正极力想淘汰或转移这些生产技术和设备。因此,我国许多企业都是通过技术引进,迅速建立起先进的生产能力。

这个过程也就是落后国家企业的生产系统被纳入全球生产系统的过程。首先,落后国家总是凭借自己的劳动力成本优势成为跨国公司的制造工厂,然后随着技术水平的提高,逐渐从低附加值产品生产进入到较高技术含量的产品生产。最近40年来东亚国家的经济发展就是这样一个典型的过程,这一过程被称为"飞鹅模型"。这个模型强调日本作为东亚经济和技术发展的推动力。日本首先发展起来,并获得了强大的技术基础,然后由于其国内工资和其他成本的上升,其将生产设施转移到四小龙和其他低成本国家和地区中。随后,由于四小龙内部工资、成本、技术水平的提高和货币升值,其又将技术设备转移到泰国、印尼、中国大陆等国家和地区。

显然,这一模型强调外部途径对于落后国家生产能力提高的关键作用。也就是说,进入国际生产网络是企业生产能力提高的必要条件。同时,因为在此阶段整个国家经济的发展处于供给不足时期,企业只需要针对市场价格信号做一些调整即可,所以它们的市场知识仅限于单纯的价格信息,与客户没有也不需要很多交流。因此,这个阶段企业的知识需要主要是技术,故它们的外部网络也主要是技术连接。

仿制能力积累的外部途径主要有三种方式:设备引进(交钥匙工厂或者关键设备)、技术许可证和外国直接投资(合资或独资)。其中,外国直接投资是使生产能力提高最快的方式,因为这不仅引进了全套生产设备,而且也引入了现代化的生产管理系统。设备引进虽然也能够快速提高生产水平,但企业对现代生产管理有一个摸索的过程,相对较慢。这个过程是一个自主的主动行动,虽然慢一点,但为以后的模仿和创新打下了基础。购买技术许可证需要企业已经具有相当的技术基础,只有这样才能有效地发挥其作用。

因此,这个时期企业的知识网络处于非常初等的水平,与外部知识源的连接无论从广度上和深度上都远远不够。一方面,企业与外部技术源的连接限制在较窄的范围内,基本上处在其价值链的中间段,即在生产活动上和生产知识上与外部公司建立联系,而在上游的研发活动和下游的销售与用户服务上连接较少。另一方面,由于仿制能力相关的知识大部分是显性知识,且多半可以伴随设备、图纸和专利在企业间转移,因此企业间的知识连接只需要较弱的方式即可,如引进设备和购买技术许可证。

(二)创造性模仿阶段的外部途径

创造性模仿能力的知识除了有一些标准的研发方法和组织程序外,大部分都是研发人员的隐性技能和组织常规。另外,企业也开始拥有网络知识,熟悉与其他企业和用户合作的方法。因此,在这个阶段,外部途径的任务与仿制能力阶段有了质的区别。企业为了尽快获取有关技术和用户需求的隐性知识,仅靠内部研发中学习是远远不够的,必须与技术先进企业和科研院所或者用户进行充分的合作。在此过程中,将内部研发与合作研发融合起来,使合作中学习与内部研发中学习相互促进。

这个阶段的外部途径主要有两类:第一类是为了获得技术知识,主要包括:参与国外先进企业的研发活动、与国外关键技术供应商密切接触、分解国外企业的设备和产品反求技术知识、引进国外富有经验的研发人才、与国内大学和科研院所合作开发、引入国内先进企业或大学科研院所的研发人才;第二类是为了获得市场与用户需求知识,包括:与用户建立密切关系、请销售人员或用户参与开发。

在第一类外部途径中,前四种以获得国外技术知识为目的,后两种是为了获取国内技术知识。应该说,从国外直接获取研发技能是我国企业迅速提高创新能力的最佳途径,众多电子企业的崛起就证明了这一点。如长虹派技术人员去日本东芝参与彩电机芯的开发,华为多次选派研发人员去印度参与软件开发。但这个途径并不是很容易走通,虽然彩电企业都比较容易地找到了国外的合作开发伙伴,但计算机和通信产业的技术竞争更加激烈,国内厂家在起步之初,很难获得与国外大公司合作开发的机会。因此,在长期科学研究的基础上,通过分解反求国外产品和向核心部件的国外供应商学习是我国通信产业和计算机产业建立创造性模仿能力的关键。如东方通信、华为、中兴、西湖电子等公司的成长就说明了这一点。

另一方面,对于技术变化相对缓和的产业以及技术、资金各方面都比较弱的中小企业,其主要的技术外源是国内的大学和科研院所。这是由于它们一般在技术发展较缓或者技术含量较低的产业或细分市场中竞争,其技术含量和技术复杂性都较低,因此国内大学和科研院所完全能够满足它们的技术需要。如在 20 世纪 80 年代的许多浙商就是如此。

国内企业最近几年纷纷在国外(主要在硅谷)设立研究所,利用硅谷高水平的科技人才和完善的技术信息网络开发国际上的最新产品,使自己能在最新一代产品技术上处于领先地位。如康佳在硅谷的研究所不到一年时间就开发出数字化的高清晰彩电,使自己在数字化竞争中领先一步。东方通信的硅谷研究所成立不到两年就开发出最新一代手机,使东信能够从手机定牌生产转向自主设计与生产,为以后东信品牌的树立奠定了基础。

但我们应该认识到,在国外设立研究所虽然能够一举形成高水平的研发机构,但其技术开发能力并不一定能够成为企业研发能力提高的引擎。因为国外研究所与企业的国内研发部门远隔万里,日常交往比较困难。再加上中国与外国在文化和语言上的差异,使隐性知识的转移更加困难。因此,企业在利用国外技术人才的同时,应该制定有效的措施将他们的隐性知识转移到国内,使之在企业内生根发芽。如东信在美国硅谷和杭州同时设立手机研究所,同时进行新一代手机开发,并且让杭州研究所的部分人员定期去硅谷参加开发活动,使知识能够不断地传递过来。

总之,这个时期企业的外部知识网络已经发展起来,与前一个阶段的主要区别是企业与外部知识源的连接在关系上更加密切、在时间上比较稳定和持久。这样具有相当深度和持久性的知识连接使企业能够通过行为模仿和面对面交流,尽快获取大量隐性的外部技术与市场知识。

(三)自主创新阶段的外部途径

当企业形成了较强的创造性模仿能力后,其内部研发能力从技术上和组织管理上已经达到相当高的水平,所缺的主要是获取与使用全球技术知识和资源并超越现有产品技术轨道的能力。如果说在前面两个阶段企业主要是利用外部知识来提升内部的知识与能力。那么在这个阶段企业开始转向利用自己内部的知识能力与外部建立广泛联系,形成多种多样的战略联盟,在几种关键的技术和资源上形成独特的优势,提高自己的国际声誉,树立国际品牌。

虽然在创造性模仿阶段,企业也建立一些技术合作关系,但这些只是在少数领域,针对特定的产品技术,而且主要以向国外先进企业学习为目的。到自主创新阶段,企业的合作与网络建立,已超越具体的目标,开始形成全方位的、系统的设想。其中一个重要标志是企业开始寻求与国外企业建立实质性的战略联盟,并与多个国外企业建立联合研究所,同时大量引进国外研发人才,并大量选派技术和管理人员去国外学习,使企业在技术上、组织上和管理上与国际大公司接轨。另一个标志是国内区域创新网络开始形成,这方面最初的重点是企业普遍重视产品用户服务和用户关系管理,然后通过整合供应链加强供应商的管理,同时与国内同行和科研院所建立产业联盟,特别是在新技术的研究开发方面,可以共担风险、共享技术。更重要的是建立新产品的技术标准,使我国企业能够摆脱国外企业长期对技术标准的垄断。

如在国内市场相继出现大量"数字化彩电"之后,家电行业的数字化潮流方兴未艾。为了适应这一重大的行业性技术变革,中国家电行业的 13 家企业于 1999 年成立了数字产业联盟,进行数字接收机顶盒的合作研究开发。数字产业联盟以推动我国家电行业数字化进程为目的,这种企业间合作形式有助于克服技术资源限制,降低创新风险,提高创新速度。

又如另一个高成长产业——移动通信。在第三代移动通信方兴未艾之时,国产手机的一个绝好机会已经出现,如何在新一代产品中占有一席之地是每个国内厂家都在思考的问题。自 2000 年 10 月国产手机企业首脑论坛在京召开筹备会议后,论坛主席团会议又于 2001 年 3 月在京召开,参加成员已达 40 多家。会议确定了论坛五大功能:发布信息、研讨政策、宣传品牌、共享成果、交流经验。

总之,自主创新时期企业已形成范围广泛和联系密切的外部网络。虽然创造性模仿时期企业也形成联系密切的战略联盟,但其联系范围一般还比较窄,限于少数几个同行企业、供应商或用户,而且其联盟目的也限定于某些方面的知识(一般是成熟或成长期的技术和市场)。自主创新时期的知识网络已延伸到大量的同行企业、供应商、客户、大学科研院所等方面,其目的也已超越特定的目的,而主要是围绕着企业的愿景和将来的竞争优势,形成一系列松散或紧密的相互补充的联系与合作。

(四)知识网络的演进

前面对企业创新能力提高过程中外部知识网络演进的简单描述,从两个维度上阐明了知识网络进化的过程:一个维度是网络广度,即网络中包含各种组织的数量和分布的多样性；另一个维度是网络密度，即网络中组织之间联系的紧密程度。

企业知识网络的演进经历了从小的广度和密度（仿制阶段），到中等水平的广度和密度（创造性模仿能力），最后到高的广度和密度（自主创新阶段），见图4-8和表4-5。

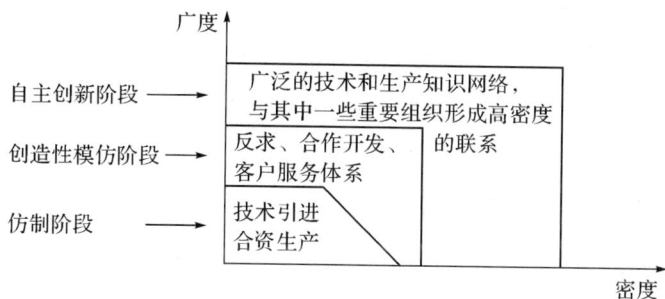

图 4-8　知识网络演进的两个维度

表 4-5　各能力阶段外部途径与知识网络的特征

能力阶段	所获的知识	外部途径方式	外部连接广度	外部连接密度
仿　制	主要是显性的技术知识（设备、图纸与生产管理程序）	设备引进、技术许可证、外企直接投资	连接窄，基本限于生产活动	较弱，主要是一次性市场交易
创造性模仿	与特定项目相关的知识：包括半显性的技术知识（体现研发技能和研发管理常规的行为方式）；关于市场需求的知识与信息	与其他企业的合作研发；引入研发人才；分解反求；与客户建立联系；请销售人员或客户参加研发	连接比较宽，包括生产制造、研发和市场等方面的外部连接	比较强，包括研发合作、人才流动等较为长期的联系
自主创新	不仅是单纯的技术与市场信息与知识，还包括对未来的洞察	全面而系统的创新网络，包括：与外国企业在多个领域建立实质性的战略联盟；形成国内创新网络	广泛的知识连接	与一些重点组织建立高密度的连接

第五节　浙商创新能力提高的外部途径：典型案例分析

本书第二章和第三章在研究浙商创新能力积累过程和学习机制时，已经对一些典型企业所使用的外部途径情况作了比较详细的介绍和分析。因此，这里我们不再全面叙述这些企业所使用的外部途径，只是重点分析这些企业在建立创造性模仿能力时外部途径的异同，由此获得规律性认识，并验证前面理论推导的正确性。

一、典型企业调查结果分析

根据我们的调研（包括访谈和二手资料分析）和问卷调查，聚光、万向、东信、东磁、西湖电子和吉利六个企业创新能力积累过程中的外部途径的特点、内容和重要性见表 4-6 和表 4-7。

表 4-6　企业创造性模仿能力提高的外部途径

外部途径 ＼ 企业	聚　光	杭　氧	东　信	东　磁	西湖电子	万　向
与国外企业合作研发		与法液空、苏尔寿合作			与 SGS 合作开发单片机主电路	
与国外关键技术供应商合作	引进生产设备	与林德公司合作	与芯片供应商合作	引进外国先进设备	引入德国 MICRONAS 公司的数码芯片	通过贴牌生产与国外厂商开展合作
分解国外企业的设备和产品反求技术知识	初期分解国外产品	通过设备反求，开发全精馏制氧技术	分解国外移动通信产品		通过反求进行 IC 周边电路和 IC 控制软件的设计	在消化吸收国外产品设计基础上再创新
引进和利用国外富有经验的研发人才	很多	有一些	在美国设立研究所开发手机	引进德国、法国专家开发新产品		成立万向美国公司，收购国外公司

外部途径＼企业	聚 光	杭 氧	东 信	东 磁	西湖电子	万 向
与国内大学、科研院所合作开发		与学校合作设计透平膨胀机	有一些	与十几所大学联系,与中科院物理所建立长期合作关系	有一些	通过产学研合作等方式实现链合互动创新。
引入国内先进企业或大学科研院所的研发人才	比较多	比较多	比较多	比较多	有一些	聘请较多国内大学科研院所技术人才
与用户建立密切关系以获取潜在需求信息	成立用户为中心的营销体系		市场调查	通过三项措施(销售人员带信息回家等)来认识市场		与用户联系密切
请销售人员或用户参与开发	销售人员参与产品设计	客户参与产品设计		有一些		

表 4-7　各种途径在创新能力积累中的重要性(5分最高,1分最低)

各种途径＼企业	聚 光	杭 氧	东 信	东 磁	西湖电子	万 向
1.内部研发	5	4	4	4	4	4
2.国内同行技术合作	2	1	2	1	4	1
3.与大学科研院所合作	1	4	3	3	3	4
4.与国外同行技术合作	3	5	2	2	5	5
5.国外技术引进	3	4	3	3	3	4
6.与国外供应商合作	3	3	3	2	5	2
7.分解反求国外技术	2	5	4	5	3	2
8.引进和利用国外富有经验的研发人才	4	3	3	5	3	4
9.建立广泛的用户服务系统	5	2	2	4	2	4
10.研发人员与用户建立密切关系以获取潜在需求信息	4	4	2	2	1	5

浙商研究

续表

各种途径 ＼ 企业	聚 光	杭 氧	东 信	东 磁	西湖电子	万 向
11. 请销售人员参与开发	3	1	1	2	1	2
12. 请产品用户参加产品开发	2	3	1	2	1	1

表 4-6 是我们根据调研和问卷调查总结出的各企业在创造性模仿能力阶段使用外部途径的情况。表 4-7 是我们问卷调查的结果,其中 5 分表明此途径非常重要,而 1 分最不重要。从表 4-7 可知,聚光的主要途径是内部研发,最重要的外部途径是建立用户服务体系;其他五个企业的主要途径是外部技术源,虽然它们的技术来源有很大差异,但都是来源于国外。不过从前面章节对此五个企业的详细分析可知,它们与国外企业或其他技术源合作的深度存在较大差异,如杭氧与东磁,多次与国外企业合作或者利用国外研发人员,并与自主开发结合,所以其技术能力迅速提高;万向通过与国外用户的深度合作与多次收购,掌握了许多核心技术与知识产权;而东信与西湖电子虽然也与国外企业有一些合作,但合作力度不够,或者合作没有持续进行,导致其技术能力的增长断断续续。另一方面,万向、杭氧与东磁都对市场需求与用户非常重视,努力实现技术开发与市场的良性互动;而东信与西湖电子对市场需求重视不够,导致技术开发无的放矢。

二、浙商创新能力提高的外部途径的问题

从调查结果来看,浙商创新能力提高过程中,在外部途径方面存在以下一些问题,限制和阻碍了创新能力的快速提高。

(一)与国内企业之间的技术合作较少

从上面几个典型案例中可以看出,与国内同行企业的合作普遍很少,真正具有实际意义的技术合作非常少。虽然每个企业都从国外企业获得了许多技术,但我国企业作为一个整体却没有充分利用这些技术。如果我国企业之间能够共享这些技术,那么每个企业都可以比较容易地获得成倍的新技术,其创新能力的提高就会大大加快。但遗憾的是,这一切都未出现。多数浙商都在孤军奋战,不断重复的技术引进和模仿开发浪费了企业大量宝贵的时间和资金。可喜的是,20 世纪 90 年代末以来,一些产业技术联盟相继出现,一些企业也开始认识到合作的战略意义。

(二)与大学科研院所合作较少

浙商与大学科研院所之间合作较少,特别是在通信等高技术行业。除万向

和东磁与国内大学科研院所有较多合作外,其他几个企业都较少利用国内科研资源,这暴露出我国的科研体制与经济发展之间存在很大的脱节。一方面,大学与科研院所的研究没有结合我国企业发展的需要,没有为企业发展准备超前的技术基础,使企业对最新技术发展的跟踪得不到支持;另一方面,20世纪90年代我国科研体制改革以来,许多科研机构过于注重短期经济效益,无法以基础和应用研究为企业提供帮助,为此,技术更新快的行业就只得依靠国外技术和自己的研发。

(三)重视硬件技术引进,轻视软件技术引进

日本在第二次世界大战后和韩国在20世纪70—80年代迅速发展,它们创新能力的提高都得益于大量获取国外的技术许可。如韩国学者在研究韩国企业培养创新能力的过程时,发现企业发展之初的技术来源中一个最主要方面就是外国技术许可证(Kim,1998)。韩国企业在经过了20世纪50和60年代以小规模的全套设备为主的技术引进后,从70年代开始转向资本与技术密集型产业。此间,韩国除了随同外资引进生产设备,重点通过许可证贸易大量引进了各产业的单项技术。到80年代,韩国已建立起以资本和技术密集型工业为核心的工业基础,同时也有了较强的技术使用与吸收能力。韩国企业根据自己的能力状况和发展的需要,主要通过与国外进行技术交流,邀请先进国家的一些工程技术人员提供技术与工程咨询服务,提供技术资料和购买许可证引进先进技术。

但在对典型浙商的调查分析中我们发现,浙商从外国获得的许可证相当少。实际上,国内学者对我国技术引进的专题研究中已经得出了类似的结论。如周传典和王治国(1998)比较了日本与中国企业的纯技术(许可证、技术咨询服务)引进情况:日本在20世纪70年代后,每年大约用10亿美元引进2000多项新技术,且其中主要是专利、图纸、设计方案这些软件技术,它们占整个引进的80%以上。而我国在1979—1990年期间,设备引进金额占到总引进的79.72%,其中成套设备高达70.68%,而技术许可仅占到9.84%(周传典、王治国,1998)。

当然,这样的比较可能不是很恰当,因为20世纪70年代的日本已经成为经济发达国家,而80年代甚至90年代的我国仍然处于发展初期。但如果将我国与稍早几年起步的韩国进行比较,会更有启发。韩国在经历了较短时间的设备引进后,很快就开始了以软件技术为主的许可证贸易和技术咨询与合作。而我国从70年代开始,直到90年代末都是以设备引进为主。如在1997年,设备引进占技术引进金额的70%~88%,软件技术的引进占技术引进金额的11%

～17％,其中技术许可所占比例为 6.49％①。这说明,到 90 年代末,我国仍没有把软件技术的引进放在重要的位置上。一般情况下,引进的硬件技术是成熟期的技术,或者是开始进入衰退期的技术。而引进的软件技术才可能是先进的技术,或者是研究后期、尚未商业化的技术。

因此,企业在仿制阶段,一般以引进硬件技术为主;到创造性模仿阶段,就应该以引进先进的软件技术为主;最后到自主创新阶段,就应该在引进先进的软件技术的同时,注重引进研究后期的新技术。许多浙商的创新能力长期未能形成的主要原因就是,没有及时地从仿制阶段的以引进设备为主转向以引进软件技术为主。

如果说在 1990 年之前,我国多数企业的技术引进还主要是通过引进成套设备,迅速提高生产制造能力。那么 20 世纪 90 年代以来,许多企业开始进行创造性模仿,技术引进方式也逐渐开始从全套设备转向软件技术。如在 1990年,以技术为主的引进项目合同成交额达到 56981 万美元,占到总引进合同成交额的约 35％(周传典、王治国,1998)。但为什么其中购买国外技术许可所占比例仍然较少呢? 经过对浙江典型企业的分析,我们认为有两个主要原因:一是多数企业刚刚开始建立创造性模仿能力,研发能力和研发系统都处于较低水平,还无法保证能够利用外国技术迅速开发出先进的产品,因此它们宁愿通过合作开发或聘请外国专家来提高技术开发能力;第二个原因是在某些高科技产业(如通信产业),技术发展迅速,外国公司不肯轻易出售技术,因此我国企业只能通过对外国产品的分解反求和聘请一些外国技术专家等方式进行创造性模仿。

(四)没有充分利用用户获取市场知识

虽然一些浙商建立了用户服务体系,但多数企业没有充分发挥用户在技术创新中的重要性,更谈不上让用户参与产品创新了。浙商在建立创造性模仿能力过程中,往往会选择一个方向发展自己的能力,即加强与外国公司的技术联系,首先建立跟随开发能力;或者加强与用户的联系,首先培育开发差异化产品的能力。当然,当企业在其中一个方向已经建立起比较强的能力后,便会转而加强另一个方面的创新能力,最后应该在两个方面形成均衡的创新能力。

典型案例研究表明浙江多数企业还处于培育创造性模仿能力的阶段。企业在此阶段,由于资源有限,只能致力于一个方面的能力建设。由于不同产业技术发展的要求或者不同企业战略逻辑的作用不同,使不同企业总会选择一个

---

① 中国科技发展研究报告(1999),经济管理出版社,1999 年。

重点发展方向。这也说明浙商的创造性模仿能力仍处于起步阶段,下一步的发展重点是跟随开发能力强的企业,注意加强与用户的联系。而开发差异化产品能力强的企业应该注意建立国际技术联系。但是,企业努力方向的转变会遇到一些障碍,这牵涉到企业战略观念的转变,往往是很困难的。如东信一直致力于建设跟随开发能力,但产品开发遇到较大的技术障碍,近几年才认识到建立用户关系的重要性。

显然,20 世纪 90 年代以来,处于高技术行业的浙商都致力于获取国外先进技术,还无暇顾及用户的需要,其竞争手段还属于技术主导型。但应该注意的是,今天浙江许多企业已经走到了技术的前沿,正在寻找和确定自己的市场优势。我们应当从哪里去寻找呢?第二次世界大战后,日本企业的全面起飞对我国的启示在于:不要在产品技术上与强大的美国企业硬拼,应该从自己的市场和用户需求出发,建立自己独特的设计思想和产品平台,而在技术上可以借用国外的先进技术。也许这就是浙商今天应该走的技术自主之路。但这需要我们更多地关注市场和用户,真正理解和体会他们的需要。

第六节　本章小结

本章首先从创新能力积累的机制与知识管理出发,研究内部途径和外源途径在创新能力演化中的互补作用。

然后通过对浙商典型企业创新能力提高过程中内外途径的变化状况的分析,提出两种途径对于能力形成的循环作用机制。每个阶段中创新能力积累途径都经历了从外部技术源到内部学习的转换过程,这样就构成了技术知识外源与内部技术学习的三次循环。内外途径交替的螺旋运动过程是在每一个创新能力平台内的内外途径交替和在总体上创新能力水平和所要求的内外途径不断提高这两个过程相互叠加的结果。螺旋运动过程主要表现在两个方面:

(1)每一个技术平台内的内外途径交替。创新能力形成一般是开始于获取表层知识,然后再深入到能力核心层。这一过程决定了创新能力提高的途径往往首先以外部途径为主,然后过渡到内部途径。

(2)创新能力提高途径的循环上升。虽然每个阶段的创新能力提高途径都从外部途径到内部途径,但每个阶段所要求的内外部途径的方式和水平都不同,企业在较高阶段使用内外部途径对企业已具备的能力有较高的要求,而企业在每个阶段所形成的创新能力为它在以后阶段有效使用内外部途径建立了基础。因此,创新能力提高途径在总体方向上表现出循环上升的趋势。

本章最后研究了浙商创新能力提高过程中各种外部途径的作用，通过对创新网络的理论分析和对浙商典型企业调研与问卷调查结果分析，发现浙商利用外部途径提高创新能力过程中存在的几个问题：与国内企业之间的技术合作较少，与大学科研院所之间合作较少，重视硬件技术引进、轻视软件技术引进，没有充分利用用户获取市场信息知识。

第五章　浙商自主创新能力形成的模式

发展中国家自主创新能力的形成没有既定的模式,每个国家和地区的企业都会从自身环境和资源能力约束出发,寻找适合自身的自主创新模式。本章基于浙商面临的环境,通过典型案例分析与比较,探索浙商形成自主创新能力的主导模式。

第一节　自主创新的基本模式

本节从分析发展中国家与地区开展自主创新的障碍入手,进而分析成功进行自主创新的日本、韩国、新加坡和我国台湾地区的企业如何克服这些障碍,由此归纳出自主创新模式的主要因素及基本的自主创新模式。最后简要分析中国企业的自主创新模式,归纳出其主要的特性。

一、发展中国家自主创新的障碍

从本质上讲,产业升级与自主创新是一个硬币的两面,产业升级必须借助自主创新才能完成。同时,自主创新本身并不是目的,而是促进产业升级、形成产业竞争优势的手段。因此,要理解发展中国家的自主创新必须深入研究产业升级的两个途径。产业升级的第一个途径是从传统制造业进入高技术产业,第二个途径是从产业价值链的低附加值位置进入高附加值位置。通过这两个途径的提升,使发展中国家逐渐从资源推动的发展(劳动密集型)转向投资推动的发展(资金密集型),然后再转向创新推动的发展(技术密集型)。

在发展中国家进入产业升级和自主创新的初期,不仅有后发优势,也会面临很大的后发劣势,特别是在获取新技术和接近国际市场这两个方面,总会遭遇到严重的发展瓶颈。在企业发展之初,由于它们与国际科技发展的长期隔离,没有能力辨认、吸收与掌握先进技术。同时,由于其自身市场不大,或者市场需求发展的滞后,特别是对高技术产品需求狭小,无法产生引导国内企业进行快速产业升级的市场激励(Hobday,2003)。

因此,自主创新的障碍主要体现为自主创新资源和自主创新激励的缺乏。对于发展中国家,除了缺乏技术能力外,支持自主创新的主要资源如资金、科研人员和市场知识等方面都极度缺乏。高技术产业是资金与技术都非常密集的产业,对技术能力、资金、科研人员和市场知识的需要都远远超过发展中国家所能提供的限度,成为发展高技术产业的一大障碍。

同时,发展中国家也缺乏对企业自主创新的激励。这是因为发展中国家开始进行自主创新时,它们的比较优势在于劳动密集型产业,在高技术产业和价值链上附加值高的位置上没有比较优势,无法形成国际竞争力(林毅夫等,1999)。而根据动态比较优势理论,发展中国家不能等到其资源禀赋接近发达国家,在高技术产业上有了比较优势后才开始进入高技术产业,而应该提前进入,培养相应技术能力,为以后全面发展高技术产业奠定基础。然而,此时的高技术产业对发展中国家的企业没有吸引力,其资源要求和风险都是一般企业无法承受的,企业不能预期获得正常的利润。因此,发展中国家的企业不愿也不能通过自主创新进入高技术产业或高附加值的价值链位置。

自主创新的资源约束和激励缺乏导致的后发劣势的确是发展中国家实现赶超的巨大障碍,世界上大多数发展中国家与发达国家差距的增大说明这一障碍难以克服。但近40年来,东亚的日本、韩国、我国台湾地区等国家和地区的成功赶超证明了这一障碍是能够克服的。那么,本书希望探讨目前这些成功的国家和地区采取了怎样的自主创新模式?这些不同的模式是怎样克服资源约束和激励缺乏这两大障碍的?

二、自主创新模式的国际比较

到目前为止,世界上的发展中国家中通过自主创新成功地在高技术产业形成国际竞争力的国家和地区主要有日本、韩国、新加坡和我国台湾地区。通过对国内外学者和我们的研究结果的比较与归纳,发现这些国家和地区的企业在创新模式上有很大差异,可以归结为四种基本的自主创新模式:技术赶超、价值链提升、本土市场拉动和FDI(国外直接投资)引导。

(一)技术赶超

沿着基本上固定的产业技术轨道,赶上或超越发达国家,这是韩国和日本企业的主导创新模式。如日本企业从20世纪60年代开始在汽车、消费电子、数控机床、计算机、半导体等产业领域进行技术赶超,韩国企业从20世纪80年代开始在消费电子、半导体、汽车、通信设备等产业领域进行技术赶超。技术赶超的基本特征是:选择特定新兴产业,集中资源,与发达国家正面竞争。

虽然 20 世纪 80 年代的创新焦点是对发达国家产品的模仿与改进,但韩国的部分领先企业已开始了对先进技术的研发活动。特别是进入 90 年代以来,三星、LG、现代等企业已经将其创新的焦点指向新技术的研发。虽然遭到金融危机的重创,但十几年在研发上的密集投资与努力,使三星等企业的创新在 21 世纪初结出了累累硕果。如今,三星在存储芯片、平板电视(如 LCD)、CDMA 等产品技术领域都显示出强大的技术能力,已经成为与美、日、欧跨国公司比肩的技术领先企业(Gill et al. ,2003)。显然,韩国创新模式的特点在于它没有拘泥于比较优势。虽然韩国确实充分地利用了其比较优势所带来的发展机会,但它却超越自己的发展阶段,积极地开展自主的研发活动,缩短自然的发展过程,建立基于新技术的竞争优势。因此,韩国是在总体上遵循由资源禀赋决定的比较优势发展战略,但在局部领域上却极力缩短发展过程,通过政府产业技术政策与银行的金融支持,实现技术赶超。

(二)价值链提升

沿着产业价值链逐步提升自己的位置,形成局部的技术优势,这是我国台湾地区企业的主导创新模式。即它们首先通过代工进入全球电子信息产品生产体系,然后沿着价值链逐步提升自己的位置,在一些关键零部件的设计与制造上形成局部技术优势。例如,我国台湾地区企业从低端的计算机配件制造到设计,再提升到笔记本电脑的制造和设计;从半导体芯片的封装、测试再提升到精密制造和设计。价值链提升模式的特征是:采取迂回与蚕食战略,融入全球价值链,逐步提升自身地位(Amsden and Chu,2003)。

20 世纪 70 年代,我国台湾地区企业进入了快速增长的初期,它们面临很大的后发劣势。在当时的条件下,由于它们与国际科技发展的长期隔离,没有能力辨认、吸收与掌握先进技术。同时,由于其自身市场不大,特别是对高技术产品需求狭小,无法满足企业进行快速产业升级的需要,于是进行代工生产就成为它们必然的选择(Hobday,2003)。许多研究者发现(Hobday, 1995;Amsden, 1989),我国台湾地区的电子信息产业发展经历了从 20 世纪 60 年代后期开始的 OEM,到 80 年代的 ODM,然后到 90 年代的 OBM 这三个阶段。

虽然我国台湾地区企业在初期主要是借助于跨国公司获取技术与市场知识,但在向 ODM 和 OBM 升级的过程中,它们都逐渐转向依靠自己或政府研究部门实现技术与产业升级。我国台湾地区政府支持下的工业技术研究院(ITRI)在企业技术进步与产业升级中起到了关键的作用。在我国台湾地区产业技术发展的不同阶段,企业的技术战略与科研院所的研发重点都随之变化。

浙商研究

同时,我国台湾地区继续坚持中小企业专业化的发展方向,不断通过国际分工深化产品价值链,强化自身在快速变化的个人计算机等产业中的灵活性与适应性。特别是在 1998 年亚洲金融危机之后,我国台湾地区企业表现出极强的竞争力。

(三)本土市场拉动

以本土用户需求的变化为契机,在原有的产品—技术发展轨道上分裂出新的产品—技术方向,这是日本企业的另一个主导创新模式。

以国内市场为依托的创新是日本企业创新模式给我们的最大启示。当然,技术上的追赶与赶超也是日本企业创新的一个主导模式。但是,日本企业的高明之处在于它们并不满足于技术进步,而更关心如何将这些先进技术用于满足日本市场独特的需求。从 20 世纪 50 年代索尼的晶体管收音机、60 年代丰田的 JIT 生产方式、70 年代本田小型高动力引擎和摩托车,到 80 年代佳能的小型复印机、索尼的随身听以及游戏机等,都是创造性地将当时的先进技术结合日本市场的独特需求的产物。正是有了这一系列基于国内需求的自主创新,颠覆了欧美企业的垄断地位(Christensen and Raynon,2003),日本企业才能脱颖而出,成为鼎足而立的世界三大经济体之一。

当然,日本企业做到这一点并不是一蹴而就的。日本本身有较大的人口基数,而且日本的市场经济体制自明治维新以来,到 20 世纪五六十年代已有了相当程度的发展,整个国家的城市化程度也已接近发达国家水平,因此,其国内市场的规模与纵深都是 70 和 80 年代的韩国与我国台湾地区无法相比的。有了这样一个具有相当规模与水平的国内市场,并在政府全力保护之下,日本企业才能够首先通过国内市场的激烈竞争,磨炼出极强的企业竞争力,然后再由胜者整合国内资源,走出日本去征服世界市场。正是这样一种首先依托国内市场发展与壮大自己的战略,导致了日本企业的基于国内市场需求的创新模式。

(四)FDI 引导

通过吸收跨国公司投资并促使其技术溢出来尽快提升本土企业的自主创新能力,这是以新加坡为代表的自主创新模式(Mathews and Cho,2000)。

在 20 世纪 60 年代,新加坡政府提出了出口导向型战略,并确定了通过吸收跨国公司投资来尽快提升自主创新能力,建立高技术产业的模式。由于新加坡在那个时期缺乏基本的技术基础,通过吸引跨国公司的投资与技术来开始其提升企业自主创新能力之旅,在当时看来是唯一可行的选择。同时,新加坡学会了充分利用跨国企业的技术,通过一系列的措施,使本土企业能够从这些跨国企业中获取技术。另一方面,它也为跨国企业提供稳定和安全的运作环境,从而实现了双赢。到 20 世纪 80 年代后期,新加坡本土企业已经掌握了工艺制造技术和基本的产品开发能力,但未能掌握一些关键产业(如半导体产业)的核心技术,于是新加坡政府通过政府投资建立国有企业进入半导体这样的战略性产业,并逐步培育出掌握国际先进技术的半导体制造企业。例如,新加坡科技集团(国有企业)成立了新加坡特许半导体公司(Chartered Semiconductor),通过与国外企业的技术转移协议实现了它进入半导体芯片制造的战略。通过从IBM和美国电话电报公司(AT&T)获得的技术许可证,通过与东芝合作获得的技术转移,新加坡特许半导体公司不断在技术升级上进行投资,最终成为东南亚第一大硅晶圆制造企业。

三、自主创新模式的特性

研究发现,不同的自主创新模式在创新定位和资源整合这两个方面表现出明显差异,四种自主创新模式及其创新定位和资源要求的特征如表 5-1 所示。

1. 创新定位

创新定位就是选择创新的产业或产品,或者选择创新的价值链位置。如实行技术赶超的韩国企业主要选择技术变化迅速而技术轨道稳定,能够预见未来变化方向的产业或产品,控制产品的品牌、研发、设计、制造直至销售的全价值链。韩国企业在技术轨道稳定的汽车、移动通信和存储器产业的创新很成功,而在技术轨道不稳定的 PC 及其零部件、笔记本电脑等产业不太成功。而实行价值链提升的我国台湾地区企业选择技术变化迅速且技术轨道不稳定、难以预见未来变化方向的产业或产品,并在价值链的个别位置上参与竞争。另外,日本企业选择具有产业多样性和地域独特性的产业,实现本土市场拉动式创新。

2. 创新资源整合方式

创新资源整合方式即选择整合资金、人员、技术、市场等相应创新资源的方式。不同的创新模式要求不同的资源整合方式。如日本与韩国以企业集团为核心整合创新资源,发挥规模与范围经济的优势;我国台湾地区通过中小企业和政府研究院所(主要是工研院)的密切网络整合创新资源,发挥网络经济的优势;实施本土市场拉动的日本企业将引进吸收的先进技术与国内独特的市场需求结合起来,整合技术与市场资源;而新加坡形成以跨国公司为核心、本土企业广泛参与的集群网络,发挥跨国公司的引导作用。

表 5-1　自主创新基本模式及其创新定位和资源要求的特征

特　征＼基本模式	技术赶超	价值链提升	本土市场拉动	FDI 引导
技术能力要求	高	中等	较高	低
客户需求知识	一般	一般	高	一般

续表

特　征　　基本模式	技术赶超	价值链提升	本土市场拉动	FDI 引导
创新定位	技术轨道相对固定，全价值链	技术轨道不确定局部价值链	产业多样性，独特市场需求	局部价值链
资源整合	对资源的集中整合	对资源的分散整合	技术与需求的整合	FDI 主导

上述四种创新模式为什么能够成为后进国家和地区实现自主创新的路径？这是因为四种模式能够使后进国家和地区克服资源和能力的不足，并能够有效地激励企业去努力实现自主创新。

首先，技术赶超模式对企业的资金与技术能力都有很高的要求，这对于后进国家的企业的确是非常难以克服的障碍。因此，技术赶超必然要求特殊的资源整合方式，即在政府支持下，通过特大企业集团集中整合资源，将大量的资源集中在重点突破的产业与技术领域，形成局部的资源优势。如韩国政府支持形成的企业集团通过自身的一体化组织来控制充足的技术知识和补充资产，形成高度的产业与技术协同（Hobday，2003）。韩国这些特大型的一体化企业组织是由政府亲自缔造和领导的，政府通过这些企业"国家队"的垄断地位来实现其发展战略，它们不仅是商业利润的追逐者，更是韩国国家意志和民族精神的体现。通过这些超级商业巨人，韩国的创新资源得以充分的集中与整合，以支持自主创新的实现。

当然，选择重点产业技术领域集中资源突破的方式存在很大风险。如果重点领域的方向选择错误，将使企业陷入崩溃的境地。因此，企业创新定位所选择产业的技术轨道必是相对固定的，于是预测产业技术的发展方向相对容易，在重点领域选择上发生错误的可能性就大大减小。

虽然技术赶超及其相应的创新定位和资源整合方式解决了资源短缺问题，但其自身却无法解决创新激励不足的问题。于是，实行技术赶超的日本和韩国都依靠政府为企业提供足够的创新激励。如韩国政府通过外向型的产业战略和创造性的危机制造向企业施加激励与压力（Kim，1997），加大企业技术学习与创新力度。

与技术赶超模式相比，价值链提升对企业资源和能力的要求相对较低。例如，我国台湾地区成功进行产业升级的最主要领域是电子信息产业，使产业升级成功实施的最重要的制度机制是 OEM 系统。在此过程中，跨国公司会向后进国家企业转移必要的技术，并以它们自己的品牌，通过其成熟的国际渠道销售产品。因此，后进国家巧妙地借用跨国公司的技术和销售渠道，克服其技术与市场障碍，跻身国际生产网络，进入全球价值链，由此开始其经济发展与产业升级的历程。当然,我国台湾地区的中小企业技术研发能力不强,靠它们自身不可能完成从制造到设计的升级。因此,我国台湾地区企业主要依靠政府研究所实现技术与产业升级,我国台湾地区政府支持下的工业技术研究所(ITRI)在企业技术进步中起到了关键的作用。价值链提升模式的另一个特征是以全球市场需求与价值链互动作为激励机制。因为我国台湾地区企业在全球电子信息产业价值链中占据了重要的位置,所以以价值链前端的技术突破(基本上产生在发达国家)和价值链后端的需求变化都会通过价值链上的信息传递引发我国台湾地区企业的创新动力。显然,我国台湾地区这样的创新机制与其独特的技术战略与创新模式是相互支持的。

本土市场拉动模式对资源和能力的要求界于前两个模式之间,它既不与跨国公司正面竞争与对抗,也不甘心屈从于跨国公司控制的价值链。因此,后进国家的企业经过努力以及政府的帮助,能够满足相应的资源与能力的要求。同时,本土市场拉动模式的最大特征是以国内独特市场需求作为创新的激励机制。因此,一个规模庞大和具有多层次纵深的国内市场是产生创新的前提。

四、中国自主创新的模式

(一)中国混合型的自主创新模式

在创新道路方面,中国企业的现状已经呈现出多样化的趋势。我们有类似于韩国的赶超式自主创新(如方正的汉字激光照排、第三代移动通信的 TD-SC-DMA 技术、EVD 等),有大量类似于我国台湾地区的 OEM 生产商(如部分手机与部分家电产品厂商、广东与浙江的传统产品制造),也有个别类似于日本的本土市场拉动创新(如 VCD 和小灵通),还有一些跨国公司直接投资主导的产业领域(汽车生产、东莞与苏州的计算机组装、部分化妆品生产)(江小涓等,2004;柳卸林,2008)。

根据我们前面的分析,与所有的后进国家和地区一样,中国企业的资金和技术能力都非常缺乏,使企业的自主创新面临很大的障碍。中国大部分产业具有如下特征:(1)以中小企业为主、集中度很低的分散竞争性产业与企业组织结构;(2)弱政府主导和弱市场主导的创新资源配置的混合机制。

这样的产业组织、企业组织结构和资源配置机制决定了中国必然是集中式和分散式的混合型创新资源整合模式,即一方面是中央政府主导的创新资源整合,充分发挥我国传统的计划经济优势,集中资源办大事;另一方面通过企业、政府、大学科研院所及中介组织形成的网络来配置创新资源,充分利用网络经济和创新集群的优势。

因此,在个别产业,对少数企业来说,技术赶超可以作为其主要的自主创新

浙商研究

模式。同时,我国多数企业面临分散的创新资源整合方式决定了另一个主导创新模式是价值链提升。因为政府的集中资源整合方式只针对少数重要行业,多数企业都面临分散的网络式资源整合方式,这使它们无法实施技术赶超,但非常适合于实施价值链提升的自主创新。

同时,中国自 20 世纪 80 年代初改革开放以来,特别是 90 年代中期以后,大量引进跨国公司的直接投资,在一些产业中已经占到了绝对垄断的地位(如汽车生产和化妆品生产)。中国本土企业也通过与国外企业的合资、合作,以及对其溢出技术的吸收与学习,快速提高了技术能力和创新能力。因此,FDI 引导也是中国自主创新的一种模式。

另一方面,中国企业所面对的市场是巨大的国内市场,特别是随着中国市场机制的逐渐完善和国内统一大市场的一体化,以及中国市场进一步深化和其独特性的显现,它对中国企业实施自主创新的引导和激励会逐步强化。因此,基于国内市场需求的本土市场拉动创新也应该是中国企业的一种主导创新模式。

(二)中国自主创新模式的特点

通过对中国企业自主创新案例的分析与归纳,同时参考部分国内学者的分析(江小涓等,2004;柳卸林,2008),我们可以得到如下几个结论:

(1)技术赶超的多样性

我国企业的技术赶超呈现出多样化的状况,既有国家主导,也有企业主导;既有成功实现,也有不完全成功的例子。国外的技术赶超案例基本上是企业主导,通过巨型企业集团整合创新资源。而我国由政府主导的技术赶超却主要由科研院所主导,大唐的 TD-SCDMA 与龙芯就是典型的例子。同时,我国也有一些企业主导的技术赶超,但它们不像日韩企业,没有得到政府的强力支持和激励。我国政府没有通过如韩国政府的危机制造等手段向企业施加压力与激励,主要通过开放的国内市场与全球化竞争激发企业的创新积极性。

(2)陷入全球价值链的低端

我国许多企业进入全球生产体系,参与全球分工,但没有有效地利用全球的技术与市场资源,无法快速提高自身的创新能力。政府与公共研究机构的支持不足可能是我国企业无法实现功能与产业链升级的主要原因。

(3)本土市场拉动限于低端市场,没有对主流市场形成破坏

虽然 UT 斯达康和神舟等企业成功实现了本土市场拉动创新,但基本上都限于低端市场,没有实现从低端向主流市场挺进,并进而对主流市场形成冲击的局面。这是因为我国企业的本土市场拉动创新基本上是基于成熟或者落后的技术,没有从功能上超越主流技术的潜力。总的来说,我国企业基于低端破坏的本土市场拉动创新比较成功,而基于新市场独特需求的本土市场拉动创新

还不成功。一方面,我国企业没有很好地利用国际上最先进的技术,没有通过组织与流程的创新形成核心能力;另一方面,我国企业也没有对我国传统文化内涵与审美价值所决定的独特市场需求与组织行为进行深入发掘,形成独特的产品和组织流程,并由此通过创建新市场来破坏主流市场。在表 5-2 中,我们将一些典型中外企业本土市场拉动创新的例子进行了比较,充分显示了中国企业与日本企业之间的差距。

表 5-2　中外企业本土市场拉动创新的比较

	基于技术创新		基于商业模式创新	
	先进技术	落后技术	有核心能力	无核心能力
低端破坏		UT 斯达康的小灵通	沃尔玛的折扣零售	神舟电脑
新市场破坏	索尼的晶体管收音机 佳能的普通纸复印机 索尼的随身听		丰田汽车	

(4)FDI 的溢出效应没有充分发挥

虽然在通信设备产业中,我国本土企业利用比利时贝尔与我国企业合资成立的上海贝尔溢出的技术,成功地开发出具有自主知识产权的程控交换机,实现了中国通信设备产业的跨越式发展。但是,我国大多数产业,如汽车、计算机、半导体和化妆品产业,仍然被跨国公司垄断,我国本土企业仍未掌握产业核心技术。让出了市场,但并没有换来核心技术。

从上述分析可知,韩国、新加坡、我国台湾地区都有一个主导的自主创新模式,日本有两个主导的创新模式,而我国表现出混合的创新模式,即我国不同的企业或产业走上了四个不同的创新模式。显然,这样的情形并不是偶然的,它是由我国多层次的市场、多样化的地域特征、全面的产业布局、行政的集中与分权的结合等特征所决定的。

虽然我国企业走上了四个不同的创新模式,但至今成功实现自主创新的企业或产业却很少,并没有能够延续韩国、新加坡、我国台湾地区和日本在相应创新模式上的成功。

因此,进一步的研究课题是:(1)这四种基本的自主创新模式的哪些比较适合今天我国企业的自主创新。不同产业、不同类型的企业应该选择怎样的自主创新模式。(2)在全球化和知识经济日益迫近的今天,我国企业除了可以借鉴和沿用这四种基本的自主创新模式外,还应该探索新的更适合我国环境的创新模式。全球化与中国特殊的经济环境为我国企业探索新的创新模式提供了怎样的机会。有哪些可能的方向。

第二节　浙商自主创新的约束

企业自主创新能力形成的模式取决于企业面临的众多约束,包括资源、能力、激励机制等方面。浙商的发展依赖于浙江的独特环境和制度条件。通过分析浙商面临的环境条件,能够帮助我们认识浙商自主创新的特征与存在的问题。

一、浙商的资源与能力约束

浙商的资源与能力主要有如下四方面的特征(这方面的详细分析与数据来源见本书第六章):资金缺乏,技术能力不足,市场意识强,善于利用外部资源。

(一)资金缺乏

浙江企业研发投入的资金缺乏主要体现在企业内部科技活动经费和研发投入强度依然不足。2006年浙江省大中型工业企业就业人员中研发人员比重仅为4.48%,在全国排名第19位。2006年大中型工业企业科技活动经费内部支出总额占销售收入的比例只有1.41%,在全国排名第19位。这说明与销售收入相比,大中型工业企业科技活动经费内部支出仍然不足。企业研发投入强度处于较低水平,企业创新活动水平不高。2006年,浙江工业企业R&D投入强度仅为0.63%。

(二)技术能力不足

(1)创新产出水平偏低。从专利这一衡量创新产出水平的重要指标来看,浙江省创新产出水平大多体现在外观设计和实用新型上。从三种专利申请量占总申请量的比例来看,浙江省发明专利的比例明显偏低。

(2)企业制造和生产能力相比以往几年有所下降。浙江省大中型工业企业平均生产经营用设备水平和平均技术改造投入额排名十分落后。2008年,两者在全国的排名分别为第30位和第25位。

(3)企业缺乏对前沿技术的追踪。浙江省企业对市场信息掌握得比较好,对客户比较重视,但是缺乏对前沿技术的追踪和很少引进、利用新技术来开发新产品。

(4)高技术产业自主创新能力不足。浙江省高技术产业总产值和出口交货值的增速较为缓慢,2007年甚至落后于全国平均水平。此外,浙江省高技术产业的技术密集程度不高,产业研发投入不足,高技术产业化水平和效益均不高。

(5)很少企业具备自主创新能力。浙江企业绝大多数处于仿制和创造性模仿阶段，只有很少企业进入到了自主创新阶段。而这些进行自主创新的企业中，大多处在缝隙市场，如中控、聚光科技等，只有个别进入到了大规模的高技术产业市场。浙江企业已经形成很强的仿制能力。浙江企业在外观设计和实用新型专利申请方面的国内领先充分说明了这一点。但多数专利属于传统产业，且多数属于改进型而非产业核心专利，说明浙江绝大多数企业的自主创新能力还未形成。据调查，80％的中小企业不进行新产品开发，产品更新周期 2 年以上的占 55％左右。另外，浙江省大多数中小企业研究开发费用不超过产品销售收入的 0.2％（吴家曦等，2006）。

（三）市场意识强

企业开展创新活动较为活跃。2004—2006 年浙江省开展创新活动的工业企业占全部被调查总数的 59.2％，比全国平均水平高出 30.4 个百分点。

企业是创新活动的主要承担者、研发主体和投入主体。2006 年浙江全省产品创新由企业研发的占 80.7％，全省工艺创新由企业研发的占 73.4％。另外，2006 年浙江工业企业创新费用中的企业资金占各种资金来源的比例达到 76.5％。由此可见，浙江省企业创新活动主要依靠企业自身力量来实现，企业资金在创新投入中居于主体地位。

根据我们的调查（见第六章），浙商的创新来源主要是在解决关键客户或特殊用户的技术需求和技术问题过程中获得的想法、反馈和技术经验，由此可以发现浙江企业对客户非常重视，能够充分利用市场信息。

（四）善于利用外部资源

根据我们问卷调查的结果（见第六章），浙商善于吸收和利用来自于外部的技术和知识，不断地对生产工艺和流程进行改进，并能很快地吸收、掌握和运用引入的设备和工艺。这说明浙江企业吸收和利用技术和知识的能力比较强，它们擅长将外部的技术和知识拿来为自己所用，能够将引进的设备和工艺较快地运用到企业的生产中，同时它们也会对生产工艺和流程进行一些改进。

二、浙商自主创新的制度约束

企业自主创新的制度约束主要从产业组织与企业组织形态和资源配置两方面分析。浙江的制度特征主要表现为：（1）中小企业主导和分散性的产业与企业组织；（2）以市场机制主导、政府基本放任的资源配置机制。

浙江已形成门类齐全、工业产品品种丰富的综合性工业体系，但支柱产业优势不突出，规模偏小。全省产值中占工业总产值的比重排在前几位的行业（包括纺织、机械制造、电子设备制造等）都没有绝对优势。另一方面，浙江企业组织结构以中小型企业为主。在全省工业企业中，中小型企业超过 99％，中小型企业产值超过80％。这样的产业结构使浙江经济形成了机制灵活、市场竞争意识强的优势，但也具有产业分布分散、关联度低、技术装备低、技术开发能力弱等特点。

浙江的技术创新资源主要是通过市场机制进行配置，政府基本上采取放任的态度。因此，政府对技术创新的资金支持不足。主要表现在以下几个方面：

(1)政府科技投入不足。根据2008年中国区域创新能力报告的数据，浙江省政府投入567917万元，排名第7，但政府科技投入占GDP的比例仅为0.36％，政府科技投入增长率仅为23.25％，排名分别为第18和第12。相比较而言，北京的政府科技投入占GDP的比例高达4.75％，江西的政府科技投入增长率达50.91％，浙江省与之差距较大。

(2)政府科技投入结构不合理。根据中国区域创新能力报告(2008)的数据，浙江省政府科技投入的分配结构依次是科研院所、高校和企业，其中科研院所和高校所获得的政府科技投入占总投入的67.72％，绝大部分的科技资源配置在科研院所和高校，仅有32.28％的政府科技投入真正流向企业。

(3)企业融资渠道不畅。根据中国区域创新能力报告(2008)的数据，浙江省大中型工业企业科技活动平均获得金融机构贷款额为47.3万元，大中型工业企业科技活动平均获得金融机构贷款额增长率为5％，分别为第20和第22。然而同年，安徽大中型工业企业科技活动平均获得金融机构贷款额高达331.9万元，上海大中型工业企业科技活动平均获得金融机构贷款额增长率达1167％。

另一方面，浙江公共科技资源管理政出多门、各自为政、联系松散，缺乏良好的信息交流和合作，难以形成整体的合力。稀缺的科技公共经费存在部门分割、使用效率不高等现象。同时，浙江的公共科技平台尚不完善，全省缺乏一个利用公共科技平台整合科研资源，最大限度发挥公共资源作用的机制，导致依靠政府大量资助研发的技术成果不能为社会共享，造成资源的浪费。

三、浙商的创新激励机制

浙江现有的创新系统是以企业为主体的市场导向的研发体系，以当前市场需要为主要的创新激励机制。这样的创新激励机制的优势是企业非常灵活、反应快、善于捕捉市场机会，主要是开发满足短期需要的专用技术，对传统产业的技术进步和短期成熟技术开发具有很大的优势。劣势是无法支撑中长期共性技术的研发，导致浙江高技术产业的发展滞后。

在我们调查的企业中，发现部分企业在自主创新上做过不少尝试，但成功率比较低，造成企业在后续投入上更为谨慎，或干脆放弃。鉴于资金、人员、技术能力等方面的约束,企业在自主创新的道路上的确困难重重,只能针对短期市场需要进行技术开发,还无法考虑自主创新的长远发展战略。

资本先天的逐利性要求企业利润的最大化,这是企业短视行为的根源。对短期利润的渴望和对长期发展与创新前景的难以把握导致企业行为的短期化,特别是中小企业,用引进与模仿的手段获取技术是企业最理性与现实的选择。

第三节 浙商的自主创新模式:典型案例分析

本节通过叙述和剖析杭氧、士兰微、阿里巴巴、东方通信、中控、吉利与正泰集团的自主创新过程和模式特点,一方面加深我们对企业自主创新模式的认识,另一方面也印证本章的理论分析。其中,杭氧、东方通信的创新过程本书第二章和第三章已经详细的介绍,本章就只是简要地分析它们创新模式的特性;而对士兰微、阿里巴巴、吉利、中控与正泰集团,本节就它们的创新过程和模式进行详细的介绍与分析。

一、杭氧的创新模式

杭氧的发展与技术创新历程基本上是一个技术追赶的过程。虽然逐渐缩小了与国际先进企业的差距,但始终没有能够实现技术跨越。显然,我们不能简单地根据过去不断缩小差距的趋势,就预测杭氧在较短时间内能够赶上国际先进水平,并实现跨越。这是因为随着杭氧与国际前沿技术水平的日益接近,可以模仿和利用的技术就越少,需要开展更多的自主开发,所以就会更加困难。

那么,杭氧的资源整合方式以及它面临的制度与激励机制能否使它实现技术跨越呢? 杭氧在创新中主要是以自身为主,通过对政府、学校与科研院所以及国外技术资源进行资源整合。这样的整合方式虽然对其技术追赶非常有效,但可以预料,对杭氧进一步的技术跨越却很不适合。首先,政府的支持力度有限,仅靠一两个科技项目无法支撑中长期的自主技术开发;第二,杭氧仅仅是个中型企业,资金与技术能力都非常有限,面对跨国公司的激烈竞争,很难有力量组织实施中长期的自主技术开发。同时,目前杭氧在中低端市场已经有了一定的竞争优势,在面临资金与技术能力不足的约束下,它没有动力去冒险实施技术跨越。杭氧创新模式的基本特点如表5-3所示。

表 5-3　杭氧的创新模式

创新路径	资源整合	创新定位	创新激励
技术赶超	企业、政府、学校与科研院所合作	技术轨道基本稳定，全价值链	市场需求与竞争

二、士兰微电子股份有限公司的创新模式

杭州士兰微电子股份有限公司（以下简称士兰微）是专业从事集成电路芯片设计以及半导体微电子相关产品生产的高新技术企业。得益于中国电子信息产业的飞速发展，士兰微已成为国内规模最大的集成电路芯片设计与制造一体化（IDM）企业之一。士兰微目前的产品和研发投入主要集中在以下三个领域：

（1）应用于消费类数字音视频系统的集成电路产品，包括以光盘伺服为基础的芯片和系统、单芯片的 CD 播放机系统、MP3/WMA 数字音频解码等系统和产品、数字媒体处理 SOC 等产品；

（2）基于士兰微电子集成电路芯片生产线的双极、BiCMOS 和 BCD 工艺为基础的模拟、数字混合集成电路产品，这些产品包括高性能的电源管理电路和系统、白光 LED 驱动电路、各类功率驱动电路等；

（3）基于士兰微电子芯片生产线的半导体分立器件，如开关二极管、稳压管、肖特基管、MOS 功率晶体管、瞬态电压抑制二极管等产品。

士兰微现在的两大主业（视音频伺服系统和电源管理芯片）具有不同的技术轨道。其中，视音频伺服系统的技术轨道相对稳定，从 CD、VCD 到 DVD、HD DVD 和 BD，发展趋势非常清晰。因此，士兰微等我国许多企业都沿着这一轨道，奋力追赶国际先进企业。显然，这个追赶过程非常困难，当士兰微在 2006 年基本上掌握了 DVD 技术时，处于国际领先的日本企业已经开发出更先进的 HD DVD 和 BD 技术。这样使士兰微又一次处于落后的地位，从追赶到跨越的转换之路还很漫长。

根据我们前面对自主创新模式和我国创新环境的分析，从 CD、VCD 和 DVD 的技术追赶到 HD DVD 和 BD 的技术跨越需要由政府出面组织和整合相关优势资源才能完成。实际上，我国的多家科研院所和企业也已经联合开发出 DVD 的下一代技术 EVD，政府也准备将其作为国家标准推出，但在遭到日本等国的抵制后，目前已胎死腹中。因此，目前士兰微公司只能在追赶和跟随之中凭借其低成本优势获得一定收益。在新一代技术上的跨越是士兰微公司无法独自完成的，必须推动我国政府以强力的支持与组织来实现。

士兰微的另一主业电源管理芯片具有完全不同的技术轨道。电源管理芯

片市场具有多样性和专用性,便携式产品如手机、数码相机、MP3 等将是士兰微目前的重点市场。而士兰微未来的目标市场是高端便携产品,根据客户的独特需求和产品独特性能,推出专用的电源管理芯片。因此,根据我国在不同数字产品的需求特点,开发独特的电源管理芯片,应该是士兰微未来的创新方向。如果士兰微沿着这样的思路进行创新,可能会发现本土市场拉动式创新的机会或新的缝隙市场。如果成功实现本土市场拉动创新,士兰微将形成很大竞争优势和利润增长空间。士兰微创新模式的基本特点如表 5-4 所示。

表 5-4　士兰微的创新模式

创新路径	资源整合	创新定位	创新激励
1.追赶与跨越 2.本土市场拉动	企业自身	1.技术轨道基本稳定 2.缝隙市场	市场需求

三、阿里巴巴集团的自主创新模式

阿里巴巴集团(以下简称阿里巴巴)是全球领先的电子商务服务公司,主要由四大业务群组成:阿里巴巴网站(B2B)、淘宝网(C2C 和 B2C)、雅虎(搜索引擎)和支付宝(电子支付)。其中阿里巴巴网站是全球领先的网上贸易市场(B2B)和商人社区,由三个相连网站组成:中国站,主要为国内市场服务;国际站,面向全球商人提供专业服务;日文站,主要为日本当地市场服务。阿里巴巴网站为来自 200 多个国家和地区的企业和商人提供网上商务服务,在全球网站浏览量排名中,稳居国际商务及贸易类网站第一;而淘宝网和支付宝分别是国内最大的 C2C 和电子支付网站,在各自领域居于垄断地位。

阿里巴巴处于混乱和探索期的中国电子商务产业中,在此情景下,以解决产业瓶颈的商务模式创新是企业发展壮大的关键动力。阿里巴巴自创建之始就没有简单复制美国的 B2B 模式,而是结合中国市场的特殊环境与客户的独特需求走出了一条创新之路:为中国的制造商和国外的采购商搭建一个信息平台,为中小企业服务,帮中小企业赚钱,"让天下没有难做的生意!"因为当时中国企业(特别是中小企业)的信息化水平非常低,所以阿里巴巴从帮助企业实现信息化做起,例如替企业架设网络站点,利用人海战术进行网站推广,然后提供对在线贸易商进行信用评估的辅助服务,为中国的中小企业提供在线商务管理软件服务,不断进行开拓和延伸。正是立足于中国中小企业特点的这种差异化发展策略,创造出了为中小企业服务的差异化商务模式,为企业的发展提供了源源不断的动力。

阿里巴巴的成长过程基本可以归纳为三个发展阶段,第一阶段为 1999—

浙商研究

2004 年,该阶段的发展目标是"相遇阿里巴巴"(meet at Alibaba),使有交易与贸易需求的人在阿里巴巴相遇。阿里巴巴通过打造行业领先的免费电子商务平台(B2B/B2C/C2C),开创了中国的电子商务市场,企业规模得以快速扩张。第二阶段为 2005—2010 年,该阶段的发展目标是"工作在阿里巴巴"(work at Alibaba),使用户的任何交易与贸易行为都与阿里巴巴产生关联。阿里巴巴陆续开发出多项基于电子商务的增值业务,遍及中小企业的商务、诚信评估、企业管理、物流等各个环节。目前,阿里巴巴正向第三个战略发展目标转型,即生活在阿里巴巴(live at Alibaba)。

依托阿里巴巴在电子商务市场的经验积累和资源优势,公司成功推出许多创新性产品与服务,不断开拓新的服务领域。如 2007 年成立的阿里软件,几年来发展迅猛,已成为全国领先的在线软件服务运营商。与此同时,在网络营销管理领域,阿里巴巴自主研发了帮助企业提升营销管理能力的"e 网打进";在外贸管理领域,自主研发了外贸流程化管理专家"外贸版";在通用的企业资源管理市场,自主研发了作为企业管理平台的"钱掌柜",包括中小企业最需要的财务、进销存、客户管理这三大管理业务。

2009 年 9 月,淘宝网正式发布了淘宝开放平台(taobao open platform),开始了"大淘宝战略"。淘宝开放平台的使命是把淘宝网的商品、用户、交易、物流等一系列电子商务基础服务,像水、电、煤一样输送给有需要的商家、开发者、社区媒体和终端用户。它是帮助软件开发者进行应用开发的资料库,它提供了接口文档、开发工具和视频教程等多方面的资料,使各类开发者能够根据自己的需要进行应用开发。

阿里巴巴的创新主要体现在两个方面。第一,阿里巴巴认识到我国电子商务的主要障碍和瓶颈是网络交易的信用和支付风险问题。于是致力于构建诚信社区,通过"诚信通"和"支付宝"等手段成功地克服了网络信用问题,使电子商务真正成为了人们放心的交易方式。第二,更为重要的是,随着电子商务逐渐为社会大众接受,阿里巴巴和马云认识到了电子商务最核心的是多方面、多层次(包括交易、信息、信用、支付、搜索、移动等)的网上平台。而且随着 B2B、B2C、C2C、网络门户和搜索的逐渐融合,一个囊括所有交易方式、提供各种网络服务的网络平台是形成持续竞争优势的基础。因此,近年来,阿里巴巴致力于并已经初步打造成功这样的平台,逐步营造良好的网商生态系统。中国的电子商务需要一个网商生态系统的平台领导,而目前阿里巴巴已经基本具有了这个平台领导的素质和能力。但 2011 年业界沸沸扬扬的阿里巴巴诚信事件却为阿里巴巴敲响了警钟,让阿里巴巴认识到,快速发展的企业必然出现各种各样的问题。如果阿里巴巴希望成为众望所归的平台领导,以打造健康的网商生态系统,并领导中国电子商务融入现代市场体系,就必须高度重视这些问题,严格要求自己,暂时放慢脚步,为长远发展奠定扎实的基础。

显然,面对中国电子商务市场,其独特的中国特色使国外企业很难有所作为,这为阿里巴巴的探索与创新提供了极大的市场空间。因此,阿里巴巴基本上是在进行本土市场拉动式创新。同时,阿里巴巴广泛借鉴和借用国际先进企业的商务模式,通过创新与集成,探索中国独特的电子商务模式。阿里巴巴的创新模式总结在表5-5中。

表5-5 阿里巴巴的创新模式

创新路径	资源整合	创新定位	创新激励
本土市场拉动	企业、外资、政府与国内资源	技术轨道不确定产业,全价值链平台	市场需求与竞争

四、东方通信的创新模式

从20世纪80年代后期开始,东信从手机、通信设备的代工与合作生产,到90年代中后期的自主开发,力图实现技术追赶与技术跨越,再到2003年后的战略调整,面向我国通信市场需要,进行产品改进与创新,试图寻找缝隙市场与本土市场拉动创新的机会。

东信摩托罗拉合资公司2006年的销售额合计达到500亿元。同时,经过十几年的努力,东信在通信产品的组装生产上已经有了很强的能力。因此,在2001年后的战略调整中,东信也考虑是否以制造能力作为自己的核心能力,以代工制造作为主业。但是,进一步的分析发现,通信产业没有达到如PC产业和软件产业的模块化水平,而通信产品的组装没有多少技术含量,很难为企业带来价值与收益。因此,价值链提升不是东信应选择的创新模式。

2003年后,东信战略调整的关键点是从通信的核心网系统级设备的自主开发,转而面向我国市场的业务级系统与增值服务平台产品、智能卡和金融应用产品的模仿与创新。这基本上是从技术赶超的创新模式转向本土市场拉动创新的模式。东信在2006年的扭亏为赢和快速增长的势头,已经证明其战略转向的成效。当然,东信能否在今后的几年中实现持续的发展壮大,还取决于它能否在3G与其他通信技术应用领域发现本土市场拉动创新的机会,开创自己独特的蓝海。

另一方面,东信的技术赶超并不是完全没有机会,这取决于它能否在我国的3G标准(TD-SCDMA)联盟中占有一席之地。在这个正在形成的3G生态系统中,东信已经落后于其他企业,不可能在其核心领域有很大作为,但这一新生系统具有无限扩充的机会,有很多缝隙市场在等待开发。如果东信能够跟随产业成长,还是有很多可以开发的潜在机会。东信的创新模式总结在表 5-6 中。

表 5-6　东信的创新模式

创新路径	资源整合	创新定位	创新激励
1. 技术追赶 2. 本土市场拉动	企业	1. 技术轨道基本稳定 2. 技术轨道不确定	市场需求与竞争

五、中控科技集团的自主创新模式

中控科技集团有限公司(以下简称中控)始创于 1993 年,依托浙江大学工业自动化国家工程研究中心、工业控制技术国家重点实验室和先进控制研究所,走上了一条以高水平的科研成果推动产业发展的创新之路。中控是中国领先的自动化与信息化技术、产品与解决方案供应商,业务涉及流程工业综合自动化、公用工程信息化、装备工业自动化等领域。目前,中控设有 8 家子公司、1家研究院、17 家分公司和 3 家海外分支机构。

十几年来,中控一直保持着快速稳健的发展,服务于全球 6000 余家客户,遍及国内 30 个省市、自治区,以及亚洲、非洲等地。近年来,中控的控制系统在打破了国外产品在中低端控制系统方面的垄断后,更在关系国家经济命脉的中石化炼油装置、煤化工、大化工等重大项目上不断获得技术突破,自主创新初步成功。凭着自身的核心技术优势,中控完成了多项国家"863"和科技攻关重大研究课题,曾获国家科技进步二、三等奖;主持制订了具有自主知识产权的 EPA国际标准,参与制订多项国家标准。

中控是中国从大学科研机构分离出去并成功创业的典范企业。公司的创新体制与管理模式经历了三个阶段。1993—1997 年,中控主要依托浙江大学进行研发,采取浙江大学技术入股、技术转让、技术支持等合作模式;1998—2000年,中控的技术研发逐步与浙江大学脱钩,建立了企业独立的技术研发中心;2001 年以后,与浙江大学完全脱离关系,技术创新全部由中控技术研发中心自主完成。

多年来,中控开发的现场总线技术、智能变送器、系统集成、先进控制软件、企业信息化管理软件等多种技术与产品成功进入国内外市场。中控在国内率先推出了真正意义上的双机热冗余 DCS 系统,率先开发生产了无纸记录仪,第一个尝试把以太网技术应用于工业控制,并推出了流程工业综合自动化的整体解决方案。

中控刚刚起步时,国外自动化厂商如美国的霍尼韦尔、罗斯蒙特、日本的横河等企业垄断了中国市场,其产品和服务的价格居高不下。而国内自动化公司大多数都是国外公司的代理,无力开发出有竞争力的同类产品。在这样的情况下,中控依托浙江大学的科研能力,从一开始就走上了自主的技术创新之路。中控集全部科研力量于DCS的研发,通过多年不断地摸索和实践,于1993年提出了实现计算机控制系统1∶1热冗余的七项准则,并成功地开发出产品SUP-CON JX-100 DCS,填补了这一领域的国内空白。

在DCS成功推向市场的同时,中控又根据企业的需求于1994年研发出了无纸记录仪,使仪表的记录方式发生了革命性的变革,直到2年后国外企业才有类似产品上市。此后,又推出了一系列新颖、网络化的数字仪表,技术性能均达到国际同类产品的先进水平,使中控成为国内最大的智能仪表开发、生产基地。中控也在几年之内从一个不知名的小企业迅速发展成为在国内业界领先的高新技术企业(金建祥,2005)。

中控通过持续的自主创新实现了对国际先进技术的赶超。从创业以来,中控先后开发出DCS系列产品:从JX-100、JX-300、JX-300B、JX-300X到JX-300XP。经过长达10年的不断改进与优化,JX-300XP已经成为一套技术成熟、性能稳定的过程控制系统,在中小型装置上取得了超过3000套的成功应用业绩,是目前国内应用数量最多、最受客户欢迎的控制系统。同时,中控针对大中型工业企业,又推出ECS-100控制系统,在网络技术、可靠性技术、抗干扰性方面性能卓越,打破了国外产品的垄断。如中控在缅甸实施的一个大型项目,成功实现了全过程控制,打破了长期以来国外厂商对制浆造纸行业自动化控制系统的垄断。

2005年,中控开始从产品为主向产品、服务联动发展的模式,把服务战略上升为公司的基本战略之一,向用户提供全面系统的一站式服务,包括工程服务、保全服务、培训服务、咨询认证服务以及增值服务等,并且建立了以工程监理制度为核心的全面服务质量管理体系,保证产品的有效应用与客户需求的满足。

同时,中控确定了进军高端产品的发展战略。为此,中控提出了InPlant工厂自动化整体解决方案,这是基于中控产品体系特点、面向流程工业企业而设计的整体方案。它包括以PCS(过程控制系统)为代表的基础自动化层、以MES(生产过程制造执行系统)为代表的生产过程运行优化层、以ERP(企业资源管理)为代表的企业生产经营优化层。它能够根据用户需求优化、整合各种独立的产品和技术,使产品效益能够最大化体现,同时为用户节约了大量成本。中控针对该架构已开发出一系列软件产品,如一系列模块化的先进控制(APC)软件包,帮助工业企业优化生产工艺、节能降耗。2006年,中控与扬子石化芳烃厂成功签订了亚洲最大的连续重整装置的先控项目,标志着中控APC技术已成功进入大型石化企业的主装置。近年来公司已将先控技术成功推广到锦州石化、茂名石化、山西天脊煤化工等大型企业，并产生了显著的经济和社会效益。

现场总线技术是工业自动化领域的核心技术，有了它，只需通过一根通信电缆将各种生产设备和仪表连接在一起，便能实现对工业生产过程的自动化测量和控制。然而，自 20 世纪 80 年代出现现场总线技术以来，这一技术一直掌握在美国霍尼韦尔、艾默生和德国西门子等跨国公司手中，跨国公司利用其制订的现场总线标准和专利技术，一直垄断着中国现场总线技术和产品市场。

2005 年，中控开发出基于网络技术（以太网）的现场总线技术与控制系统。在自主研发先进技术的同时，中控联合浙江大学、中国科学院、清华大学等多家单位，在国家"863"计划的支持下，制订了一个工业自动化国际标准："用于工业测量与控制系统的 EPA(Ethernet for Plant Automation)通信标准"。2005 年年底，该标准正式通过了国际电工委员会的审查。这是我国工业自动化领域迄今为止获得的第一个国际标准。这一具有自主知识产权的创新成果，一举打破了众多跨国公司长达 20 多年的技术垄断。

现场总线自 20 世纪 80 年代产生以来，一直受到业界的高度关注，被誉为自动控制领域的一次新的革命。进入 90 年代以后，现场总线成为研究的热点。技术的快速改进与优化，使人们相信 DCS、PLC 等传统控制系统将很快被现场总线系统(FCS)所代替。1999 年底诞生的 IEC61158 现场总线国际标准，包含了 FF、Profibus、ControlNet、P-Net、Interbus 等在内的 8 种技术类型，没有实现其最初制定的单一现场总线的目标。而 HART、LonWorks、CC-Link 等一些现场总线技术虽然没有被列入 IEC61158 标准中，却仍然得到了一定的应用。因此，以后将是多种现场总线并存发展、相互竞争的"战国时代"，哪种现场总线能够赢得用户，将由市场竞争来决定（冯冬芹，2005）。

随着控制、计算机、通信和网络技术的发展，信息交换广泛应用于从工业现场设备层到控制管理的各个层次，从设备、车间、工厂、企业到世界各地的市场。现场总线的出现适应了工业控制系统向分散化、网络化和智能化发展的方向，导致工业自动化领域的一次更新换代。但是现场总线技术在其发展过程中也存在许多不足：如现场总线的速度较低，支持的应用有限，不便于和 Internet 信息集成（冯冬芹，2005）。这些问题为在现场总线技术领域起步较晚的中国企业留下了赶超与跨越的机会。

因为指令传达上的实时性等问题，国际上一般认为不能将以太网应用于控制系统。中控从 1996 年就开始做以太网的研究试验，它们的研究发现，控制在 5％以下负荷时，网络不仅能保持通畅，而且性能的稳定性比原来的指令网络更好。基于此,中控认为,如果能够将以太网技术与现场总线技术结合起来,提出新的自动化标准,就为中国实现跨越发展提供了一个契机。因为国外以太网技术在工业过程控制领域的应用也刚刚起步,所以中控有了领先的机会。

在成功制订国际标准的基础上中控倡议成立的 EPA 技术发展与推广俱乐部目前已经有 80 多家成员,包括我国自动化仪器仪表的龙头企业、高校和科研院所,如浙江大学、中科院沈阳自动化研究所、重庆邮电大学、大连理工大学、上海自动化仪表股份有限公司、机械工业仪器仪表综合技术经济研究所、上海工业自动化仪表研究所、中国四联仪器仪表集团有限公司、吴忠仪表股份有限公司、天津天仪集团仪表有限公司等,另外德国菲尼克斯、日本富士电机公司也已经采用这些平台,用于其主导产品的技术升级。

目前,EPA 系统产品已应用于杭州华东制药厂、杭州龙山化工厂、杭州电化厂、四川维尼纶厂、山东二电厂等工程,经济效益显著,其技术成果在 2009 年获得了国家发明二等奖。

综上所述,中控从成立之日起,就努力追赶国际先进技术。到上世纪 90 年代末,已经在主流技术产品 DCS 上达到国际水平,在国内具有领先的技术与市场应用。但是,由于新一代产品技术 FCS 的出现和逐渐壮大,使跨国公司又一次将我国企业甩到后面,可能使我国企业花了十几年苦苦追赶的努力和超越的希望化为泡影。而 FCS 的不成熟和多种标准并存的局面却给我国企业留下了创新和超越的机会。因此,面对这样一个总体技术轨道稳定而具体技术相对不确定的产业技术领域,中控联合我国高校与科研院所,成功完成了技术跨越的重要一步。不过,我们应该清醒地认识到,这仅仅是跨越的第一步,真正要实现跨越还有很长的路要走。第一,现在现场总线的标准很多,我国提出的标准能否成为市场接受的标准还须经过巨大的努力;第二,从 DCS 到 FCS 的转换需要一个过程,目前由于 FCS 不确定和不成熟,还难以替代已经非常成熟的 DCS。

因此,中控既面临与目前主流技术 DCS 的竞争,又要与其他 FCS 技术标准竞争。显然,谁能够在技术竞争中取胜取决于谁的技术能够尽快地推出优异的产品,谁能够在市场中找到其潜在的应用,为客户解决问题、提供价值。另一方面,中控是否有意愿去全力投资开发生产其技术标准下的 FCS 产品,并推向市场,作为在市场中激烈竞争的企业,即使中控有资金和技术能力,但在巨大的技术和市场的不确定,并可能在许多年不赢利的情况下,它会冒险投巨资去实现创新价值吗?

这样一个跨越任务所需的资金、人才、技术和政策支持都不是中控一个企业能够完成的,需要政府的全力支持和推动,通过政府或行业协会牵头形成全国产学研广泛参与的产业联盟,同时争取一些跨国公司的参与和支持,共同来优化和推广这个技术标准。中控的创新模式见表 5-7。

表 5-7　中控的自主创新模式

创新路径	资源整合	创新定位	创新激励
技术赶超	企业、学校与政府	稳定的技术轨道，全价值链	市场需求与竞争

六、正泰集团的创新模式

经过 20 余年的励精图治，正泰集团（以下简称正泰）正逐步成为国际化的高技术企业。从低压电器产业逐步扩展到仪表、建筑电器和高压输配电设备，最后到工业自动化和太阳能产业，2010 年营业收入总额达到 240 多亿。正泰的发展经历了三个阶段：

起步阶段（1984—1990 年）。1984 年 7 月南存辉创立求精开关厂（正泰集团与德力西集团的前身），从 5 万元起家，本着"精益求精"的精神，依靠质量和信誉求得生存，为企业的发展奠定了基础。

规模扩张阶段（1991—2002 年）。1991 年成立中美合资正泰电器有限公司，并确立了低压电器的专业化发展方向。1994 年 2 月，成立国内低压电器行业第一家企业集团，以资本为纽带，通过与众多电器企业的横向联合，走上规模经济之路，使企业迅速发展壮大。1997 年 7 月，对集团所属企业进行股份制改造，组建股份有限公司和有限责任公司，建立起现代企业制度。

提升与跨越阶段（2003 年至今）。确立"打造国际性电气制造基地"的战略目标，逐步形成以柳市为低压电器制造基地、上海为高压输配电设备制造基地、嘉兴为输配电配套设备基地、杭州为工业自动化和太阳能生产基地的产业布局。通过自主创新形成核心能力成为企业进一步发展的战略目标，先后获得各种国内外专利 200 多项，领衔和参与制订各种行业标准 30 多项。

5 万元起家的民营企业之所以能够成长为如今与国际企业抗衡的正泰集团，是因为正泰集团创始人南存辉立足于中国本土市场、放眼世界，以远大的战略眼光不断创新、不断超越。在此过程中，正泰通过组织与制度创新、技术创新与战略创新，实现了跨越式发展。

（一）组织与制度创新

正泰成立之初，南存辉家族中许多人都参与了股份，为企业快速发展做出了贡献。但是，到 20 世纪 90 年代以后，南存辉认识到家族企业无法很好地吸纳和利用优秀外来人才，而人才又是企业进一步发展的关键资源。1998 年，南存辉决定削减南氏家族的股权绝对数，在集团内实行股权配送制度，将股权配送给企业中优秀的人才。这样,正泰的股东由原来的 10 个增加到 100 多个,南存辉的股份下降至 20％多。家族色彩逐步在淡化,使优秀人才逐渐进入企业并成为企业骨干,为企业的不断壮大奠定了基础。

正泰以产权制度改革为核心,逐步打破家族式管理模式,经过工厂制、公司制、集团制、控股集团四个阶段的发展,实现了从家族企业向现代企业制度的跨越。1991 年,正泰为了利用国家优惠政策和国外先进技术,成立了"中美合资温州正泰电器有限公司"。1993 年,为了迅速扩大规模,正泰以资本为纽带,通过投资、控股、参股等形式,兼并组合了一批电器生产和销售企业,1994 年注册成立了低压电器行业第一家企业集团。1996 年,为了克服由于多种产权关系所导致的"集而不团"、产品混乱等弊端,在集团范围内进行了一次全面的股份制改造,把原来集团成员企业的法人资格全部取消,组成两个股份有限公司和三个有限责任公司。1998 年开始,把原来家族拥有的部分股份分配给企业优秀员工,形成了较为完善的股东大会、董事会、监事会、经理层的三会四权制衡机制,健全了法人治理结构,为企业的进一步发展奠定了制度基础。

与产权制度的改革相适应,正泰的组织结构也在不断创新。从最早的 U 型工厂制结构,过渡到交叉的矩阵式结构、双 U 型结构,目前已形成立体交叉式的母子公司为基本构架的管理模式,将集团公司划分为三个层面,分别赋予不同的职能:上层为母公司,是投资管理和决策中心;按产品大类组建的六大专业子公司为中层,是利润中心;各基层公司和工厂为成本中心,对企业生产和成本负责(参见正泰企业网站)。

(二)市场创新与营销网络建设

正泰在成立之初完全依靠温州遍布于全国各地的供销大军进行产品推销。从 20 世纪 90 年代开始,正泰在全国各大城市建立企业的特约经销点。1994 年集团成立营销中心,将全国市场划分为 6 个区域进行管理,并在国内主要城市设立代理销售公司。在短短的几年间,正泰的营销网点迅速增加,同比增加率分别为 1995 年 484％、1996 年 90.08％、1997 年 33％,销售收入也大幅度增长。到 1998 年 7 月,在全国设立了 210 家销售公司,268 家特约经销处。与此同时,正泰开始进入国际市场,先后在美国、新加坡、希腊、伊朗等国设立分公司,并获得了国际 CB 安全认证、芬兰 FI 认证、美国 FMRC 等国际认证,为大规模进入国际市场奠定了基础(史晋川等,2001)。

(三)技术创新

目前,正泰已形成了以集团技术开发中心、各子公司技术处为主体的多层次开放式技术开发网络体系:在上海建立了国家级的技术开发中心、在各专业公司设立研发公司、在所有持股企业成立研发部,并在北京、美国硅谷和德国设立研发站点,与部分国内著名高校和相关科研院所开展研发合作。正泰拥有国家级的技术中心、理化测试中心、计量中心和低压电器检测中心,为企业的技术创新提供了良好的硬件设施和组织保证。2000 年以后,正泰通过精心构建的三级研发体系,使产品开发从"跟随型"逐步向"领先型"转换。

正泰围绕"国际化、科技化、产业化"战略,每年投入销售收入 5% 的资金用于技术改造和新产品开发。正泰从全国各地引进中、高级人才 1000 多名,通过坚持不懈的模仿、改进与自主创新,先后开发了包括高低压电器、成套设备、光纤配线设备、智能型仪表等在内的 40 多个系列 100 多个基型的具有自主知识产权的新产品,其中国家和省级重点新产品 200 多项,达到国际先进水平的有30 项,获得专利 200 多项。同时,正泰关注行业的发展,主持和参与制订国家标准、行业标准 30 余项。正泰浙大中自全集成新一代工业自动化系统荣获国家科学进步二等奖;"正泰"牌 NA8-1600 万能式断路器荣获 2006 中国机械工业科学进步一等奖;自主研发的 CCGZ127-4 型低压电力载波集中抄表系统获 2006年度浙江机械工业科学技术二等奖。

与此同时,正泰先后引进了 ABB、西门子等公司的低压开关柜技术;与美国埃施朗公司、意大利艾米柯公司在燃气表和智能电表等领域达成了技术开发合作;引进了美国第二代太阳能电池技术专家,进入了环保可再生能源领域。

(四)战略创新

到 2007 年,正泰已经在低压电器产业跻身中国第一、亚洲第一和世界第三,低压电器产业的发展空间已经非常有限。为此,正泰开始思考未来的发展方向,寻找新的增长点。正泰未来 20 年的战略可以表述为"科技化、产业化、国际化",提出了"一个目标、两条主线、三大体系、四项管理":围绕打造世界一流电气制造企业的目标;牢牢抓住科技研发和市场开发两条主线;建立全球化的技术研发体系、全球化的营销网络体系、全球化的物流采购体系;通过战略管理、基础管理、品牌管理、企业文化建设管理这四项管理来实现正泰下一个 20年的梦想。

近年来,世界各国纷纷制定光伏发电的扶持政策和发展规划,产业呈现蓬勃发展的局面,已成为全球各国关注和争夺的焦点。在此情况下,正泰近年来巨额投资光伏产业,太阳能电池产能直逼国内龙头企业无锡尚德,太阳能光伏产业已经成为正泰新的核心产业。为此,正泰引进了物理学家李政道的学生杨立友博士,她是第二代薄膜太阳能电池领域的专家,在太阳能电池和光电器件领域拥有 18 项居于核心地位的发明专利。因此,太阳能电池正成为正泰产业战略的重要组成部分,是正泰实现高科技产业梦想的下一个台阶。

从以上的论述可知,正泰的创新路径主要是本土市场拉动。伴随着中国经济的发展,国内市场对低压电器的需求迅速增长,为正泰提供了巨大的发展空间。正泰通过不断的产品创新,开发出满足国内市场需求的产品,同时通过工艺创新降低成本、提高质量。除了本土市场拉动这一主要创新路径外,正泰另一个创新路径是技术赶超,这主要是针对正泰近年来进入的新兴产业——太阳能电池。正泰的资源整合方式是充分利用合资企业、国外企业、国内政府与科研院所的创新资源,打造自身开放的创新体系。正泰的创新定位是传统技术轨道比较稳定的电器产业,并以控制从研发、生产到销售全价值链为其战略目标。激励正泰不断创新的机制主要是激烈的市场竞争。正泰的创新模式见表5-8。

表 5-8　正泰的创新模式

创新路径	资源整合	创新定位	创新激励
本土市场拉动 技术赶超	企业、外资、政府 与国内资源	技术轨道稳定产业, 全价值链	市场需求与竞争

七、吉利集团的创新模式

浙江吉利控股集团(以下简称吉利)是目前中国汽车行业十强企业。1997年进入轿车生产领域以来,吉利凭借一往无前的创业精神和持续的创新成就,快速发展壮大,现资产总值超过340亿元,被评为首批国家"创新型企业"和"国家汽车整车出口基地企业"。吉利总部设在杭州,在浙江临海、宁波、路桥和上海、兰州、湘潭、济南等地建有汽车整车和动力总成制造基地,在澳大利亚拥有DSI自动变速器研发中心和生产厂,已形成年产60万辆整车、60万台发动机、60万台变速器的生产能力。吉利现有帝豪、全球鹰、英伦三大品牌30多款整车产品,拥有1.0~1.8L全系列发动机及相匹配的手动/自动变速器生产线。吉利在浙江杭州、临海建有吉利汽车技术中心和吉利汽车研究院,已经形成较强的整车、发动机、变速器和汽车电子电器的开发能力,每年可以推出4~6款全新车型。自主开发的吉利熊猫轿车以C-NCAP安全碰撞45.3分的成绩,被誉为国内最安全的五星级小型车;自主开发的4G18CVVT发动机,升功率达到57.2kW,处于"世界先进,中国领先"水平;自主研发并产业化的Z系列自动变速器,填补了国内汽车领域的空白,获得中国汽车行业科技进步一等奖。目前,吉利拥有国家级企业技术中心,获得各种专利3200多项,其中发明专利300多项,国际专利30多项。

吉利的发展过程反映了中国汽车产业的自主创新过程。其发展过程可分为两个阶段:低成本创新战略和品牌提升战略。

第一阶段(1997—2006年):低成本创新战略。

在这个阶段,吉利迅速形成了经济型轿车的批量生产能力。"低成本"和"模仿借鉴"是该阶段吉利的两个关键要素。

吉利的汽车生产是从模仿开始的。1997 年吉利开始造车的时候,只是一个年产 20 万辆摩托车的企业,只有 3 个来自湖南汽车制造厂的"专业"人士。缺少人才、资金和技术的吉利走出了一条低成本的造车路径:对国内外现有车型分拆,然后进行分析、模仿与学习,在此基础上进行改进。例如,吉利开发的第四个车是模仿夏利的豪情,但吉利在进行车身设计时,通过对中国市场需求的分析,已开始加入自己的设计元素,而在底盘的生产中,吉利也从依赖夏利的配套体系转变成自己更低成本的配套体系,这在吉利称之为"描红"。

在通过分拆模仿开发了几款车后,吉利逐渐认识到完全独立开发的局限性,除了自己动手分拆样车与模仿外,还应该借助外部技术专家的支持。于是,在 2002 年开发自由舰时,吉利请来了韩国大宇国际公司帮助设计车身,请韩国塔金属公司设计模具,并第一次采用了全数模的设计方法。另一方面,吉利也认识到企业开发与生产组织的简陋和弊端,于是从开发自由舰开始,吉利的研发、采购、生产管理逐渐形成了规范的组织结构与流程。自由舰的研制成功为吉利培养出一批技术开发人才,这些人才后来都投入到吉利的另一个关键产品——远景的设计过程中,同时也使企业开始形成研发工作的规范与常规。在随后的产品开发中,外包任务开始大幅度减少,吉利开始自己开发底盘等一些关键部件。因此,远景车型的开发,已经不再是简单的"描红",而是一种创新性低成本开发模式的试验。2004 年 3 月远景底盘项目组成立时,只有一辆用来参照的样车和 18 个年轻的项目组员,而他们只有 5 个多月的开发期限。同样的底盘项目,如果在国外汽车厂商的正规设计体系中开发,至少需要 50 人以上的开发队伍和 1 年半的时间。于是,时间紧迫、人员紧缺的吉利把整车开发任务拆分给供应商,让后者按照规定的要求去画图,去做数模。而项目组的 18 个人都被分配去沟通协调这些被分解的任务和完成整个开发中最关键的整车匹配工作。经过 150 多天的艰苦工作,他们终于在规定期限的前两天,完成了底盘开发。随着远景车型的开发成功,吉利的低成本开发模式也逐渐成形。

2002 年,天津齿轮厂的总工程师徐滨宽被李书福请到了吉利,为了让他最大限度地发挥自己的能力,为吉利开拓新的发展空间,专门成立了吉利变速箱有限公司。吉利之所以愿意下这么大的本钱来开发自动变速箱,是因为国外厂商在自动变速箱技术领域对中国采取了严密的封锁,连关键零部件也不向中国出售,于是中国汽车厂商都不得不高价向国外厂商购买自动变速箱。因此,李书福觉得必须要自己开发自动变速箱,才能继续保持成本优势。

国外厂商完成一个自动变速箱的开发项目需要投入 10 多亿元人民币,而吉利只投了 3000 多万元。之所以造成如此悬殊的差距,是因为从设备到加工工艺全是吉利自己设计。例如,买一套国外生产的试验设备需要 1000 多万元,但吉利自己设计生产只需要 100 多万元,大大节约了开发成本(朱琼,2006)。目前,吉利开发的变速箱和发动机的成本优势为它们的产品带来了一定的竞争优势。一台 1.8 升的发动机外购要 2.5 万元,而吉利自己生产只要 1 万元(5 万台的规模)。吉利的变速箱公司可以为吉利的手动变速箱每台节省 1300 元人民币,自动变速箱每台节省至少 1000 元。

2002 年,国内几乎没有一家企业能够进行 CVVT 发动机的研发和制造,于是吉利决定投入 2 亿元人民币用于开发 CVVT 发动机。为了达到国际先进水平,也为了掌握关键技术,在委托德国 FEV 公司开发关键部件时,吉利坚持一个原则:必须按照吉利提出的设计要求来设计,而且设计要由吉利签字确认。而在 FEV 开发的同时,吉利的研发人员也在对发动机进行解剖分解,并利用向对方提技术要求和设计确认的过程向 FEV 请教。于是,在第一轮开发中吉利掌握了部分技术,在第二轮开发中吉利就开始自己动手开发部分部件。合作到后半程,吉利已经逐渐掌握了大部分技术。这个学习的过程让吉利认识到,独立的模仿与借助外脑的开放式创新必须结合起来,企业的创新能力才能不断提高,才能最终形成自主创新能力,才能获得持续的竞争优势。

2004 年,吉利投入 5 亿元对原有生产线进行大规模技术改造,在关键工序上使用了大批国际先进设备,包括高精冲压设备、全自动底盘传输线、机器人自动焊、激光焊等,加上 SAP 的 ERP 系统,大大提高了生产自动化程度,提升了产品品质,使得吉利产品的美誉度逐渐上升。从 2005 年开始,结合企业"十一五"规划的制订,吉利提出了全面创新、与国际先进水平接轨的目标,从产品创新、技术创新、管理创新、流程再造等方面着手,打造一个创新性企业。

通过战略规划的实施,吉利树立了质量网的管理理念,明确了研发质量、零部件质量、产品制造质量、市场质量信息的质量责任和管理模式,在全集团进行了 TS16949 体系认证和供应商质量提升工作。供应商管理与客户关系管理是吉利低成本创新模式的关键,为了完善采购与配套体系,吉利设计了集团采购体系组织架构,成立了集团采购委员会,负责集团采购供应工作的发展战略和重大政策制定。同时吉利进行营销体系建设,以关注客户为焦点,狠抓销售网点的整顿和形象建设,加强售后服务管理,逐步将用户问题反映与需求挖掘纳入到公司的开发流程中,大大改善了售后服务质量和车型的客户满意度。

第二阶段(2007—):成本领先向品牌提升转变。

到 2007 年,吉利成为中国汽车十强之一,新产品品质不断提高。但吉利的十年实践经验显示,低端汽车市场不是中国的主流市场,低价格优势并不能形成持续的竞争优势。因此,2007年5月,吉利发表《宁波宣言》,进行战略转型。从"造老百姓买得起的好车"转变为"造最安全、最节能、最环保的好车",不打价格战,改打技术战、品质战、品牌战、服务战,打造安全吉利、技术吉利、品质吉利的形象。吉利制定了长期目标:"造最安全、最环保、最节能、最可靠的好车,让吉利汽车走遍全世界。"

吉利的战略布局开始从以前的立足国内、抢占低端市场调整为全球扩张、向中、高端市场延伸。吉利制定了十年中长期发展规划,实施国际化战略,着手进行墨西哥工厂建设、俄罗斯、乌克兰CKD工厂建设,进行东欧工厂的合资或合作。到2010年,吉利已开发出满足各国法规和消费习惯的9个平台40多款整车及汽、柴油发动机、手自动变速器;同时,吉利紧紧围绕安全、节能、环保开展领先技术的研发,目前已取得部分进展。到2015年,吉利将形成年产200万辆汽车的产销能力,在海外建成15个生产基地,实现三分之二外销的目标。

2008年,吉利正式启动多品牌战略,未来的新车型将分布在全球鹰、帝豪和英伦三个品牌之下,覆盖国内外从低端到中高端的各个市场。实行多品牌化战略以后,吉利从原来的以产品分网销售转换到分品牌销售的品牌渠道和销售网络。

经过10年的努力,吉利已经在安全、节能、环保、智能化等方面积累了较强的技术创新能力。继CVVT发动机、自动变速箱和EPS等一系列研发成果后,吉利在爆胎安全控制系统BMB技术应用、GTSM系统和节能、环保技术研发方面取得了重大突破。吉利承担了5项国家"863"项目,启动了5年期节能环保汽车开发规划,成功开发从轻度混合动力车到全混合动力车的5款混合动力轿车。

吉利自主研发的BMBS爆胎监测与制动系统,能够即时监测汽车轮胎气压、温度的变化,特别是在汽车轮胎爆胎后能够自动实施安全救助,最大限度避免爆胎后灾难的发生。2008年,BMBS被评为世界汽车主动安全技术领域十大事件。目前,吉利正在开发基于BMBS的全方位防撞系统。到2013年底或者2014年初,吉利将推出集BMBS、ESC以及防撞系统于一体的GCMS系统,即吉利全方位碰撞缓解系统。同时,吉利建立了GTSM安全管理体系。GTSM是Geely Total Safety Management的缩写,中文全称为吉利整车全方位安全管理系统,是指集成控制整车主被动安全技术,从车辆研发初期策划到高标准安全技术开发再到生产环节严格控制,形成全方位的整车安全管理体系。GTSM和GCMS系统将成为吉利的核心竞争力,成为吉利在全球汽车市场竞争优势的基础。

2010年是吉利品牌提升与自主创新战略实施后成果显著的一年,金鹰

CROSS、EC718 等新车型投放市场；4G13T 发动机点火成功；混合动力技术实现重大突破；具有吉利特色的研发管理系统 G-PLM，显著提高了开发质量和开发效率；汽车安全技术实验室一期工程竣工并投入使用，具备了中国及欧盟体系下所有整车 NCAP 法规碰撞试验的能力；浙江省汽车安全技术重点实验室在吉利正式挂牌成立；BMBS 二代功能样车开发完成。

在自主开发的同时，吉利积极整合全球先进技术与资源。控股英国锰铜、完全收购澳大利亚 DSI、全资控股沃尔沃，使吉利获得了大量世界先进技术和知识产权，并融入到自主开发的车型中。例如，吉利推出了多款搭载 DSI 变速箱的车型，沃尔沃为志在打造安全技术核心能力的吉利提供了先进技术和经验。

吉利的创新路径是以本土市场拉动式创新为主，吉利具有特色的低成本研发模式完全是基于中国的人口与市场特征。到 2007 年以后，吉利的创新路径逐渐向技术赶超转换，从成本领先战略向品牌创新战略转换，从"造老百姓买得起的好车"转变为"造最安全、最节能、最环保的好车"，通过完全收购澳大利亚 DSI、全资控股沃尔沃，吉利开始了技术赶超的创新模式。那么，转型后的吉利优势何在？如果失去了成本优势，又没有能够及时形成品牌与技术优势，吉利如何生存？面对这样的问题，吉利通过收购沃尔沃，希望借此尽快提升品牌优势与技术优势。但是，由于沃尔沃巨大的规模和运营的困难，吉利面临很大的风险，这样一种借助收购提高创新能力的模式能否实现，还得看吉利能否转换沃尔沃的运营模式，并将其安全技术优势与吉利高效的运营结合起来，形成"1＋1＞2"的竞争优势。

吉利的资源整合模式也从以企业为主的单一模式到依靠外资企业、政府与国内大学科研院所的创新资源。吉利的创新定位是在技术轨道稳定的传统汽车产业（暂时不考虑新能源汽车技术轨道的不稳定），通过控制全价值链赢得市场。吉利的创新激励完全来自市场竞争的拉动，政府不仅没有激励，在初期反而起到阻碍创新的作用。吉利的创新模式见表 5-9。

表 5-9　吉利的创新模式

创新路径	资源整合	创新定位	创新激励
本土市场拉动技术赶超	企业、外资、政府与国内资源	技术轨道稳定产业，全价值链	市场需求与竞争

八、典型案例的归纳与比较

我们将上述案例中各企业的创新模式总结在表 5-10 中，以便进行比较与归纳。从表 5-10 中可以看到，技术赶超是许多企业选择的创新路径，其中包括杭氧、士兰微、东方通信、中控、正泰和吉利。不过它们几乎都还在技术追赶的路上，没有一个企业真正实现技术跨越。其中只有中控在从追赶到技术跨越的路上迈进了一步，但这仅仅是跨越的第一步，实现技术跨越还有很长的路要走。当然，这些企业都相对成功地进行了技术追赶（特别是杭氧、正泰、士兰微、吉利和中控），与国际先进水平的差距逐渐缩小，它们在产业的中低端和附加值较低的价值链位置上形成了竞争优势。它们成功的追赶是通过技术引进、国内外合作开发和自主开发等多种不同的学习方式实现。但吉利除了这些通常使用的技术学习方式外，还通过大手笔的蛇吞象式的并购实现了跨越式发展。当然这种高风险的技术发展方式能否成功，还有待时日。同时，前面对各企业的分析表明，它们实现技术跨越不是其自身能够完全把握和完成的，需要在国家的层面上组织与整合。因此，它们只有积极地加入与推动国家或产业层面的合作与联盟，才能共同实现技术赶超。

显然，完全依赖于国家与产业层面的技术赶超不是企业能够把握的事情，也不是短期能够实现的。于是，这些企业逐渐转向或同时走上另一条创新路径就是合理的选择。本土市场拉动也是很多浙商选择的创新模式，包括士兰微、东方通信、正泰、吉利和阿里巴巴。它们中的一些从对国际先进企业的技术追赶逐步转换到根据我国市场需求的产品改进和差异化，如士兰微、东方通信和阿里巴巴，由此寻找本土市场拉动创新的机会；另一些则一开始就致力于将先进技术应用于中国市场，如正泰与吉利。吉利基于中国市场的低成本创新战略取得了一定的成功，但进一步的市场拓展遇到了阻碍，迫使吉利转向品牌创新战略，向市场中高端挺进。

相对于前面两个创新路径，选择价值链提升的企业比较少，只有东信和万向。其中万向是长期（已有二十几年）致力于融入国际汽车制造价值链，并成功提升了自身地位，不过至今还主要在产业低端（除少数产品）竞争。而东信从20世纪90年代就进入代工业务，一直处于产业的低端，希望通过技术赶超提升产业价值链位置的努力没有实现。

上述分析表明，大多数浙商都选择了不止一个创新模式，这是企业探索适宜创新模式的必然现象，是企业逐渐认识未来、环境和自身的过程。不过，企业应该认识到，不同创新模式适用的制度与产业环境不同，对企业创新资源整合能力的要求也不同。因此，不同创新模式很难在同一个企业都成功实现。企业应该专注于一个创新模式，或者分别以两个独立的部门选择不同创新模式。

表 5-10　典型浙江企业的创新模式

企　业	创新路径	资源整合	创新定位	创新激励
杭　氧	追赶与跨越	企业、政府、学校与科研院所合作	技术轨道基本稳定,全价值链	市场需求与竞争
士兰微	1. 追赶与跨越 2. 本土市场拉动	企业自身	1. 技术轨道基本稳定 2. 缝隙市场	市场需求
阿里巴巴	本土市场拉动	企业、外资、政府与国内资源	技术轨道不确定全价值链平台	市场需求与竞争
东方通信	1. 价值链升级 2. 本土市场拉动	企业	1. 技术轨道基本稳定 2. 技术轨道不确定	市场需求与竞争
中　控	技术赶超	企业、学校与政府	稳定的技术轨道全价值链	市场需求与竞争
万向集团	价值链提升	企业、学校与政府	稳定的技术轨道	价值链前端推动
正　泰	1. 本土市场拉动 2. 技术赶超	企业、外资、政府与国内资源	技术轨道稳定,全价值链	市场需求与竞争
吉　利	1. 本土市场拉动 2. 技术赶超	企业、外资、政府与国内资源	技术轨道稳定,全价值链	市场需求与竞争

　　如果我们把浙商与一些中外典型企业的自主创新模式进行比较(见表 5-11),就会发现,浙商的自主创新基本上向着国内外领先企业的自主创新模式演进。当然,差距与不足是明显的。如中控的技术赶超不仅无法与韩国三星和现代集团相提并论,在实际的努力和进展上也与华为有相当的差距。同样,虽然吉利与索尼、佳能等企业一样,都成功实现了本土市场拉动创新。但索尼与佳能的本土市场拉动创新都是基于全新的先进技术,而且都实现了对国际领先企业的颠覆,而吉利与 UT 斯达康的小灵通和万燕的 VCD 一样,基于比较落后的技术,只是创造了细分市场,难以向主流市场挺进,无法形成对主流厂商的冲击。同时,许多浙商还在不同模式之间选择与徘徊,还在探索适宜的创新模式。因此,浙商的自主创新还处于初级与探索的阶段,今后几年应该是最关键的时期,是从探索走向发展增大,或者走向失败与衰落。

表 5-11　中外企业的创新模式

自主创新模式	典型案例
技术赶超	中控、正泰、吉利、三星、现代、本田、NEC、华为
价值链提升	万向、东信、我国台湾地区集成电路制造(台集电、联电)、我国台湾地区 PC 零部件网络
本土市场拉动创新	吉利、UT 斯达康、阿里巴巴、正泰、索尼、佳能、丰田

第四节　本章小结

　　本章首先通过对国内外学者研究结果的比较与归纳,发现发展中国家和地区在自主创新模式上有很大差异,归纳为四种基本的自主创新模式:技术赶超、价值链提升、本土市场拉动和 FDI(国外直接投资)引导。然后对浙商面临的环境与资源能力约束状况进行了分析,发现浙江企业的资源与能力主要有如下四方面的特征:资金缺乏,技术能力不足,市场意识强,善于利用外部资源。而浙江的制度特征主要表现为:中小企业主导和分散性的产业与企业组织;以市场机制主导、政府基本放任的资源配置机制。

　　最后通过对杭氧、士兰微、阿里巴巴、东方通信、中控、吉利与正泰集团的自主创新过程和模式特点进行比较分析,发现多数浙商选择了多个创新模式(多数企业是两个模式),或者从一个模式转换到另一个模式,说明浙商还在探索适宜的自主创新模式,主导的自主创新模式还未出现,这是浙商自主创新能力与日本、韩国等国内外先进企业差距巨大的一个原因。

第六章 浙商创新战略与创新能力提升的效果

本章首先利用统计数据和问卷调查数据，对浙商创新能力的现状进行评价与统计分析，然后使用典型案例分析和系统动力学模型分析，对浙商的创新战略、组织与创新能力的关系进行动态分析，以解释浙商创新能力提升缓慢的原因。

第一节 浙商创新能力的评价与统计分析

本节主要包括四个方面的内容。首先根据《中国区域创新能力报告(2008)》，对浙江省创新能力的整体实力进行评价，在此基础上，将分析的焦点集中到企业层面，对浙江省企业创新能力的优势和劣势进行详细的分析；第二部分简要分析了浙江省企业创新能力的演变过程；第三部分是对浙江省企业创新调查数据的分析；第四部分是对浙江省企业创新能力的问卷调查与分析。

一、从中国区域创新能力报告看浙江创新能力现状

从《中国区域创新能力报告(2008)》来看，浙江省的创新能力总体上处于全国上游水平，2008 年浙江省创新能力综合排名第 5。《中国区域创新能力报告》是由中国科技发展战略研究小组发表的，该报告从 2001 年开始对中国各省市区创新能力状况进行跟踪分析和评价，是一部权威性、连续性、国际性较强的创新能力评价报告。报告从知识创造、知识获取、企业创新能力、创新环境与管理、创新的经济绩效五个方面，对中国各省市的创新能力进行评价。从 2008 年的情况来看，影响浙江省创新能力综合排名的五个方面的能力分布存在一定差异，知识创造能力、知识获取能力、企业创新能力、创新环境及创新的经济绩效五个方面的排名分别为第 5 位、第 7 位、第 4 位、第 5 位和 7 位，均处于全国领先

水平。

在这 5 个方面中,浙江在企业技术创新能力方面表现最好,在知识创造能力以及创新环境和管理能力方面浙江也有一定的优势,但在知识获取和创新的经济效益方面,则表现相对较弱,两者均低于浙江的综合排名,在全国排名第 7。从最近几年的排名情况来看,知识获取与创新的经济效益方面呈现一种下降的趋势。知识获取能力排名从 2005 年的第 3 位持续下降到 2008 年的第 7 位,创新的经济效益则从 2005 年的第 5 位下降到 2008 年的第 7 位。

从 2001 年到 2008 年浙江在全国的综合排名来看(见表 6-1),除了 2001 年排名在第 7 之外,浙江其他年份的排名徘徊在第 5、6 名之间,其中 2004 年、2005 年、2007 年、2008 年排名第 5,2002 年、2003 年、2006 年排名第 6。从这可以看出,与国内其他省份相比,浙江的综合创新能力保持在一个比较稳定的水平上。

表 6-1　2001—2008 年浙江省创新能力排名

指标名称	2001 年	2002 年	2003 年	2004 年	2005 年	2006 年	2007 年	2008 年
综合排名	7	6	6	5	5	6	5	5
知识创造	3	9	10	10	5	7	6	5
知识获取	8	7	6	4	3	5	6	7
企业创新	8	6	7	6	4	5	4	4
创新环境	7	4	5	5	5	5	4	4
创新绩效	7	5	5	5	5	6	6	7

资料来源:根据《中国区域创新能力报告(2008)》整理。

前面我们从整体上对浙江省的创新能力进行了初步分析。企业是区域创新的主体,企业创新能力是影响区域创新能力综合指标的一个重要方面。《中国区域创新能力报告(2008)》显示,在影响浙江省创新能力综合指标的五个方面中,浙江省的企业创新能力是表现最突出的一个方面,在全国排名第 4。《中国区域创新能力报告》从企业研究开发投入、设计能力、制造和生产能力以及新产品产值四个方面来评价企业创新能力。在 2008 年的报告中,浙江省在这四个方面的排名分别是第 3 位、第 2 位、第 7 位和第 5 位。

在接下来的这个部分,我们将从更深一层的角度,对浙江省企业创新能力进行分析,确定浙江企业创新能力的优势和劣势。为此,我们从区域创新能力报告中,在评价企业技术创新能力方面的基础指标中抽取出排名在前 5 位的各个指标,如表 6-2 所示,这些指标在一定程度上代表了浙江省企业创新能力的优势方面。

从表6-2中我们可以看到,浙江省的大中型工业企业技术中心或研究所数量为1386个,在全国排名第1,且大中型工业企业技术中心或研究所数量增长率达到了26.69%,也居全国第一位,并且保持了较高的增长速度。

另外,大中型工业企业中有科技机构的企业占总企业数的比例、实用新型专利申请数、每10万人平均外观设计专利申请数、大中型工业企业技术改造的投入额这些基础指标在全国均排第2位。这说明浙江省大中型工业企业中有科技机构的企业占总企业数的比例在全国来看是很高的,虽然这一指标值本身并不是很高,仅为35.99%;大中型工业企业研究开发人员增长率、外观设计专利申请数在全国均排第3位,表明浙江省的实用新型专利申请以及外观设计专利申请在全国处于领先水平;浙江省在大中型工业企业技术改造的投入总额也非常高。

表6-2　浙江省企业创新能力排名在前5位的基础指标

名　　称	指标值	全国排名
3.1.1.1 大中型工业企业研究开发人员数	13.96 万人	4
3.1.1.3 大中型工业企业研究开发人员增长率	23.01%	3
3.1.2.1 大中型工业企业科技活动经费内部支出总额	219.79 万元	5
3.1.3.1 大中型工业企业技术中心或研究所数量	1386 个	1
3.1.3.2 大中型工业企业中有科技机构的企业占总企业数的比例	35.99%	2
3.1.3.3 大中型工业企业技术中心或研究所数量增长率	26.69%	1
3.2.1.1 实用新型专利申请数	15940 件	2
3.2.1.2 每十万人平均实用新型专利申请数	32.01 件/十万人	4
3.2.1.3 实用新型专利申请增长率	25.28%	5
3.2.2.1 外观设计专利申请数	28707 件	3
3.2.2.2 每十万人平均外观设计专利申请数	57.64 件/十万人	2
3.3.2.1 大中型工业企业技术改造的投入额	2535296 万元	2
3.4.1 大中型工业企业新产品销售收入	2946.83 亿元	5

资料来源:根据《中国区域创新能力报告(2008)》整理。

其他排名处于全国领先水平的指标还有大中型工业企业研究开发人员数、每十万人平均实用新型专利申请数、大中型工业企业科技活动经费内部支出总额、实用新型专利申请增长率、大中型工业企业新产品销售收入,这些指标的排名分别为第 4 位、第 4 位、第 5 位、第 5 位、第 5 位。

同时,我们也从评价企业创新能力的基础指标中抽取排名在 10 位之后的各个基础指标,如表 6-3 所示,这些指标在一定程度上反映了浙江省企业创新能力的劣势方面。

表 6-3　浙江省企业创新能力排名在 10 位之后的基础指标

名　　称	指标值	排　名
3.1.1.2 大中型工业企业就业人员中研发人员比重	4.48%	19
3.1.2.2 大中型工业企业科技活动经费内部支出总额占销售收入的比例	1.41%	19
3.1.2.3 大中型工业企业科技活动经费内部支出总额增长率	27.57%	15
3.2.2.3 外观设计专利申请增长率	21.01%	15
3.3.1.2 大中型工业企业平均生产经营用设备原价	1.14 亿元/个	30
3.3.1.3 大中型工业企业平均生产经营用设备原价增长率	24.06%	11
3.3.2.2 大中型工业企业平均技术改造的投入额	6.58 百万元/个	25
3.3.2.3 大中型工业企业技术改造的投入增长率	3.28%	17
3.4.3 大中型工业企业新产品产值增长率	37.08%	15

资料来源:根据《中国区域创新能力报告(2008)》整理。

从表 6-3 中可以看到,大中型工业企业平均生产经营用设备原价在全国排名为第 30 位,倒数第二,而排名倒数第一的是西藏,其大中型工业企业平均生产经营用设备原价为 0,也就是说,在全国有生产经营用设备原价的省份中,浙江省的大中型工业企业平均生产经营用设备原价排名是倒数第一。然而浙江省大中型工业企业生产经营用设备原价却并不低,达到了 4398.01 亿元,在全国排名第 6。这其中的一个原因可能是浙江省的中小企业数量众多,大型企业比较少,从而导致平均生产经营用设备原价的排名落后很多。

另外一个排名比较落后的指标是大中型工业企业平均技术改造的投入额,在全国排名第 25 位。然而,大中型工业企业技术改造的投入总额并不低,达到了 2535296 万元,在全国排名第 2。出现这种情况的原因与平均生产经营用设备原价指标的情况类似,可能是浙江省的中小企业数量众多,大型企业比较少,从而导致平均之后指标值的排名落后。

大中型工业企业就业人员中研发人员比重、大中型工业企业科技活动经费内部支出总额占销售收入的比例这两个指标的排名也比较靠后,居全国第 19 位。说明浙江省研发人员仍然比较缺乏。虽然浙江省大中型工业企业科技活动经费内部支出总额并不少,达到了 219.79 万元,在全国排第 5 位,但是与销售收入相比,大中型工业企业科技活动经费内部支出仍然不足。

其他排名比较靠后的指标还有大中型工业企业科技活动经费内部支出总额增长率、外观设计专利申请增长率、大中型工业企业技术改造的投入增长率、大中型工业企业新产品产值增长率,这四个基础指标在全国的排名分别为第 15 位、第 15 位、第 17 位、第 15 位。增长率是反映相关指标发展水平变化程度的动态指标,也是反映相关指标是否具有活力的基础指标。从以上四个指标的增长率排名来看,尽管浙江省企业科技活动经费内部支出总额不低,但是增长率排名情况却并不理想;外观设计专利申请的情况也是类似,尽管外观设计专利申请的数量达到了 28707 件,在全国排名第 3,但是增长率排名情况却并不理想;大中型工业企业技术改造的投入以及大中型工业企业新产品产值的增长率在全国来看也不是很理想。

从以上对浙江省企业创新能力优劣势方面的分析情况来看,浙江企业创新能力的优势大多体现在总量的优势上,而大多数相关指标的平均值和增长率则比较落后。平均值的落后一方面反映了浙江省中小企业数量众多的事实,另一方面也表明就某些指标,从单个企业的实力来看,浙江省企业与国内先进省份企业之间仍然存在较大差距,要想改变这一状况,在这些方面需要继续加大投入。增长率是个动态的指标,某一方面的增长率不高意味着与其他省份相比,浙江省在这一方面的发展潜力不大。增长率持续低于其他省份将会造成对浙江省在这些方面未来发展的威胁,随着时间的推移,最终浙江省在这些方面投入的总量将会被其他省份超过,而目前在总量上的这些优势也会丧失。

二、浙江企业创新能力发展变化过程

从各年的《中国区域创新能力报告》来看,浙江企业创新能力综合指标排名变化不大。但是从影响企业创新能力综合指标的四个方面来看,各个指标的排名变化差异很大。本节通过 2001 年至 2008 年浙江企业创新能力综合指标排名的变化以及影响企业创新能力综合排名的四个方面的排名变化来分析浙江企业自主创新能力的发展变化过程。

(一)浙江企业创新能力综合指标的发展变化过程

2001 年至 2008 年,浙江企业创新能力综合指标排名从第 8 位上升至第 4 位,说明浙江企业创新能力得到了一定程度的提升。在 2001 年至 2008 年间,企业创新能力综合指标的排名大致呈现一种逐步上升的趋势,体现了浙江企业创新能力的稳步提升过程,各年的排名如图 6-1 所示。从图 6-1 中可以看到,最近两年,浙江省企业创新能力综合排名均维持在历年的最高水平。

浙商研究

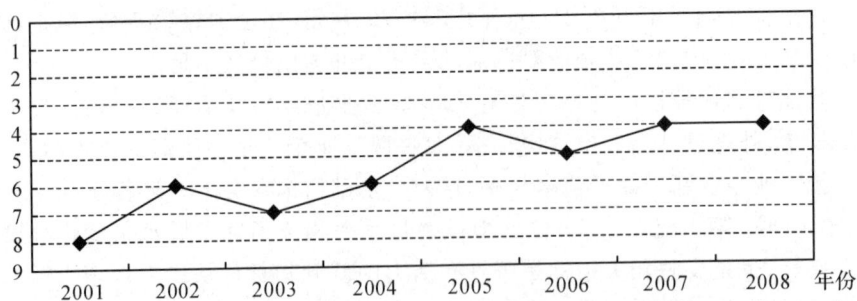

图 6-1　2001—2008 年浙江省企业技术创新能力综合指标排名

(二)浙江企业研究开发投入的发展变化过程

2001 年浙江企业研究开发投入综合指标在全国排名第 28 位,经过 7 年的发展,浙江企业在研究开发投入方面作了很大努力,到 2008 年浙江企业研究开发投入综合指标在全国排第 3 位。2001 年到 2008 年,浙江企业研究开发投入的排名变化如图 6-2 所示。

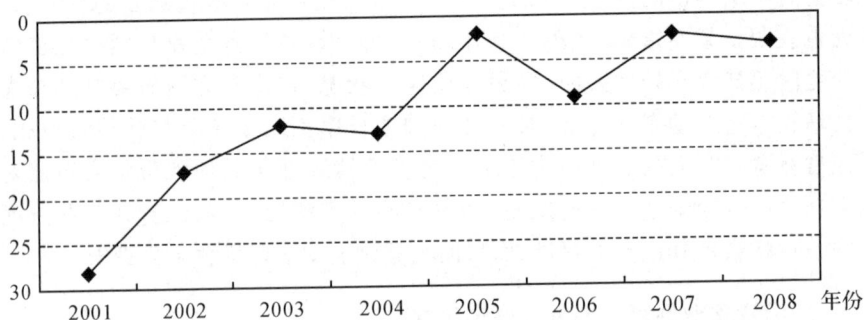

图 6-2　2001—2008 年浙江省企业研究开发投入综合指标排名

从图 6-2 可以看到,2001—2003 年,浙江企业研究开发投入排名上升得比较快,从 2001 年的第 28 位上升到 2003 年的第 12 位;2005 年的排名相比 2004 年,上升了 9 位,在全国的排名第 2;2007 年排名又回到了 2005 年全国排名第 2 的水平;2008 年相对 2007 年,排名下降 1 位,在全国排名第 3。

(三)浙江企业设计能力的变化

企业设计能力是由实用新型专利和外观设计专利的实力来体现的。2001—2008 年,浙江省企业设计能力一直保持在全国领先水平。2001—2005 年,排名一直维持在第 4 位,2006 年和 2007 年排名上升至第 3 位,到 2008 年,排名继续上升,在全国排名第 2,这一排名也达到了浙江省历年来的最高水平,充分显示了浙江省在企业设计能力方面的实力,见图 6-3。

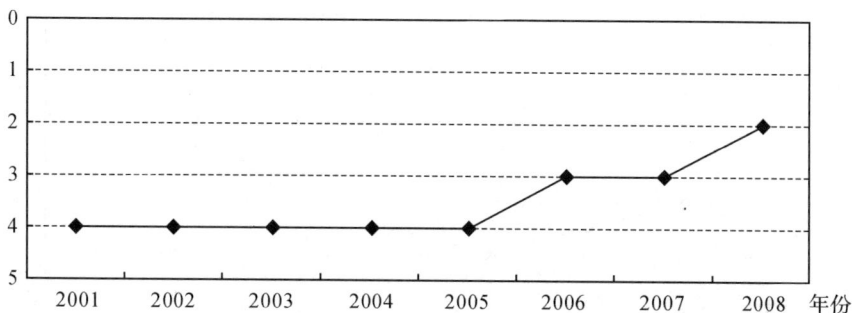

图 6-3　2001—2008 年浙江省企业设计能力综合指标排名

(四)浙江企业制造和生产能力的变化

企业制造和生产能力体现的是浙江省大中型工业企业生产经营用设备和技术改造的能力。2001—2002 年,浙江企业制造和生产能力从第 7 位上升至第 6 位;到 2003 年,排名急剧下降,在全国排名第 11 位;之后的两年,排名在 2003 年的基础上持续上升,到 2005 年,在全国排名第 4 位;2007 年和 2008 年排名持续上升,到 2008 年,浙江省企业制造和生产能力在全国排名第七。总体来看,在最近三年,浙江省企业制造和生产能力相比 2005 年,与全国其他省份相比实力有所下降,见图 6-4。

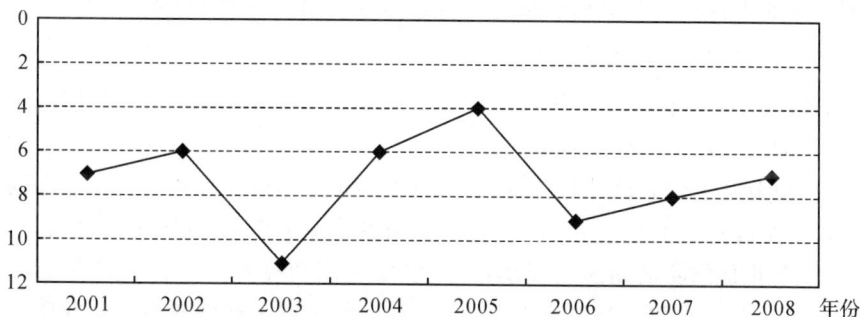

图 6-4　2001—2008 年浙江省企业制造和生产能力综合指标

(五)浙江企业新产品产值的变化

2001—2008 年浙江省新产品产值总体来看处于一种上升态势。2001 年至 2002 年,排名从第 8 位上升至第 7 位;从 2005 年开始,排名开始上升,这一上升趋势一直持续到 2007 年,在 2007 年,浙江省新产品产值综合指标在全国排第 4 位,达到历年来的最高水平,见图 6-5。

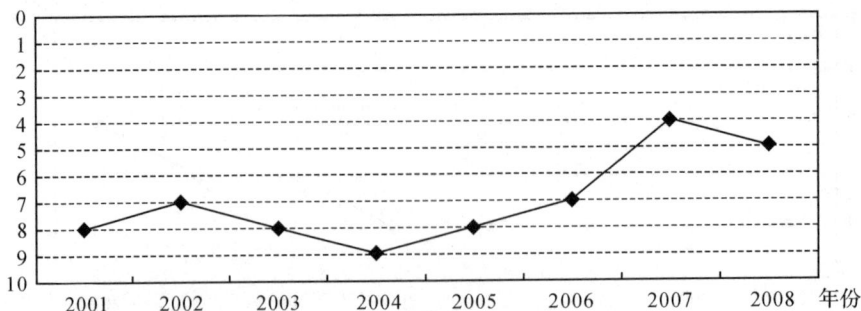

图 6-5 2001—2008 年浙江省企业新产品产值综合指标排名

三、对浙江省企业创新调查数据的分析

在《中国区域创新能力研究报告》指标体系中，与创新直接有关的指标大多是与 R&D 相关的科技投入和产出，多数指标是用来反映 R&D 的水平，非 R&D 指标非常少。然而，创新是一个知识的利用过程和问题的解决过程，它在很大程度上是个组织过程，忽视创新的非 R&D 方面，是科技部科研小组研究报告的不足（陆力军等，2004）。为了弥补这一缺陷，本文利用浙江省第一次全国企业创新调查的结果，来说明浙江省企业创新活动开展的情况和存在的问题，以期从企业本身这一微观层面进一步探析浙江省企业创新能力的现状。

(一)浙江省企业创新的成就

2007 年，浙江省第一次全国企业创新调查结果显示：浙江省企业创新呈现出以下一些特点（浙江省统计局，2007）：

(1)企业开展创新活动较为活跃。2004—2006 年浙江省开展创新活动的工业企业占全部被调查总数的 59.2%，比全国平均水平高出 30.4 个百分点。

(2)企业是创新活动的主要承担者、研发主体和投入主体。2006 年浙江全省产品创新由企业和企业集团研发的占 80.7%，全省工艺创新由企业和企业集团研发的占 73.4%。另外，2006 年浙江工业企业创新费用中的企业资金占各种资金来源的比例达到 76.5%。由此可见，浙江省企业创新活动主要依靠企业自身力量来实现，企业资金在创新投入中居于主体地位。

(3)创新产出效果显著。2006 年，全省工业企业实现的新产品销售收入占产品销售收入的比重为 18.1%，高出全国(12.7%)5.4 个百分点。

(二)浙江省企业创新存在的主要问题

调查也显示出了浙江省企业创新存在的一些问题：

(1)企业创新研发活动仍处于较低水平。虽然浙江企业研发投入自 20 世纪 90 年代以来保持较高增长速度,创新能力不断增强,但总体上看,研发投入强度仍处于较低水平。2006 年,浙江工业企业 R&D 投入强度仅为 0.63%,与国内外先进企业有很大差距。

(2)企业创新成果科技含量水平偏低。浙江大部分工业企业开展的创新活动水平仍不高,具有高科技含量、高附加值的新产品数量仍然较少,不少企业还是通过追随和效仿市场上类似的产品来获取经济效益,长此以往,将严重制约浙江企业的发展后劲和市场竞争力。

(3)政策对企业创新的影响力偏弱。近年来,政府相继制定出台了不少鼓励企业创新的政策,但从创新调查结果看,这些政策对企业创新的作用和影响还不强,对企业开展创新活动的影响程度普遍偏低。企业家认为政府采购政策、免征技术转让开发营业税政策、由企业承担政府部门的科技项目政策、企业相关科研设备加快折旧政策和对外经济贸易政策对企业没有起到太大作用。究其原因,主要集中在"不知道此政策"、"此政策吸引力不强"或是"政策办理手续繁杂"等方面。

四、对浙江省企业创新能力的问卷调查与分析

在中国区域创新能力研究报告中,所用的数据大多数是大中型工业企业的数据。然而浙江省是一个中小企业大省,中国区域创新能力报告对浙江省中小企业的创新能力并没有给予足够关注。针对这一事实,我们设计了针对企业创新能力的调查问卷,主要针对浙江的中小企业(也有部分大型企业)发放了 300 份问卷,从前期收回的 153 份调查问卷中,剔除 48 份不合格的问卷,共得到有效问卷 105 份。下面从企业的技术能力、企业创新绩效以及企业创新来源三个方面来分析浙江企业创新能力的现状。

(一)企业技术创新能力

问卷中用来测量企业技术能力的题项共有 17 个,每一题项均采用 7 分量表的形式进行测量。通过计算每个题项的得分均值,并对各题项的得分均值进行比较,得出均值低的几个题项和均值高的几个题项。题项的得分均值计算结果如表 6-4 所示。

表 6-4　企业技术能力各题项得分均值

题　项	题项序号	均　　值	标准差	总得分
我们企业产品的系统集成能力较强	3	5.14	1.40	540
我们企业有较好的产品平台的构建能力	4	5.22	1.32	548
我们的产品在技术上是行业领先的	2	5.28	1.34	554

续表

题　项	题项序号	均　　值	标准差	总得分
我们企业新产品开发具有良好的选择机制	5	5.28	1.39	554
我们有充足的技术人员进行新产品的研发	1	5.29	1.33	555
企业有较强技术整合能力	12	5.36	1.24	563
我们企业具备较为先进的产品研发设备	15	5.36	1.21	563
在生产中引入 CIMS、ERP 等先进制造体系及方法	14	5.37	1.28	564
我们企业的制造能力是很强的	13	5.43	1.31	570
我们对技术发展趋势有较强的跟踪监测能力	11	5.48	1.11	575
员工具有很强的设备操作水平	16	5.51	1.15	579
我们在新产品开发环节会考虑对生产工艺及流程改进	6	5.52	1.08	580
我们企业的产品水平与工艺水平是很匹配的	7	5.52	1.11	580
我们具有较强的设备改进能力	17	5.53	1.23	581
我们善于吸收和利用来自于外部的技术和知识	10	5.58	1.12	586
我们不断地对生产工艺和流程进行改进	8	5.59	1.06	587
能很快地吸收、掌握和运用引入的设备和工艺	9	5.63	1.04	591

得分均值低的题项在一定程度上反映了浙江省企业技术创新能力的弱势方面,得分均值高的题项在一定程度上反映了技术创新能力的优势方面。

从上表的计算结果可以看出,善于吸收和利用来自于外部的技术和知识,不断地对生产工艺和流程进行改进,以及能很快地吸收、掌握和运用引入的设备和工艺三个题项上的得分均值要高于其他题项。这说明浙江企业吸收和利用技术和知识的能力比较强,它们擅长将外部的技术和知识拿来为自己所用,能够将引进的设备和工艺较快地运用到企业的生产当中,同时它们也会对生产工艺和流程进行一些改进。

但是,在企业产品的系统集成能力、企业产品平台的构建能力、产品在技术上的竞争优势、企业新产品开发的选择机制、企业进行新产品研发的技术人员等题项上的得分均值低于其他题项。这些题项的得分均值低反映了浙江企业在新产品开发方面的不足,尤其在利用先进技术开发新产品方面。企业产品的系统集成能力不强,没有很好的产品平台的构建能力,产品在技术上没有很强的竞争优势,企业没有一个良好的新产品开发选择机制,也缺乏进行新产品研发的技术人员。

(二)企业创新绩效

在企业创新绩效方面,新产品开发很好地满足了企业发展战略的需要、比行业竞争对手更快地推出新产品、总体上新产品开发成本保持在预算之内、公司高层对新产品开发的速度较为满意四个题项上的得分均值高于其他题项,结果见表6-5。在专利申请数量、新产品预期的利润目标、新产品预期的市场占有率三个题项上的得分均值低于其他题项,结果见表6-5。

表6-5 企业创新绩效题项得分

题 项	题项编号	均 值	标准差	总得分
专利申请数量不断增加	5	5.00	1.37	525
新产品达到了预期的利润目标	6	5.20	1.15	546
新产品的推出达到了预期的市场占有率	7	5.20	1.25	546
来自于新产品的销售额不断上升	1	5.28	1.10	554
新产品开发周期不断缩短	2	5.29	1.08	555
来自于新产品的利润不断上升	3	5.30	1.07	556
整体而言,我们推出的新产品满足了顾客需求	8	5.30	1.24	556
新产品开发的成功率不断提高	4	5.30	1.17	557
公司高层对新产品开发的速度较为满意	11	5.35	1.33	556
总体上新产品开发成本保持在预算之内	9	5.37	1.21	564
我们比行业竞争对手更快地推出新产品	10	5.38	1.24	565
新产品开发很好地满足了企业发展战略的需要	12	5.61	1.19	583

对比得分均值高的题项与得分均值低的题项,我们可以看到,虽然新产品开发很好地满足了企业发展战略的需要,也能够比行业竞争对手更快地推出新产品,新产品开发成本也控制在预算之内,公司高层对新产品开发的速度较为满意,但是企业专利申请的数量并不多,新产品也没有达到企业期望的利润目标和市场份额。可见,浙江企业新产品开发与新产品的经济绩效之间存在不一致,企业开发出来的新产品并没有带来预期的经济效益。另外企业的新产品开发取得了一定的成绩,但是企业的专利申请数量并不多,这反映了浙江企业开发出来的新产品并不是企业自主研发的成果。

(三)创新来源

从创新来源对于产品开发和改进的重要程度来看,内部研发,在解决关键客户或特殊用户的技术需求和技术问题过程中获得的想法、反馈和技术经验,行业性的展览会三个题项上的得分均值高于其他题项,结果见表6-6。这表明,与其他创新来源相比,这三种创新来源被认为对企业产品开发和改进最为重要。其中,内部研发的得分均值在所有题项中是最高的,这一方面反映了浙江企业充分认识到内部研发的重要性,认为内部研发是企业创新的最重要来源。但是从另一方面来看,许多研究表明,浙江企业中很少从事内部研发活动。浙江省绝大部分企业的产品是模仿国内外大企业,来料加工、OEM业务比重较高,原创性、自主性产品偏少。可见,一方面,企业认识到内部研发的重要性;另一方面,企业又忽视在内部研发上的投入。这一矛盾在目前浙江省大多数企业创新中普遍存在。如何解决好这一矛盾,还需要我们进行进一步的研究。

表6-6　创新来源对于产品开发和改进的重要程度

题　项	题项编号	均　值	标准差	总得分
与其他创新公司雇员的交谈和接触	1	4.84	1.79	508
雇佣来自于其他创新公司的雇员	2	5.10	1.74	536
通过专利公告披露的信息获取的技术知识	13	5.12	1.70	538
来自于技术出版物及技术性会议的技术知识	14	5.25	1.50	551
通过技术许可获得的技术与知识	12	5.41	1.50	568
与同行企业的合作开发	10	5.41	1.50	568
行业协会提供的技术信息与培训	11	5.50	1.49	578
与大学的合作开发	8	5.52	1.46	580
与(原材料、零部件及设备)供应商雇员接触获得的想法和技术	7	5.56	1.29	584
上游厂商或者大客户(重要客户)提供的技术指标与培训	5	5.60	1.30	588
与研究机构的合作开发	9	5.61	1.46	589
行业性的展览会	15	5.70	1.17	598
在解决关键客户或特殊用户的技术需求和技术问题过程中获得的想法、反馈和技术经验	6	5.70	1.26	599
内部研究开发	4	5.89	1.08	618

而与其他创新公司雇员的交谈和接触、雇用来自于其他创新公司的雇员、通过专利公告披露的信息获取的技术知识这三个题项上的得分均值低于其他题项,结果见表6-6。这表明,与其他创新来源相比,这三种创新来源对产品开发和改进的作用是最不重要的。这说明浙江省中小企业在产品开发和改进过

程中与其他公司之间的合作不够,另外也缺乏对前沿技术的追踪。

在给出的创新来源中,对比最重要的来源与最不重要的来源,可以发现浙江企业对客户比较重视,对市场信息掌握得比较好,但是缺乏对前沿技术的追踪。

第二节　浙江省高技术产业发展现状分析

高技术产业日益成为知识经济时代的主导产业,作为知识经济的支柱产业,高技术产业在经济增长中的主导作用日趋明显,科技已上升为与资本、劳动力并列的三大生产要素之一。因此发展高技术,促进高技术产业化,对于实现浙江省国民经济结构调整和产业升级具有十分重要的意义。高技术及其产业的发展,是当今世界经济、科技竞争的战略制高点,也是国家和地方实现经济振兴的重要途径。

一、浙江高技术产业发展的总体情况

(一)高技术产业规模保持稳定增长

根据 2007 年 1—12 月份我国高技术产业发展统计数据,浙江省 2007 年实现高技术产业总产值 2901.01 亿元,同期增长 16.43％;新产品产值 788.36 亿元,同期增长 27.99％;出口交货值 1432.83 亿元,同期增长 13.16％。而 2007年,全国实现高技术产业总产值 51207.23,同期增长 20.41％;新产品产值 9733.69 亿元,同期增长 15.71％;出口交货值 28731.07 亿元,同期增长 19.99％。可以看到,浙江省高技术产业新产品产值保持了较快的增长,同期增长达到 27.99％,超过全国平均水平(15.71％)12.28 个百分点。虽然高技术产业总产值和出口交货值也实现了比较快的增长,但仍然落后于全国平均水平,其中高技术产业总产值同期增长落后全国平均水平 3.98 个百分点,高技术产业出口交货值同期增长落后全国平均水平 6.83 个百分点,见表 6-7。

表 6-7　浙江省高技术产业主要经济指标(2007)

指　　标	总产值/当年价		新产品产值/当年价		出口交货值	
	总量/亿元	同期增长/％	总量/亿元	同期增长/％	总量/亿元	同期增长/％
浙　江	2901.01	16.43	788.36	27.99	1432.83	13.16
全　国	51207.23	20.41	9733.69	15.71	28731.07	19.99

资料来源:2007 年 1—12 月份我国高技术产业发展统计数据。

（二）出口平稳增长

根据《2007 年浙江省高技术产业发展情况与展望》，浙江省 2007 年高新技术产品累计出口 107 亿美元，增长 5.2%，进口 61 亿美元，下降 9.3%。从全国 20 个科技兴贸重点城市比较看，宁波市全年出口额达 26 亿美元，增长 39.7%。

分行业看，在整体出口平稳的情况下，电子计算机及办公设备制造业保持了强劲的出口增长势头，成为新的亮点。各行业出口总额和增幅分别为：电子及通信设备制造业实现出口交货值 646.5 亿元，下降 13.3%；电子计算机及办公设备制造业实现出口交货值 442.4 亿元，增长 95.3%；医药制造业实现出口交货值 180.6 亿元，增长 12.5%；医疗设备及仪器仪表制造业实现出口交货值 142.5 亿元，增长 19.7%；信息化学品制造业实现出口交货值 19.7 亿元，增长 53.4%①。

二、浙江省高技术产业发展与其他优势省份的比较

从前面的分析可以看出，浙江省高技术产业近年来取得了一定程度的发展，但是从横向与其他优势省份高技术产业发展的情况相比，浙江省高技术产业的发展仍然存在一定的差距。本节从高技术产业一些重要的静态指标和动态指标出发，并利用 2008 年全国及各地区科技进步统计监测结果，来比较分析浙江省与其他优势省份高技术产业的发展情况。

（一）高技术产业总值、新产品产值、出口交货值的状况

2007 年，浙江省高技术产业总产值占全国比重为 5.67%，在全国排名第 6 位；广东、江苏和上海市高技术产业总产值占全国比重分别为 29.64%、19.01% 和 10.95%，在全国排名分别为第 1、2、3 名。从这里可以看到浙江省高技术总产值占全国比重与广东、江苏、上海三省市的差距比较大，尤其与广东相比，差距甚大（见表 6-8）。

表 6-8　总产值、新产品产值、出口交货值占全国比重的比较

区　域	总产值/当年价（%）	新产品产值/当年价（%）	出口交货值（%）
广东	29.64	16.09	38.06
江苏	19.01	10.46	21.51
上海	10.95	7.54	14.47

① 浙江省发展改革委高技术产业处，2007 年浙江省高技术产业发展情况与展望，中国高技术产业发展年鉴（2008）。

区　域	总产值/当年价(%)	新产品产值/当年价(%)	出口交货值(%)
山东	6.23	7.66	3.51
北京	6.19	17.02	5.01
浙江	5.67	8.01	4.99

资料来源:根据《中国高技术产业发展年鉴(2008)》整理。

　　而在出口交货值占全国比重来看,浙江仅为 4.99%,与广东的 38.06% 相比,差距非常明显。在这一指标上明显超过浙江省的省份还有江苏、上海和北京。

　　从高技术产业总产值、新产品产值、出口交货值占全国比重的静态指标来看,虽然浙江省在这三个指标上的排名处于全国领先水平,但是与优势省市相比差距仍然很大。

(二)总产值、新产品产值、出口交货值增速三项动态指标的比较

　　从总产值增长来看,浙江高技术产业总产值同期增长仅为 16.43%,低于全国 20.41% 的平均水平,与江苏(24.09%)、上海(23.06%)、山东(31.39%)的差距更为明显。这表明浙江省仍然需要继续加大高技术产业发展的力度。

　　另外,从出口交货值增长来看,浙江省仅为 13.16%,也低于全国平均水平。山东省 2007 年的出口交货值增长达 57%,远远高于浙江。另外,江苏、上海、北京的出口交货值增长也远高于浙江。

　　从总产值、新产品产值、出口交货值增速这三个动态指标来看,浙江在新产品产值增长这一指标上的优势比较明显,2007 年浙江省新产品产值增长居全国第一位,但是总产值增长以及出口交货值增长不仅低于优势省市的增长,而且低于全国平均水平。2007 年浙江省总产值增长落后于山东 14.96 个百分点,落后于全国平均水平 3.98 个百分点;出口交货值增长落后于山东 43.84 个百分点,落后于全国平均水平 6.83 个百分点,见表 6-9。

表 6-9　总产值、新产品产值、出口交货值增速的比较

区　域	总产值/当年价(%)	新产品产值/当年价(%)	出口交货值(%)
全国	20.41	15.71	19.99
广东	17.53	8.73	16.15
江苏	24.09	10.12	23.19
上海	23.06	14.52	26.52
山东	31.39	13.34	57.00

续表

区　域	总产值/当年价(%)	新产品产值/当年价(%)	出口交货值(%)
北京	19.48	27.76	29.02
浙江	16.43	27.99	13.16

资料来源:根据《中国高技术产业发展年鉴(2008)》整理。

(三)浙江省高技术产业化的发展状况

虽然浙江省高技术产业化取得了一定的成果,但是根据 2008 年全国及各地区科技进步统计监测结果(见表 6-10),2008 年浙江省高技术产业化在全国排名第 13 位,与优势省份相比,仍然存在一定差距。在影响高技术产业化排名的两个因素中,高技术产业化水平居全国第 10 位,高技术产业化效益居全国第 18 位。在影响高技术产业化水平以及高技术产业化效益各个基础指标中,大多数基础指标的排名均比较靠后,如高技术产品出口额占商品出口额比重为 7.87%,在全国排第 13 位;高技术产业劳动生产率为 9.58%,在全国排第 27 位;高技术产业增加值率为 20.96%,在全国排名第 28 位。只有少数指标排名在前几位,如知识密集型服务业劳动生产率达到了 33.29%,在全国排第 2 位。

表 6-10　2008 年浙江省高技术产业化监测值与位次

指　标	监测值	位　次
高新技术产业化	43.76	13
高新技术产业化水平	31.40	10
高技术产业增加值占工业增加值比重	7.88	12
知识密集型服务业增加值占生产总值比重	11.20	5
高技术产品出口额占商品出口额比重	7.87	13
新产品销售收入占产品销售收入比重	20.30	5
高新技术产业化效益	56.12	18
高技术产业劳动生产率	9.58	27
高技术产业增加值率	20.96	28
知识密集型服务业劳动生产率	33.29	2

资料来源:2008 年全国及各地区科技进步统计监测结果。

三、浙江省高技术产业发展的特点

高技术产业的典型特征是技术高度密集以及高投入、高风险和高收益。但根据浙江省统计局课题组(2006)对浙江高技术产业特征的分析,发现浙江高技术产业呈现出与高技术产业发展一般规律不同的非典型特征:资金密集程度较高但技术密集程度不高、竞争虽然激烈但风险不大,收益略高但不明显。

(一)资金密集程度较高

浙江高技术产业的资金密集程度高于非高技术产业,但高技术产业在技术装备水平方面的优势并不明显。

(二)技术密集程度不高

根据浙江省统计局课题组的综合计算,2004 年浙江高技术产业的技术密集度为 6.34％,信息化学品制造业、医药制造业、电子及通信设备制造业、电子计算机及办公设备制造业、医疗设备及仪器仪表制造业的技术密集度分别为 0.93％、7.41％、7.02％、1.83％和 3.70％。按 OECD 标准,浙江的医药制造业和电子及通信设备制造业属中高技术产业,医疗设备及仪器仪表制造业属中低技术产业,电子计算机及办公设备制造业属低技术产业,没有一个行业属高技术产业。

根据技术密集度的测算,2004 年,浙江以劳动密集型产业为主的低技术产业密集度在 1.5％左右,以资本密集型产业为主的中技术产业技术密集度为 3.5％左右,以技术密集型产业为主的高技术产业技术密集度为 6.5％左右。从高技术产业与低技术产业的技术密集度差距看,浙江高技术产业的最高技术密集度与低技术产业的最低技术密集度相差近 5 个百分点,而 OECD 的高低相差达 20 个百分点(浙江省统计局课题组,2006)。

根据浙江省第一次全国企业创新调查结果,2006 年,浙江省医药制造业、仪器仪表及文化、办公机械制造业、通信设备计算机及其他电子设备制造业、专用设备制造业、电气机械及器材制造业五个行业的 R&D 投入强度分别为 2.50％、1.96％、1.88％、1.87％和 1.13％,可见浙江高技术产业 R&D 强度与发达国家差距非常大。

四、浙江省高技术产业发展面临的主要问题和困难

20 世纪 90 年代以来,浙江高技术产业的快速发展,在很大程度上是通过引进技术和引进外资进入全球高技术产业分工体系来实现。通过引进技术和引进外资,浙江发展高技术产业的基础得以奠定、巩固和加强。

近年来,浙江省高技术产业总体保持了一定程度的平稳发展,但是仍然面临着诸多的问题和挑战。通过前面对浙江省高技术产业发展与优势省份的比较以及对浙江省高技术产业发展特点的分析,可以归纳出存在的一些问题,主要有以下几点:

(1)尽管浙江省高技术产业总产值、新产品产值、出口交货值占全国比重等一些主要指标在全国处于领先水平,但是与优势省份相比差距甚大;

(2)浙江省高技术产业总产值和出口交换值增速较为缓慢,2007年两者的增速不仅大大落后于优势省份,甚至落后于全国平均水平;

(3)浙江省高技术产业的研究与发展投入不足,技术密集程度不高,产业自主创新能力不强;

(4)高技术产业化效益不高,无法取得高技术产业的高附加值;

(5)高技术产业发展相对滞后,高技术产业化水平不高。

这些问题反映出浙江省高技术产业发展中一个根本性的问题在于高技术产业创新能力不强。

第三节　浙江企业创新能力不足的原因分析

针对浙江企业创新能力不足的外部原因,我们从以下四个方面进行分析:内源型经济背景;对创新的外部资金投入不足;技术扩散渠道不畅;产业层次低,产业升级滞后。

一、内源型经济背景

内源型经济是指靠本地区自身的力量发展起来的经济,依靠本地资金、技术、人力资源等生产要素,推动工业化和现代化进程。浙江省作为内源型经济模式最典型的代表,有其非常明显的优势——"内源型"增长方式,主动权比较大,活力很强,发展基础比较稳固,增长速度比较均衡。但与典型的外源型经济模式的代表广东相比,亦有其明显的缺陷:它相对封闭,没有充分利用全球资源,创新能力提高缓慢。根据2008年中国区域创新能力报告的数据,浙江省外商投资企业年底注册资金中外资部分为511亿美元,人均外商投资企业年底注册资金中外资部分为1026万美元/人,总的来说浙江吸引外资数量在全国尚为前列,但同年广东省这两个指标值分别为1503亿美元/人、1615万美元/人,江苏省分别为1409亿美元/人、1866万美元/人,上海市分别为963亿美元/人、5306万美元/人,与这些省市相比,浙江省在吸引外资方面非常落后。

二、对创新的外部资金投入不足

成功的创新除了需要富有创造力的人才外,还必须要有充足的资金,尤其是一些高技术领域的创新,如果没有充足的资金支持,创新无法实现。

浙江省企业创新能力不强,资金不足是重要阻碍因素。主要表现在以下几个方面:

(1)政府科技投入不足

根据 2008 年中国区域创新能力报告的数据,浙江省政府投入 567917 万元,排名第 7,但政府科技投入占 GDP 的比例仅为 0.36%,政府科技投入增长率仅为 23.25%,排名分别为第 18 和第 12。相比较而言,北京的政府科技投入占 GDP 的比例高达 4.75%,江西的政府科技投入增长率达 50.91%,浙江省与之差距较大。

(2)政府科技投入结构不合理

根据中国区域创新能力报告(2008)的数据,浙江省政府科技投入的分配结构依次是科研院所、高校和企业,其中科研院所和高校所获得的政府科技投入占总投入的 67.72%,绝大部分的科技资源配置在科研院所和高校,仅有 32.28% 的政府科技投入真正流向企业。

(3)企业融资渠道不畅

根据中国区域创新能力报告(2008)的数据,浙江省大中型工业企业科技活动平均获得金融机构贷款额为 47.3 万元,大中型工业企业科技活动平均获得金融机构贷款额增长率为 5%,分别为第 20 和第 22。然而同年,安徽大中型工业企业科技活动平均获得金融机构贷款额高达 331.9 万元,上海大中型工业企业科技活动平均获得金融机构贷款额增长率达 1167%。

三、技术扩散渠道不畅

技术扩散是企业实现自主创新、增强核心竞争力的关键环节,是创新成果转化为生产力的重要途径。但技术扩散是浙江省自主创新体系建设中的薄弱环节,由于缺乏良好的体制、机制和政策环境,长期以来成为提高企业自主创新能力的重大障碍。

中国区域创新能力报告(2008)的数据显示,浙江省技术市场交易金额、大中型工业企业国内技术成交金额、大中型工业企业国外技术引进金额排名分别为第 5、第 4、第 7。但这些指标的均值、增长率排名比较靠后,技术市场企业平均交易金额、技术市场交易金额的增长率排名为第 31 和第 24,大中型工业企业平均国内技术成交金额、大中型工业企业国内技术成交金额增长率排名为第 14 和第 19,大中型工业企业平均国外技术引进金额、大中型工业企业国外技术引进金额增长率排名为第 25 和第 14。

技术扩散方面薄弱的原因可以归结为以下两个方面:

（1）实现产业化的技术成果很少

虽然国内每年科技成果比较多，但实现产业化的并不是很多。产学研合作本可以解决这个难题，但由于高校一般以学术研究为导向，而企业往往重视应用技术开发，两者之间缺乏必要的过渡环节，使得大量的科技成果闲置，不能进入企业实现产业化。

（2）技术扩散机构不健全

浙江省政府对先进技术的引进和转移引导力度不够，缺乏专门的技术引进和扩散的机构，不能及时追踪引进和扩散最前沿的技术。对企业来说，它们缺乏国际上最前沿技术和标准的相关信息，不清楚应该引进转移哪些技术，资金上的不足使得企业不敢盲目引进，如引进了一些已经开始被淘汰的技术，严重阻碍了企业技术创新的开展。

四、产业层次低，产业升级滞后

高技术产业是技术创新最重要的载体，对地区经济发展有很大的带动作用。因此，优化产业结构，改造传统产业，促进高技术产业的发展，是提升自主创新能力的一个重要举措。浙江省高技术产业虽然近几年有了长足的发展，但发展速度还不够快，总量还比较小，所占比例较低，与先进省市发展水平相距较大。

从优势产业来看，在全国范围内，广东、上海、浙江、江苏和山东是高技术产业发展最迅速的省市，尤其广东比其他四省更显强势。从表6-11（高怡冰、林平凡，2007）中可以看出，浙江与其他几个省市相比，优势产业层次较低，主要是纺织轻工类等传统产业，而其他省市的优势产业中高技术产业居多，显示浙江省产业升级的滞后。

表 6-11　沪、苏、浙、鲁、粤优势行业

地　区	比较优势行业	所属主要产业类别
沪	通信电子、通用设备、家具、交通设备	机械电子类
苏	化纤、纺织、服装、通信电子	纺织轻工类、机械电子类
浙	化纤、皮革、纺织、服装	纺织轻工类
鲁	橡胶、食品加工和制造、造纸、非金属矿物	食品轻工类、建材类
粤	通信电子、仪器仪表、家具、电气机械	机械电子类

近年来浙江产业结构有低层次"路径锁定"之说，据浙江省发展和改革委员会的一篇分析报告（卓勇良，2009）的数据，纺织业等传统产业比重一直居高不

下。1985年,浙江纺织服装皮毛羽绒行业的产值比重为27.3%,全国这组行业的产值比重为18.4%,浙江高出全国8.9个百分点;到2008年,浙江这组行业的产值份额仍高达21.3%,20余年间只下降了6.0个百分点,全国这组行业的产值比重却下降了9.9个百分点,仅占全国工业产值的8.5%;另一方面,高技术产业的份额长期较低,典型的反映是在电气电子这组行业上。1985—2008年,浙江这组行业的产值份额仅从12.3%上升到14.5%,只上升2.2个百分点;全国则从8.8%上升到了17.0%,上升了9.2个百分点。目前,上海、江苏的制造业结构的领先行业均为电子行业,长三角地区唯有浙江省仍以纺织业为领先行业,产业层次明显偏低。

第四节　创新战略与创新能力关系的动态分析

上述实证研究的结果告诉我们,浙江企业通过20年的技术引进,到2000年已形成较强的基于技术模仿的加工制造能力。但此后,在向基于自主创新的"研发—设计—制造"一体化体系的建设过程中,却步履蹒跚,转型升级至今没有完成。那么,是什么因素在阻碍浙江企业的转型和创新能力的提高? 如何才能克服这些障碍,使浙江企业实现从模仿到创新的飞跃?

对此问题的探讨可从宏观和微观两个层面上进行。宏观层面主要从国家与区域创新系统的系统失效方面去寻找原因,而微观层面主要从企业战略与组织方面上去寻找原因。本节定位于微观层面,首先利用典型案例分析,从企业发展过程分析创新能力提升缓慢的原因,然后利用系统动态学进行模拟与策略分析,希望从企业战略与组织方面去寻找浙江企业创新能力提升缓慢的原因,并由此提出改善企业战略与组织以推动企业创新能力提升的策略。

一、信雅达公司战略转换与创新能力提升过程

信雅达系统工程股份有限公司(以下简称信雅达)是国内专业从事软件产品的研究开发、系统集成、运营服务的高科技企业。信雅达的主营业务有三块:金融IT、服务外包与环保科技。其中金融IT主要有三大生产线:电子影像、电子商务软件(Call Center)和信息安全;外包业务主要有IT外包和BPO外包(如保险保单录入);环保科技主要产品有烟气除尘、脱硫设备以及电控软件。

目前,信雅达在北京、上海、深圳、宁波等主要大中城市设有21家办事处和15家控股子公司。公司一直致力于自主产权软件的开发和应用服务,产品在工行、农行、建行、中行、交行、中信、浦发等银行的总行及数百家地市级以上分支

浙商研究

机构、700多家证券营业机构,以及保险、税务、工商、交通、教育、司法、电力等行业和政府部门获得广泛应用。信雅达拥有员工800余人(其中管理人员约占30%,技术人员约占50%),其中本科学历及以上的专业人员占80%以上。

在组建至今的十几年时间内,公司实现了企业生命周期中初创到成长的成功过渡,其发展历程大致可以划分为三个阶段。

第一阶段(1996—2002):战略形成期。

公司从组建伊始,就逐渐形成了具有自身特色的总体战略思想:两个领先半步,即"市场领先半步,技术领先半步"。具体来说,公司在业务发展中力图先于竞争对手进入目标市场,抢先推出客户所需的新产品或新服务,率先赢得市场的认可和同行的认同,占领市场竞争的制高点;如果竞争对手已先于自己占据了某类市场而公司又想挤进去,就一定要在技术上略胜一筹以抢夺市场份额。尽管只是"半步"的差距,也足以改变市场竞争的格局。公司正是凭借这个"半步"的战略武器在细分市场上获得了优势地位。

到2001年,公司已拥有20多个自主产权的系列产品,为金融、证券、保险、工商、税务、政府等客户的电子化建设提供了解决方案。公司的主要产品在国内相关市场上的占有率及排名均名列前茅。在公司组织架构上,尽管最初还没有形成现代管理体制,但公司在高层设立了战略委员会、制度委员会和薪酬委员会,对公司经营管理重大战略决策问题实行集体协商。2000年前后公司变更为股份有限公司,建立了完善的法人治理结构,消除了公司持续发展在体制上的障碍。在业务部门的设置上,除传统的职能部门外,承担(系统集成)产品和服务的部门从工厂制逐渐转向事业部制。

在初创期,公司推出了三类系统集成产品,分别是银行票据光盘缩微系统、电子支付密码系统和证券客户服务中心系统,在国内实现了首创。此外,公司研发的密码算法(SEA)获得国家密码管理委员会办公室批准。为了推动研究开发工作,公司与浙江大学联合成立"浙江大学—信雅达计算机信息安全技术研究中心",在计算机信息安全方面开展多项技术合作。

在初创期,公司充分利用过去在金融业积累的人脉资源重点拓展大银行的金融软件市场,采取直销模式发展金融系统集成业务,并注重根据客户的实际需求提供个性化的定制服务,取得了显著的成效,很快实现了细分市场国内占有率第一的业绩。公司一起步就明确了中高端市场和行业市场的定位,从而避开了与通用软件产品制造商和普通系统集成提供商直接的竞争,这也是公司快速发展的基础。

信雅达从创建之初就形成了自己的文化特色,定位于"诚信、文雅、速达"这个核心价值观,并在不同阶段体现了不同的特征。所谓"信"即对内讲团结,对外讲信用;所谓"雅"即要将产品做成"作品",将工作当成"创作";所谓"达"是因为公司资源有限,因此要求速达。公司存续的方式是创造与创新。在这个文化熏陶下,公司努力营造和谐宽松的创业、创新环境,使每一位员工都充满激情,让信雅达成为"工作的伊甸园"。

第二阶段(2002—2005):多元化发展期。

2002 年,信雅达在上海证交所挂牌上市,为公司进一步创新与发展奠定了良好的基础。在这一阶段,公司从经营层面对主业提出了更为清晰的发展目标,即"规模化、产品化、专业化":利用应用软件(系统集成)的优势向规模化发展,利用技术优势向软件产品方向发展,实现按产品分工的专业化。

同时,借助于上市带来更多的资源和机会,公司提出了多元化发展的战略,并进行了相关多元化和混合多元化等多种尝试,最终成功进入环保和服务外包两个新的领域,为目前公司"金融 IT"、"环保科技"和"外包"三业并举局面的成形打下了基础。

在这个阶段,公司推出的 SunFlow 工作流管理软件作为中间件工作流产品获得多项殊荣。基于网络处理器和国密算法的各型 VPN(虚拟专用网)系统作为国内首创的嵌入式网络安全产品得到了市场和用户的认可。这是这一阶段公司实施技术创新的一个典范。通过引进国外技术研制出的电子影像产品系列也取得了较好的市场效果。在通用型产品方面,公司进入 POS(Point of Sales)产品领域,开发出具有自主产权的无线 POS 产品,并开始进行市场推广。

在组织结构上,公司一方面按上市公司标准进一步规范法人治理结构,另一方面在公司内部实施按产品划分的事业部制。事业部的目的性非常明确,以赢利为导向,有着严格的以利润为目的的计划和控制机制(预算制度规定要完成 85% 以上的销售计划),但在保证完成销售目标的同时也造成了技术创新方面的短视。同时,公司设立了若干家子公司以配合业务扩张和多元化发展。为推动公司技术研发工作,设立了博士后科研工作站和浙江省电子文档影像信息处理平台技术工程研究中心。因为产品类型增多,为便于营销管理,将原来公司仅有的一个销售总部解体,相应职能划转各产品事业部。在技术合作方面,公司在 VPN 的开发过程中与一家新加坡公司进行了深入的技术合作,取得了良好效果。

2005 年信雅达成立了 VPN(1)事业部(负责第一代 VPN 产品 IPsec 的生产与销售)和 VPN(2)事业部(负责第二代 VPN 产品 SSL 的开发与生产)。公司当时是为了尽快取得销售业绩,才分离了 IPsec VPN 和 SSL VPN 的管理。对处于研发阶段的 SSL VPN 采用事业部制的管理方式,导致过于强调成本控制和市场效益,再加上其研发资金一部分来源于信雅达科技公司,一部分来源于 IPsec VPN 的销售收入,而 IPsec VPN 刚进入市场不久,无法提供大量稳定的现金流,从而造成了 SSL VPN 的研发资金不足,这是 SSL VPN 研发失败的一个重要原因。在连续的亏损下,信雅达将 VPN(1)事业部和 VPN(2)事业部合并,并停止了对 SSL VPN 的研发。由此,公司的 VPN 产品没有及时完成升级换代,无法跟上市场的发展。

随着公司业务规模的扩大和产品类型的增加,再加上老客户(国有大银行)采购政策和标准的改变,公司开始向非银行甚至非金融的其他领域渗透。在实施市场扩张的策略时始终贯彻公司"领先半步"的战略理念。

第三阶段(2005—):战略调整期。

在此阶段,为了更好地实现总体战略,信雅达对各项业务进行了梳理,对几年来搞多元化造成的资源分散、效率降低、传统优势弱化的不利局面加以扭转,重新确立公司未来发展的业务重心。随着 BPR(业务流程再造)和 BPO(业务流程外包)在全球范围内的兴起,公司的专业优势开始体现,也给公司发展带来了新的机遇。为了在细分市场上巩固领先地位,公司提出"金融 IT"和"环保科技"两个业务发展的战略重心,充分利用公司现有的资源和若干年逐渐积累起来的经验和能力,集中精力抓主业,舍弃非主营业务。从多元化到回归主业,公司明确了对自己最有利的生存发展空间。思想上的统一确保了行动上的一致,公司的业务发展明显有了起色。

为了配合业务发展,根据国内外 IT 市场近年来的发展变化,公司在业务导向上也进行了调整。公司在前一个阶段以人脉和对行业的理解为基础,走市场创新为主的道路无疑是正确的,也取得了显著的成效。但随着 IT 行业技术更新换代周期的不断缩短以及市场对 IT 产品要求(包括采购政策、产品标准等)的逐渐提高,公司的市场优势显著弱化。因此,公司提出从市场主导型向技术主导型的战略过渡,开始重视技术创新和技术能力的发展。公司已意识到过分关注市场需求虽然可以在短期内开发出市场适销的产品,迅速占领市场,但不利于核心技术能力的形成,无法建立持续的竞争力。

基于市场和技术两个"领先半步"的战略,公司形成相应的技术战略,并通过组织创新落实战略的执行:(1)组建研发团队专门进行核心技术的研究,争取掌握将来业务发展所需的核心技术,确保信雅达在 3～5 年内技术上能领先于竞争对手;(2)基于明确的客户需求和核心技术形成核心产品,然后基于核心产品做应用开发;(3)基于核心产品和应用技术开发用户的个性化应用,这些个性化应用中共性的东西反过来支持新的核心技术和核心产品的形成。公司基本的战略思路是以市场为指向,以技术作保证,互相促进,形成有机的技术与市场的平衡发展。通过战略的调整,公司在很大程度上解决了短期和长期、基础性和应用性、通用化和个性化以及最终核心能力与市场需求的协调问题,保证了公司的长远发展。

从 2005 年开始,公司实施了一系列组织变革,包括撤并子公司、出售非主业资产、新建国际交流部,以及一些重要管理职能的重新调配。这些变革主要是为了消除公司前一发展阶段出现的主业不专的问题,并为公司三块主业的有序发展理顺了内部关系。

公司重新整合了研发、生产、质量和营销等职能部门,于 2007 年年初设立了技术中心,2008 年初又进一步改组为科技公司,将过去零散分布于各子公司、由子公司独立运作的产品研发业务集中起来,统一运作。技术中心(科技公司)内设的研发中心类似中央研究院,技术中心(科技公司)与其他子公司、事业部既体现为母公司下属企业间的关系,更重要的是形成了母公司内部"供应商"与"客户"的关系。其他子公司根据市场信息和外部客户的反馈向技术中心(科技公司)提出需求,技术中心根据公司战略规划整体安排产品的开发,再交付给子公司去完成生产、营销及售后服务。由此,公司向技术主导型过渡可能存在的组织机构方面的障碍基本消除。

在这一阶段,公司的技术战略为"向生态链的高端发展,开发基础和通用的软件产品平台和构件"。公司已完成研发并推出的新产品有固话 POS(借助于固定电话座机实现 POS 机功能)。大量的产品研发集中在对原有产品的改型、换代和升级方面。

公司的市场创新活动主要体现在两个方面:(1)拓展海外市场。由于公司的 ITO(软件外包)业务开始发展,公司开始和国外 IT 企业(如微软等)合作,承接这些公司的发包,参与软件开发。以此为契机公司与这些公司建立更广泛的合作关系,并利用这些关系开拓更广阔的海外市场。(2)公司的营销一直以直销为主,近年来开始发展分销,并开始建立销售渠道。

由于公司在前一发展阶段经历了 IT 行业低谷期和公司管理规范化、制度化变革所导致的员工频繁流动,公司传统的文化在一段时期被淡化,新员工的大量进入也导致了文化的断层,公司开始认识到文化再造的必要性。不过,公司认识到原来的公司文化需要更强的包容性才能让更多的年轻员工接纳。公司将"以人为本"和"强调学习"作为文化中新的要素,尊重个人和强调学习,促使员工快速更新知识,并让文化与理念通过自上而下和绩效管理来实现。公司关注每个个体的个性化需求,支持个人职业生涯空间的拓展,通过持续改善工作环境、保持公司业绩稳定与快速发展来赢得员工的认同。随着管理创新被认可,员工队伍逐渐稳定,公司的文化氛围也逐渐形成。

二、战略与组织影响创新能力提高的机制

自主创新能力的提高不是仅仅通过技术引进与消化吸收就能够实现的,而必须完成企业战略的转换与创新。这是一个转换学习与战略性学习相伴随的过程,因为"破"与"立"必然是相辅相成的。应该说,技术学习的这个阶段已经不是狭义的"技术"学习,而是企业战略逻辑的建设和战略能力的全面提升。

那么,中国企业自主创新能力提升缓慢是否可归因于企业战略转换与战略创新的不足呢?一些实证研究确实可以证实这一点。如对中国通信设备产业的研究发现(Cai and Tylecote,2008),大多数企业都致力于高显性的技术战略投资(如购买设备与专利技术占69%),只有少数企业致力于低显性的技术战略投资(如工艺改进占30%,员工培训占14%)。显然,基于模仿和制造能力的技术战略在中国企业中占据了主导地位。

那么,在几乎所有企业高层都清楚创新对于企业持续发展非常重要的情况下,为什么中国企业无法实现战略转型与创新呢?解答这个问题需要对企业战略管理与战略执行的深刻理解。

然而,我们在对一些高技术企业的深度调研中发现,大多数企业都以技术领先作为它们的战略目标,都以创新作为获取竞争优势的主要方式。如浙江软件企业信雅达,在1996年创业时,就确定了"技术领先半步,市场领先半步"的战略,通过聚焦于金融行业软件领域,掌握国际先进技术,开发国内领先产品满足国内需求以获取竞争优势。到2001年,信雅达已经拥有20多个具有自主知识产权的系列产品,公司的主要产品在国内相关市场上的占有率及排名均名列前茅。2002年,信雅达在上海证交所挂牌上市,为公司进一步创新与发展奠定了良好的基础。2003年,信雅达与国内外企业和大学合作,开发出具有自主知识产权的密码技术和工作流技术,进一步强化了其国内技术领先的地位。但遗憾的是,此后信雅达开始违背技术领先战略,同时也违背了市场聚焦战略,走上了不相关多元化发展的道路,其研发投入也大幅下降(见图6-6)。从此,信雅达开始进入环保制造、通信增值业务和内容业务等不相关领域,建立了大大小小十几个子公司。

那么,是否此时信雅达的战略已经发生了根本变化?当我们与公司高层领导交谈和查看当时公司领导的对外宣传与讲话时,发现他们仍然强调技术领先、创新导向和业务聚焦。那么,为什么信雅达的战略思维与其战略行动有如此巨大的差异呢?著名的创新战略管理专家Burgelman在研究中发现,企业的正式战略和战略行动有时会出现差异(Burgelman,2002)。企业的正式战略反映了企业高层管理者对过去与未来成功基础的认知,它具有相对的稳定性,对

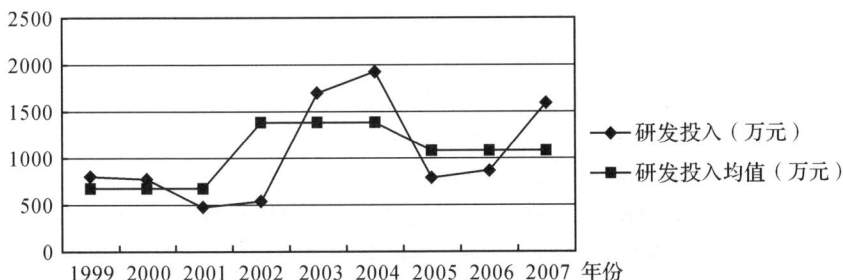

图 6-6　信雅达的研发投入

环境变化不是很敏感。而战略行动受环境变化和企业短期绩效的影响很大,特别是企业中层和基层管理者会根据环境变化和短期绩效的要求,不断修正自己的行动,进而与正式战略偏离。

利用 Burgelman 的理论进行分析可以发现,2004—2007 年,信雅达的正式战略并没有发生根本的变化,仍然是技术领先的创新战略,但其战略行动与正式战略确实发生了偏离。这一偏离的效果很快就显现了出来,2005 年,公司开发的新一代信息安全产品失败,项目组以解散告终。许多研发人员离开了公司,信雅达经过 10 年积累起来的技术创新能力开始丧失,公司在软件这个主业上步履蹒跚,竞争优势无法保持,完全依靠多元化扩张实现外延增长。

显然,2004—2007 年应该是信雅达发展和创新能力提高的关键时期,公司完全应该依靠几年积累的技术能力和上市带来的资金优势实现大踏步的能力提升。但是,战略行动的偏离却使这一切化为泡影。为什么信雅达的正式战略不能引导其战略行动向创新能力提升和业务聚焦的方向发展? Burgelman 的理论指出,正式战略要发挥作用,必须有与其一致的组织流程与结构,而组织流程与结构主要由企业的资源分配流程和激励机制决定(Burgelman,2002)。同时,Christensen 和 Raynor 的研究表明,企业基层管理者和员工的行动主要受资源分配流程和激励机制的引导和约束,资源流向哪里,员工的行动就向那里聚集;组织激励机制以什么标准评价、奖励和提升,员工就会以什么方式行动(Christensen and Raynor,2003)。

那么,信雅达的组织流程与结构是否与其正式战略一致? 在公司发展的第一阶段(1996—2002 年),公司设立了战略委员会,对公司经营管理重大战略决策问题实行集体协商,以此制定战略和薪酬制度来把握创新的方向,形成激励创新的制度。但在 2000 年以后,公司开始实行事业部制,逐渐把技术与新产品开发分散到各事业部进行。事业部制的组织结构进一步强化了公司的短期市场导向,短期绩效成为主要的考评和激励手段。2002 年公司上市后,证券市场对短期收入增长的要求促使公司走上了不相关多元化道路,使公司资源进一步分散,并逐渐向短期内能够带来收入增长的销售活动和制造行业倾斜,创新能力的积累速度迅速减缓。

从以上对信雅达的分析中发现,中国高科技企业在创业之初往往会制定明确的创新战略,并能够通过技术的领先迅速发展和进行创新能力的积累。但随着市场竞争的加剧,再加上在证券市场上市带来的增长压力,公司往往会偏离技术领先的战略,短期收入增长的目标会取代创新战略,成为主导企业行动的力量。而这一切往往是通过短期市场导向、事业部制的组织结构和以短期收入与利润为准则的考评与激励制度这一系列过程完成的(见图 6-7)。由此,企业逐渐陷入创新能力不足的陷阱,只能通过强化市场销售和多元化发展获得增长。

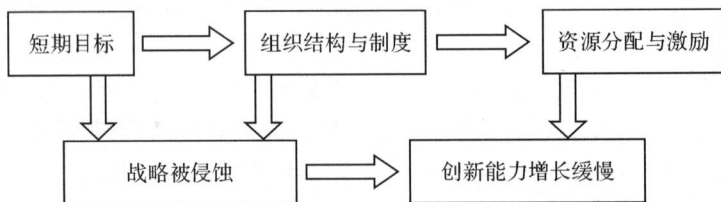

图 6-7　短期绩效目标对战略目标的侵蚀

上面的分析形成了理解中国高科技企业创新能力提升缓慢的一个思路。但是,这样一个简单的逻辑思路不能完全揭示企业战略执行与创新能力提升过程中多种因素相互作用的复杂机制。例如,我们无法回答:短期目标如何通过对资源分配的作用影响公司战略的执行? 短期目标的高低在多大程度上影响创新能力的提升? 反之,创新能力提升缓慢又怎样影响企业短期目标的实现? 公司是否可以通过降低短期目标来加快创新能力的提升? 公司是否可以通过改变资源分配规则和激励制度来加快创新能力的提升? 这样一些动态相互作用的问题不容易通过定性方法分析清楚,因此,本节利用系统动态学进行建模分析,揭示多种因素相互作用的机理和系统的动态行为特征,更深刻地理解上述企业行为与策略的问题。

系统动态学(system dynamics)是管理学领域中一个非常优秀的动态建模方法,自 20 世纪 60 年代出现以来,逐渐吸取控制论、认知与组织学习理论、数据分析、软系统方法等学科方法的优点,成为管理学理论研究和应用中主流的模拟分析方法(Davis and Eisenhardt,2007)。系统动态学方法通过信息反馈结构和决策结构的把握,通过多角度的模拟实验,揭示出系统复杂行为的根本原因和系统未来发展的可能情景,由此引发管理者的学习与思考,寻找解决系统问题的杠杆解(Sterman,2000)。本节在建立模型的过程中借鉴了 Repenning

的新产品开发模型（Repenning,2001）和创新改进模型（Repenning and Ster-man,2001）。

(一)基本模型

在基本模型中,本文假定企业创新战略已经被短期目标侵蚀,企业资源分配原则是首先满足短期绩效目标的要求,然后再满足创新能力提升的需要,即首先满足生产所需资源,再满足返工所需资源,最后满足能力提升需要的资源。

本文建立的系统动态模型见图6-8。图中主要分为上下两个部分,上部分是有关企业创新能力积累的子系统。能力水平通过能力增加积累,通过能力衰减而降低:能力水平＝INTEG(能力增加－能力衰减,50)。能力增加取决于能力提升资源的多少,而能力提升资源等于能力提升需要的资源与满足了短期目标需要后所剩资源的最小值:能力提升资源＝MIN(300－生产可用资源－返工资源,能力差距/12)。其中,300是假设的企业每月的总资源量,而能力提升的目标是降低实现战略目标的能力差距,假设企业期望在12个月内消除能力差距,所以每个月所需的能力提升资源是"能力差距/12"。

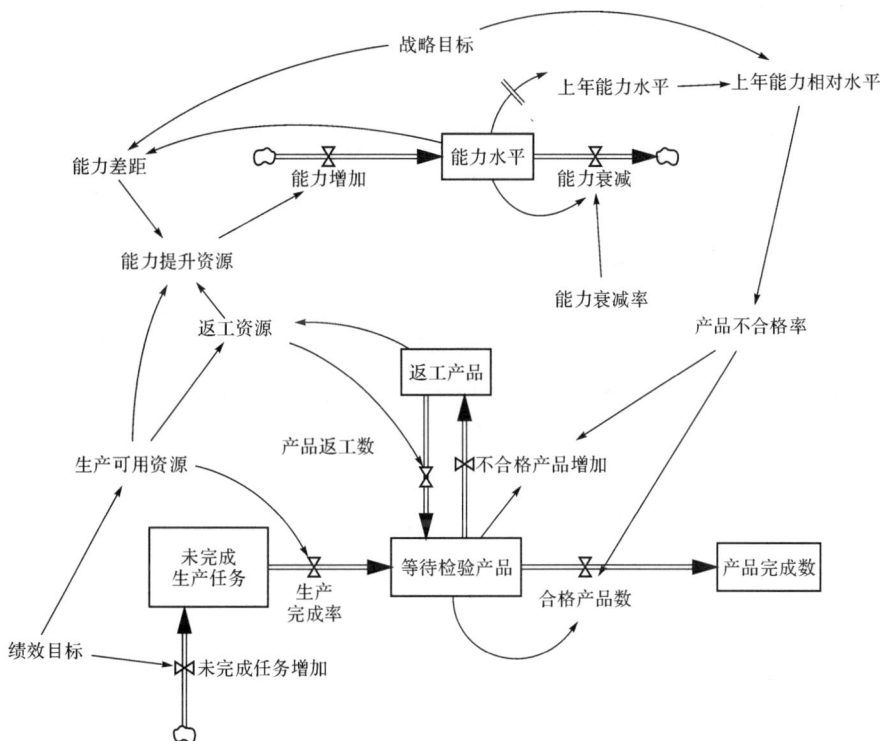

图 6-8　基本模型图

图 6-8 的下半部分是企业为实现短期目标的生产运作。这里为简明起见（并不影响模型的实质），将实现短期目标的销售等活动排除在外，只考虑生产活动。其中，未完成生产任务的积累取决于绩效目标（每年的生产目标），未完成生产任务的表述通过生产任务的完成而以等待检验产品体现，而生产完成率取决于生产可用资源。根据前面对基本模型的假设，生产可用资源是全部资源300，而我们同样假设企业期望在 1 年内（12 个月）完成绩效目标，所以有：生产可用资源＝MIN（300，绩效目标/12）。

等待检验的产品如果通过检验，就成为产品完成数，而如果未通过检验，就成为返工产品。这里的关键是产品不合格率受上年能力相对水平的影响：产品不合格率＝0.1＋0.65×（1－上年能力相对水平）。其中两个常数是经验数据（Repenning，2001），即当企业创新能力很弱时，上年能力相对水平＝0，产品不合格率＝0.75；而当企业能力很强时，上年能力相对水平＝1，产品不合格率＝0.1。然后，返工产品通过每月的产品返工数又回到等待检验产品。其中，每月完成的返工产品数由返工资源决定，而根据资源分配规则，返工资源来自生产任务完成后剩下的资源，即返工资源＝MIN（300－生产可用资源，返工产品/6）。这里我们假设企业期望在 6 个月内完成返工任务。

（二）基本模型行为分析

本文首先分析企业在高绩效目标下的创新能力积累和绩效目标完成的状况，然后考虑如果企业降低短期绩效目标是否会有利于能力的积累和绩效目标的完成。

1.高绩效目标时的企业行为

首先设定很高的企业绩效目标，绩效目标＝2600（产品数/每年）。这里高绩效目标设定为 2600 并没有实际的数据根据，是我们根据模型的特性虚拟设定的，主要由模型中企业的资源数量和变量之间的关系决定。三年中模拟结果

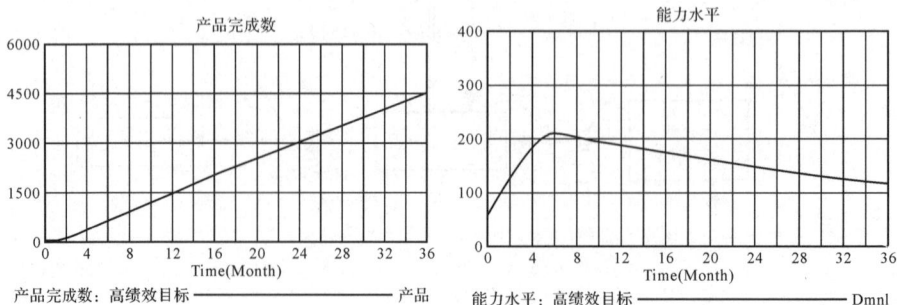

图 6-9　高绩效目标时的模拟结果

的产品完成数和能力水平见图 6-9。显然,企业三年的运行状况无法令人满意,只生产了 4500 个产品,而三年绩效目标是生产 7800 个产品;同时,企业能力水平虽然最初 5 个月快速提高,但随后一直下降。究其原因,是开始阶段企业能力较低,而绩效目标很高,所以生产中出现大量缺陷产品,于是企业把资源几乎都用于生产和返工,导致用于能力积累的资源不足,无法弥补能力本身的衰减。而能力的下降导致生产中出现的缺陷产品更多,企业更是忙于生产与返工,更无暇顾及创新能力的积累,这样就形成了能力下降和产品缺陷增加的恶性循环(见图 6-10)。

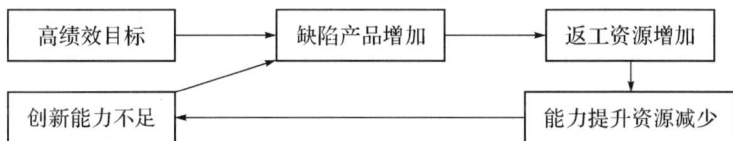

图 6-10　能力下降和产品缺陷增加的恶性循环

2.中绩效目标时的企业行为

前文对高绩效目标时的企业行为的分析发现,企业绩效不佳可能是由于绩效目标设定太高,使企业投入太多资源于生产与返工。因此可以设想,如果企业能够适当降低其短期绩效目标,其绩效和能力积累状况应该会得到改善。在此,本文设定一个中绩效目标,即绩效目标=2000(产品/每年),其三年中模拟结果的产品完成数和能力水平见图 6-11。

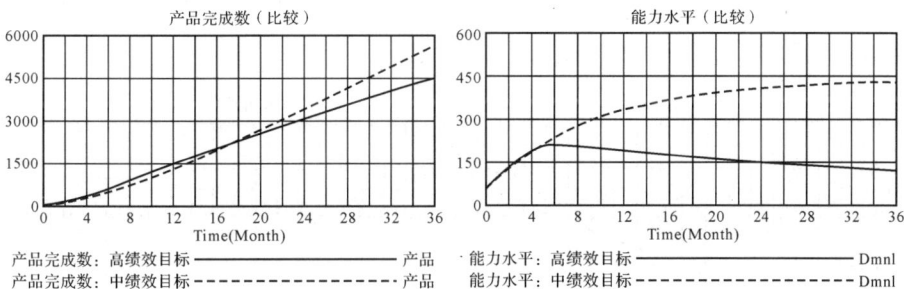

图 6-11　中绩效目标时的模拟结果及其与高绩效目标的模拟结果比较

在中绩效目标时,虽然第一年的产品完成数少于高绩效目标时的产品完成数,但在第二年中完成的产品数就超过高绩效目标时的产品数,到三年末完成 5600 个产品,远高于高绩效目标时的 4500 个产品。同时,中绩效目标时的能力水平持续上升,三年末达到近 450 的水平,图 6-10 中的恶性循环变成了良性循环:当绩效目标降低后,企业不用生产那么多产品,也就不会产生那么多的缺陷产品,于是企业用于生产和返工的资源都会减少,用于能力提升的资源增加,促

221

使能力快速提升;而能力提升后,企业生产的缺陷产品减少,使返工资源减少,进一步增加了能力提升的资源,也使完成的产品数得以提高。

(三)能力优先模型

在基本模型中,本书假设了企业资源分配的短期绩效目标优先原则。在这样的分配原则下,企业会努力实现短期绩效最大化。因此,企业会尽量提高其绩效目标,这样一来,希望企业降低绩效目标以实现能力提升和持续增长的状况是难以实现的。由此可以推论,如果企业不改变资源分配原则,要想将高绩效目标改为中绩效目标是很难执行的。

因此,要想从根本上改变企业战略无法执行和能力不能持续提升的状况,可以通过改变企业资源分配原则,优先满足能力提升所需资源,从而实现战略目标。

在能力优先模型中,资源分配原则是:首先满足能力提升所需资源,然后满足生产所需资源,最后才是返工资源。能力优先模型与基本模型的差异是:从基本模型的生产可用资源和返工资源影响能力提升资源,改变为能力优先模型的能力提升资源影响生产可用资源和返工资源。即:能力提升资源 = MIN(300,能力差距/12),生产可用资源 = MIN(300 - 能力提升资源,绩效目标/12),返工资源 = MIN(300 - 生产可用资源 - 能力提升资源,返工产品/6)。

(四)能力优先模型行为分析

本书同样设定两种绩效目标的水平,高绩效目标 = 2600(产品/每年),中绩效目标 = 2000(产品/每年),然后进行模拟,两种绩效目标下的产品完成数和能力水平见图 6-12。

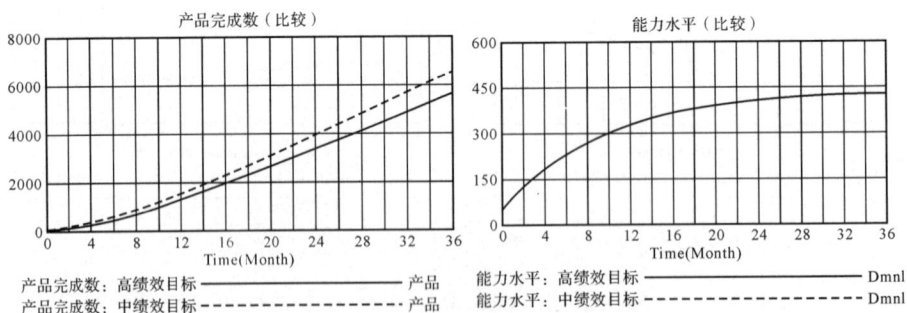

图 6-12　能力优先模型的模拟结果

首先我们看到,在高绩效目标和中绩效目标下,企业能力水平完全相同,都持续提升,三年内达到了较高的水平;虽然产品完成数不相同,但都达到了很高的水平,分别是 5600 和 6500,远高于基本模型中 5600 和 4500 的产品完成数。

特别是高绩效目标时,产品完成数从 4500 提高到 6500,成效非常显著。

(五)绩效目标与战略目标的相互作用

本书中模型的动态行为反映了企业短期绩效目标与基于战略目标的创新能力提升之间的相互作用关系。从资源分配的角度看,绩效目标与战略目标之间有相互竞争的关系,资源分配的绩效目标优先还是能力提升优先意味着谁在资源争夺中赢得主动权。但实际上,绩效目标与能力提升也有相互促进的关系,当创新能力得到快速提升后,企业完成生产任务的质量得以提高,返工产品减少,绩效目标能够更快更好地完成;另一方面,当绩效目标能够很好地完成时,缺陷产品减少,进而使返工产品减少,降低了生产所需资源,由此提高了能力提升的资源水平,使创新能力加速提升。

显然,绩效目标与战略目标之间相互作用的关系形成了一个正反馈环(见图 6-13)。由上述分析可知,这个正反馈环既可能是恶性循环,也可能是良性循环。如在基本模型中,当设定高绩效目标时,就形成了能力下降和产品缺陷增加的恶性循环;而当设定中绩效目标时,恶性循环变成了良性循环。两种绩效目标下的结果很好地诠释了"欲速则不达"的含义,过于注重短期目标的企业无法达到其目标,而不拘泥于短期目标的企业更能持续的发展。

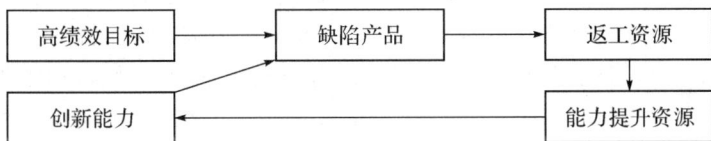

图 6-13　绩效目标与战略目标之间的相互作用

同样,能力优先模型中的能力提升资源优先原则,使绩效目标不会侵蚀战略目标,保证了创新能力的快速提升,反过来使绩效目标能更好地实现,形成了更加良性的循环。显然,能力优先模型解决了基本模型中由于企业的短期绩效冲动,战略目标被绩效目标侵蚀后导致的能力提升缓慢甚至下降的问题。通过能力优先的资源分配原则,企业的战略得以顺利执行,长期的创新能力提升和持续发展得以保证。

显然,企业对短期绩效的追逐是难以遏制的,希望企业主动降低绩效目标很难实现。因此,更可行的策略是企业通过组织结构和激励制度的调整和变革,形成能力优先的资源分配原则,从而从根本上确立战略目标的优先地位。

第五节　本章小结

本章首先利用统计数据和问卷调查,分析评价了浙江企业的创新能力和浙江高技术产业发展现状,由此得出浙江企业创新能力的优势与不足的主要方面。

总体上浙江省企业创新能力处于全国领先水平,浙江省企业创新取得了明显进步,主要体现在以下几个方面:企业已经成为创新的主体,成为创新活动的主要承担者;大中型工业企业技术中心和研究所的数量居全国第一;浙江省企业设计能力保持在全国领先水平。

对浙江企业创新能力进行深入分析时,发现浙江企业在创新方面仍然存在一些问题:企业研发投入仍然不足;创新产出水平偏低;企业制造和生产能力相比以往几年有所下降;企业缺乏对前沿技术的追踪;高技术产业自主创新能力不足;很少企业具备自主创新能力。

然后对浙商创新能力提升缓慢的原因进行了研究。通过典型案例分析和建立系统动态学模型,对企业创新战略与创新能力关系进行了动态分析。研究结果发现:浙商在创业之初往往会制定明确的创新战略,并能够通过技术的领先迅速发展和进行创新能力的积累。但随着市场竞争的加剧,再加上市场等多种因素造成的增长压力,公司往往会偏离技术领先的战略,短期收入增长的目标会取代创新战略,成为主导企业行动的力量。而这一切往往是通过实施短期市场导向、事业部制的组织结构和以短期收入与利润为准则的考评与激励制度这一系列过程完成的。由此,企业逐渐陷入创新能力不足的陷阱,只能通过强化市场销售和多元化发展获得增长。

第七章　提升浙商创新能力的策略与政策

对于"经济大省、资源小省"的浙江省来说，如何更好地应对全球新一轮科技革命与产业革命的挑战和机遇呢？推动自主创新、建设创新型强省是重中之重，那么，如何克服阻碍创新能力提高的因素，推动浙江实现经济增长的转型？这就需要通过深入研究来掌握目前存在的问题，然后分析问题背后的原因，最后为克服这些障碍性因素提供对策与政策建议。

第一节　提升企业创新能力的理论模型

一、静态模型

本节以 Kim(1997)、Lee 和 Lim(2001)的理论为基础，构建了一个理论分析框架(见图 7-1)。在此框架中，企业创新能力的形成取决于企业的技术能力和创新努力，而企业的技术能力由其创新努力和外部技术获取决定。企业的创新努力依赖其所在行业的创新机会、市场机会以及企业自身的技术能力。

在图 7-1 中，有效的外部技术获取使后进国家企业能够克服技术能力不足的障碍，而丰富的创新机会和市场机会使后进国家企业能够克服创新激励不足的障碍。关键是，企业能否有效地获取外部技术，不仅受到企业自身战略、组织和文化等因素的影响，还受到许多外部因素的影响。实际上，由于本书前面讲到的发展中国家在获取外部技术上的障碍，所以在一定程度上，一些外部因素起着决定性作用。其中，除了文化、教育、金融、市场等环境因素的影响外，政府督促跨国公司与合资企业的技术溢出，以及政府推动的产学研合作对于先进技术的获取与吸收是非常重要的。同样，企业的创新努力取决于它们所面临的创新机会和市场机会，技术机会的推动和市场机会的拉动是企业进行自主创新的

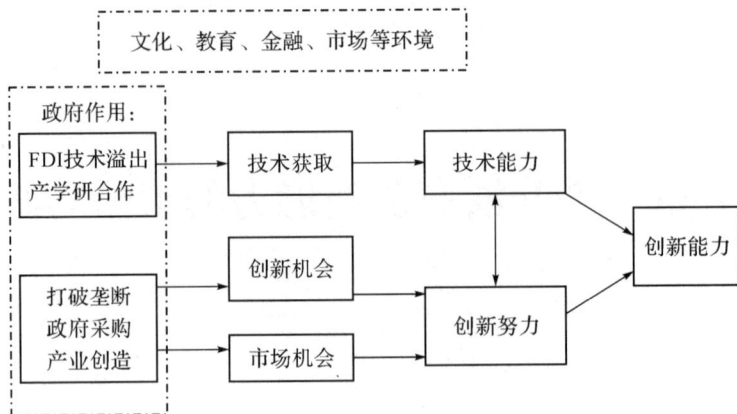

图 7-1　提升企业创新能力的静态模型

动力。但作为发展中国家的企业，特别是在开放的市场环境中，面对跨国公司对市场和核心技术的垄断，面对自主创新的巨大风险，它们往往缺乏创新的动力，或者仅仅在传统产业或低附加值产品上进行模仿或一些渐进的改进，无法完成产业或价值链升级，更无法掌握核心技术。因此，政府可以通过塑造自由竞争的市场环境，打破垄断，通过对我国企业产品的优先采购，通过引导企业进入一些新兴技术产业，实现产业升级，为我国企业的自主创新提供大量的创新机会和市场机会，激励企业进入高技术产业和高附加值的价值链位置。

二、提升企业创新能力的动态模型

前面我们建立了一个提升企业创新能力的模型，该模型说明了外部因素（主要是政府）如何帮助企业提升创新能力的机制。但这个模型是静态的，而实际上产业和企业的创新能力是逐步提升、动态演化的，在演化过程的不同阶段，企业创新能力提升的关键点是不同的。因此，在不同阶段外部因素（特别是政府）的作用也就不同。

（一）创新能力的提高过程

根据本书第二章的研究，发展中国家企业的创新能力演化与发达国家不同，沿着相反的轨迹演进。发展中国家企业创新能力的增长是一个技术能力各要素的连续性积累和总体技术能力间断性跃迁的过程。在此过程中，企业创新能力一般经历了从仿制能力到创造性模仿能力，再到自主创新能力三个阶段。创新能力演化的三个阶段及其特征见表 7-1。

表 7-1　创新能力各阶段的技术特征

能力发展阶段		技术特征
仿　制		对成熟技术的使用和简单模仿
创造性模仿：培育能力		在引进的技术平台上,使用并跟随国外先进企业开发成长中的技术与产品,或对成熟技术进行创造性改进。主要创新方式是消化吸收与再创新
自主创新	集成创新	将外部获取的技术进行技术融合与集成创新,由此掌握核心技术,建立产品技术平台,进入高技术产业和高附加值的价值链位置
	原始创新	通过原始创新和技术跨越,自主研究发展最新技术,掌握和控制核心技术知识产权或技术标准,形成独特的产业技术发展轨道

在自主创新阶段,本土企业开始摆脱对国外技术的依赖,逐步掌握核心技术,形成自己完整的技术平台,并开始主导主流市场。同时,企业致力于建立广泛的联盟与网络关系,充分吸收与利用外部的技术知识与市场知识,将外部知识与内部知识融合成强有力的技术能力。这一过程开始于研究如何获得新技术,或者获取国外新技术后如何进行技术融合,然后通过知识学习培育自主开发能力。

自主创新阶段又分为两个子阶段:

(1)集成创新

本土企业通过自主地对内部和外部技术的集成创新,逐步掌握目前一代产品中的核心技术,并进入国内主流市场。在此阶段,企业的研究与开发能力已经达到相当高的水平,开始形成自己完整的技术平台,由此进入高技术产业和高附加值的价值链位置。

(2)原始创新

本土企业通过对技术与市场发展趋势的把握,以在新一代产品技术上形成技术领先和市场主导的战略为指导,形成完善的创新组织与广泛的创新网络,通过原始创新和技术跨越,掌握和创造新一代核心技术,并主导国际市场或者控制技术标准。这时,本土企业形成核心技术能力,建立起自己独特的产品技术平台。

(二)创新能力演化过程中的激励与资源整合

在创新能力发展的不同阶段,技术能力不足和创新激励不足这两方面障碍的表现形式和强度是不同的,所以在不同阶段,所需要的创新激励和资源整合的方法措施也应该不同。因此,不同阶段的创新激励和资源整合的方法和措施应该与相应阶段的自主创新障碍形成有效的匹配(见图 7-2)。

在企业技术发展的模仿和创造性模仿阶段,企业所面临的创新障碍并不是

创新能力的发展	仿制与创造性模仿：利用成熟技术，根据市场需求实现创新	集成创新能力；掌握核心技术，实现产业升级	原始创新能力：创造和控制核心技术或技术标准，形成独特技术轨道
创新激励与资源整合	·市场激励 ·分散整合资源：引进技术和产学研合作 创新能	·政府与市场激励并举 ·集中整合资源：政府主导自主开发与产学研合作	·政府与市场激励并举 ·集中与分散整合并举

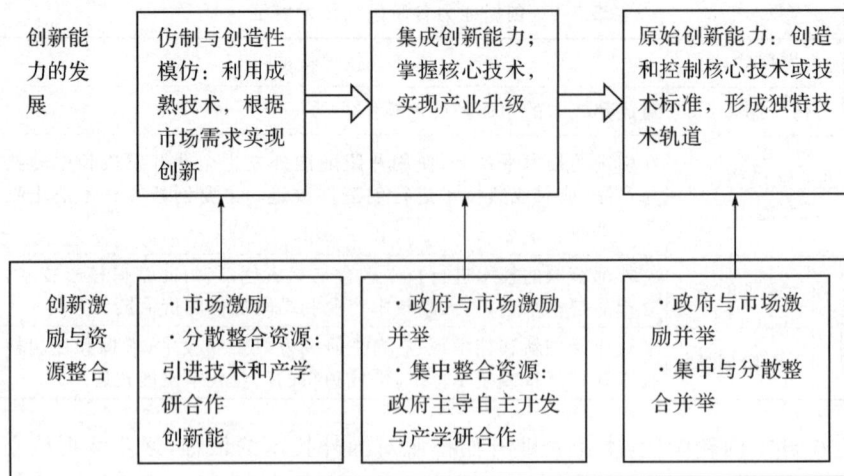

图 7-2　创新能力发展的创新激励与资源整合

很大,完全可以依靠企业自身的力量或者通过企业主导的产学研合作来提升创新能力,实现创新。因为在此阶段,企业基本上是处在劳动密集型产业或者低端的价值链位置,所需要掌握的是成熟的技术,并在对本国市场需求理解的基础上对成熟技术的应用和改进。而因为成熟技术是国外先进企业快要淘汰的技术,所以成熟技术可以很容易从国外购买或者通过合资来获取,一些企业也可以通过产学研合作实现对国外成熟技术的模仿和改进。因此,在此阶段,技术的障碍比较小,完全可以通过企业的努力和产学研合作来克服。另一方面,我国快速增长的市场需求为企业的模仿和改进创新提供了广阔的空间和激励,模仿和改进对资金的需求小和短时间内能够见效的期望也促使企业有能力、有意愿投身其中。公共科研机构的作用是帮助企业完成对引进技术的消化吸收和再创新,这个阶段的产学研合作一定是企业主导的,因为此时的模仿、改进和创新必须基于企业对市场需求的理解,创新项目必须反映企业对短期内所实现效果的期望。在此阶段,企业的创新努力是分散的,企业总是根据市场的需求选择创新的方向和创新的项目。因此,分散的创新资源整合就是此时合理的配置方式。从大学、科研院所、各种技术创新平台中,企业会根据自己的需要,理性地选择适合的创新资源,形成各种不同的产学研合作方式与联盟。通过不断地创新资源的聚合,为企业进行短、平、快的创新项目,提供适当的资源保证。

从创造性模仿到自主创新是企业创新能力的一次飞跃,需要克服巨大的技术障碍和激励障碍。虽然在自主创新的第一阶段,并不要求发展中国家通过原始创新和技术跨越,创造和控制核心技术和技术标准,但需要企业掌握产业的核心技术。掌握核心技术与掌握成熟技术是两个完全不同层次的事情。产业的核心技术往往为少数跨国公司所控制,这也是它们垄断市场、获取高额回报的保证。因此,跨国公司不会轻易出售核心技术。就算发展中国家通过合资等方式引进了核心技术,跨国公司也会千方百计地控制合资企业的技术开发,防止核心技术的扩散。同时,核心技术本身的门槛和难度也远远高于成熟技术,自主开发所需要的资金往往会非常大,开发所需要的时间会比较长。另一方面,当发展中国家企业准备进入高科技产业和高附加值价值链位置时,这些产业和产品市场往往都已经被跨国公司所垄断,新进入的的企业会遇到跨国公司强烈的抵抗和打击。因此,发展中国家企业的自主创新会遇到极大的困难,在获得市场成功和收益回报之前可能需要多年的努力和面对一段时间的亏损。如果仅仅依靠企业和市场机制,很难克服资源的障碍,形成自主创新的激励。因此,通过政府主导的自主开发和产学研合作来实现集中的资源整合就成为必然的选择。

(三)政府与公共研究机构在提升企业创新能力中的作用

根据上述创新能力提升的动态模型,创新能力的发展经历了从仿制能力到创造性模仿能力,再到自主创新能力的过程。而自主创新又可分为两个阶段,一是集成创新,通过集成创新实现能力深化和产业升级,体现为掌握和使用核心技术;二是原始创新,通过原始创新和技术跨越,创造和控制核心技术或技术标准,形成核心技术能力。

对于发展中国家来说,企业创新能力的动态提升过程是无法仅仅靠企业独自完成的,而且在集成创新阶段,也无法由企业主导的产学研合作来实现。因此,在集成创新阶段,必须依靠政府引导,通过公共科研院所主导的产学研联盟来实现自主创新能力的提升(见图 7-3)。

在模仿和创造性模仿阶段,市场竞争提供了对企业创新充分的激励,分散的资源整合要求使企业能够成为创新的主体。在此阶段,政府与公共研究机构的作用是辅助性的,主要在引进国外技术和进行产学研合作方面为企业提供帮助。因此,在此阶段,政府对创新能力提升的直接作用不是很大,而主要是通过开放政策来引进技术和外资,通过资金支持帮助企业尽快获取国外成熟技术。同时,促使市场机制的完善,形成对创新的激励。

当本土企业逐步占领了劳动密集型产业和低附加值的价值链位置后,随着我国劳动力、土地等成本的上升以及传统产业和低端市场的逐渐饱和,产业和企业的发展空间逐渐缩小,经济增长很可能就此止步,陷入徘徊和低增长的困境。拉丁美洲的阿根廷、墨西哥,以及东南亚的马来西亚、泰国和印度尼西亚就是这种状况的典型代表。为了摆脱这一困境,发展中国家的企业就必须进一步提升创新能力,及时进入自主创新阶段。如韩国和我国台湾地区在 20 世纪 70

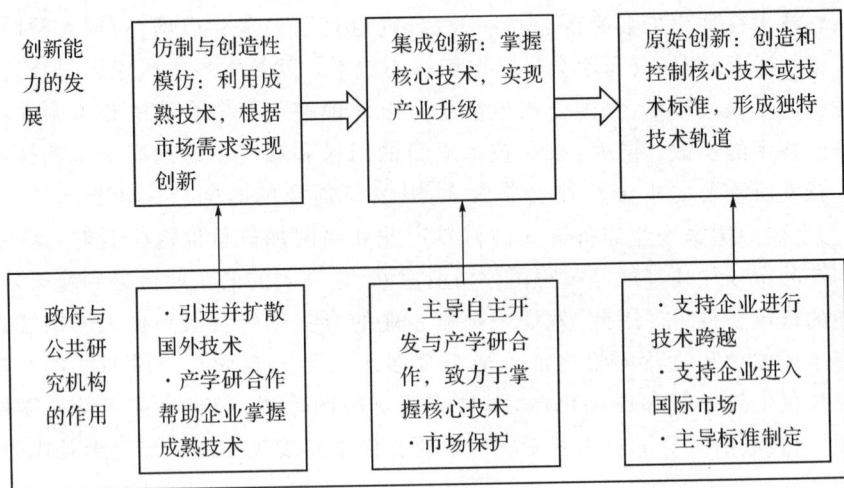

图 7-3　创新能力发展中的政府与公共研究机构的作用

年代末期开始出现劳动密集型产业萎缩的苗头时，就及时调整战略，逐步进入高科技产业，到 20 世纪 90 年代中期成为世界领先的高科技产业强国和区域。

在自主创新的第一阶段，政府与公共研究机构必须起到主导和直接的作用。政府应该提前在创造性模仿阶段就开始着手规划和制定产业和技术政策，确定长期重点发展的产业和技术领域，并通过公共科研机构和大学提前进行研究和开发。如韩国和我国台湾地区早在 20 世纪 70 年代就确定了把半导体产业及半导体制造和设计技术作为未来发展的重点产业和技术领域，并开始实施技术引进、研究与开发。然后，韩国政府在 20 世纪 80 年代开始督促三星、现代等企业进入半导体产业，并给予资金和政策上的大力支持。而我国台湾地区政府在发现没有企业愿意进入资金密集型的半导体制造行业时，就将工业技术研究院的半导体技术研究部门分离出来，成立了公私合资的联华电子。显然，韩国和我国台湾地区都是在政府的主导和直接参与下开始它们的半导体产业发展之旅的。

资源的集中整合成为自主创新第一阶段的特点。韩国是在政府支持下，通过三星和现代等大型企业整合国内外资源，突破国外公司对核心技术的控制，实现产业升级。而我国台湾地区是通过工业技术研究院整合国内外资源，掌握核心技术后，再分离出来，成立企业，并逐步引导其他私有企业进入高科技产业。同时，在此阶段，政府还可以通过政府采购和限制国外产品进口等方式进行一定程度的市场保护，让弱小的国内企业有一个成长的空间。不过应该注意，这样的市场保护不能太长，一旦国内企业有了一定的市场地位和竞争能力，就应当及时取消保护政策，让激烈的市场竞争促使它们进一步发展。我国电话交换机产业的发展就很好地说明了这一点,没有开始的市场保护,很难有本土企业的成长。如果没有后来及时对保护政策的取消,虽然巨龙公司可能不会那么快衰落,但就没有华为和中兴进一步发展壮大,并最终进入国际市场。

在自主创新的第一阶段,虽然后进国家的企业逐渐掌握了核心技术,并有了一定的市场地位和较强的竞争能力,但核心技术的知识产权和技术标准仍然掌握在国外企业手上,整个产业链仍然被国外企业控制,后进国家企业仍处于跟随的地位。在这种情况下,后进国家企业进一步发展的机会就必然是在产业技术演进的下一代技术或者不连续的变化中。如在移动通信产业中,第三代技术(3G)就为中国企业提供了极好的实现技术跨越的机会。

因此,在自主创新的第二阶段,后进国家企业就应该利用产业技术演进和不连续变化的机会,在新一代产品技术领域进行自主开发,争取控制或部分控制其核心技术的知识产权,或者提出和控制新的技术标准,由此取得世界领先的技术和市场地位。例如,1993年,韩国三星取得了随机存储器(DRAM)的世界领先地位;2008年,华为取得了第三代移动通信技术(3G)中部分核心技术的知识产权,成为世界领先的通信公司。因此,到这一阶段,后进国家部分强大的企业(如我国华为、中兴、海尔、联想等)已经具备掌握和控制核心技术并领先世界的能力,政府只需要对它们积极支持,不需要进行过多的干预。

而如果后进国家希望在新一代产品技术上提出和控制新的技术标准,如我国提出的移动通信3G的TD-SCDMA,就不能仅仅依靠某个或某几个企业来实现。这时,需要形成由政府主导和协调的产业技术联盟,整合国内外的优势资源,才能实现新技术标准的突破和产业化。

第二节　浙江政府提升企业创新能力的政策分析

一、主要政策措施及其实施效果

浙江省政府高度重视企业创新,努力构建有效促进创新的公共政策体系,为企业创新能力的提升提供了各种保障。近年来,浙江省政府制定的扶持企业创新的政策措施,主要有以下几个方面:

(一)资金与税收优惠支持

为了资助自然科学、工程科学和管理科学领域中的基础研究,浙江省科技厅于2003年制定了《浙江省自然科学基金管理规定(试行)》、《浙江省自然科学基金重点项目和重大项目管理实施细则》等,以顺利开展基金管理工作。在鼓励企业技术开发与创新方面,政府做出了很多努力。1999 年,浙江省科技厅、浙江省财政厅制定《浙江省科技型中小企业技术创新资金管理办法(试行)》,省创新资金以贷款贴息、无偿资助的方式支持科技型中小企业的技术创新活动。2001 年,浙江省财政厅、浙江省科技厅发布的《浙江省专利专项资金管理办法》,用于发明专利、涉外专利的申请费用补助,以及知识产权的宣传、人才培训以及专利工作的奖励,并于 2006 年结合我省专利事业发展的新情况和知识产权保护工作的特点,重新修订。2004 年 1 月,实施《应用技术研究与开发专项资金管理暂行办法》,主要支持具有较强自主研究开发能力,具备较好科研条件的科研机构(包括转制科研机构)、高等院校和企业。2006 年,浙江省科技厅、财政厅、国家税务局、地方税务局和统计局联合制定了《落实企业技术开发费有关财务税收政策及相应管理办法》,以监督用于技术开发的相关财税政策的实施。2008 年,浙江省科技厅、财政厅、国税局、地税局和统计局联合制定《企业新技术、新产品、新工艺研究开发费用享受所得税优惠政策》,以进一步落实税收优惠政策,鼓励企业自主创新。为了促进基地建设,2005 年浙江省财政厅制定了《浙江省建设先进制造业基地财政专项资金管理暂行办法》。2006 年,浙江省人民政府制定《浙江省科技强省建设与“十一五”科学技术发展规划纲要》,强调进一步加强科技投入。2007 年 10 月,浙江省人民政府提出《加强中小企业信用担保体系建设的若干意见》,指出市县政府应当安排一定的专项扶持资金,通过参股、资助、补贴等方式,支持担保机构的设立和发展,并积极探索建立中小企业信用担保风险补偿激励机制,做好中小企业信用担保体系建设的监管与服务。同年 11 月浙江省财政厅、浙江省科技厅联合制定了《浙江省省级科技成果转化、产业化项目事后补助和贷款贴息经费管理办法(试行)》,对由企业为主承担、预期可取得较好经济效益的科技成果转化和产业化项目,实行事后补助和贷款贴息的经费补助方式,以便充分发挥财政科技资金的导向作用,鼓励企业增加科技投入,提高财政科技经费的使用绩效。

在资金支持方面,浙江省政府制定的具有明确指向的扶持高新技术企业创新的政策措施主要有以下几项:1999 年 1 月,浙江省人民政府实施《关于大力推进高新技术产业化的决定》,从 1999 年到 2002 年,省财政安排 3.2 亿元资金,专项用于支持高新技术研究开发和产业化项目,各市(地)和有条件的县(市、区)财政,也要增加对高新技术产业发展的扶持资金,并且高新技术企业享受多种政策优惠。2004 年 7 月,浙江省科技厅制定《浙江省高新技术企业研究开发中心管理办法(试行)》,加强对中心的经费补助、评估和管理,根据中心运行情况,以奖代补,择优支持。

(二)人才支持

浙江省制定了《浙江省跨世纪学术和技术带头人培养规划(1996—2010

年)》,计划到 2010 年,建立起一支由 3200 名左右跨世纪的学术和技术带头人及其后备人才组成的、能跟踪世界科技前沿水平、在国家和省高新技术研究及其产业发展中起骨干作用的中青年学术和技术带头人队伍。1998 年 10 月,浙江省人民政府发布《浙江省鼓励技术要素参与收益分配的若干规定》,指出在工资、奖励等收益分配上进一步向科技人员倾斜。2004 年,浙江省人民政府通过《大力实施人才强省战略的决定》,指出要培养和造就一支宏大的高素质人才队伍。2006 年,浙江省人民政府制定《浙江省科技强省建设与"十一五"科学技术发展规划纲要》,强调加强人才队伍建设。2007 年 11 月,浙江省科学技术厅、浙江省教育厅、浙江省劳动和社会保障厅、浙江省财政厅、浙江省总工会、共青团浙江省委员会联合制定了《高技能人才培养和技术创新活动资助办法(试行)》,对高技能人才培养和技术创新研究等给予费用补贴。这些年来,浙江省培养人才的工程和计划类包括"115 人才工程"、"百千万科技创新人才工程";钱江人才计划、新苗人才计划、科研院所优秀青年人才资助计划、科技创新人才国际交流资助计划、学术和技术带头人培养计划、优秀青年科技创新人才培养计划、紧缺急需创新人才培训计划、科技创新人才发展环境建设计划等。

在人才支持方面,浙江省政府制定的具有明确指向的扶持高新技术企业自主创新的政策措施是《关于大力推进高新技术产业化的决定》,其中提到高新技术企业的员工实行工效挂钩的工资政策,解决其配偶和子女的问题,项目优先获得政府经费、贷款贴息和融资担保等支持。

2008 年,浙江省科学技术厅的调研报告数据显示,全省从事科技活动的人员有 25.78 万人,其中科学家工程师 16.35 万人,占 63.4%,每万人口中科技活动人员 53 人;从事研究开发人员 80100 人,每万人口中 R&D 活动人员为 16 人。全省有"两院"院士 24 人,共享院士 174 名,通过柔性流动方式为我省服务、在我省担任实职的"两院"院士 40 余名;全省 220 万专业人才中,具有高级职称的已达 12.08 万,其中享受政府特殊津贴专家近 2200 人;国家和省级有突出贡献中青年专家 346 人;入选"国家百千万人才工程"第一、第二层次 59 人;入选省"151 人才工程"第一、第二层次 1228 人;浙江省特级专家 30 名。此外,教育部长江学者 32 人,国家杰出青年基金获得者 17 人,钱江学者(特聘教授)12 人。据报道,至 2005 年 6 月,来浙江工作、创业的高层次人员有 3150 人,来浙江短期服务的 558 人。归国留学人员主要来自美国、加拿大、日本、德国、英国、澳大利亚等国,95%以上获得博士或硕士学位,30%有海外企业中层以上管理工作经验。来浙江工作创业的归国留学人员有 80%左右集中在高校、科技院所等事业单位,16%在企业中工作。

(三)中介机构建设

在加强公共基础平台建设方面,2003 年浙江省人民政府制定了《数字浙江

浙商研究

建设规划纲要》，加快建设"数字浙江"支撑体系。2006年，浙江省人民政府制定《浙江省科技强省建设与"十一五"科学技术发展规划纲要》，强调加快各种平台建设；浙江省科技厅制定《浙江省公共科技条件平台建设纲要》，指出政府从政策引导、经费投入、扩大社会参与等方面给予支持；实施《浙江省省级行业和区域创新平台建设与管理试行办法》，以加快行业和区域创新平台建设，强化平台规范管理，为更好地发挥公共科技基础条件平台在浙江省自主创新和科技进步中的作用。2007年5—7月期间，省科技厅与金华、丽水、湖州、嘉兴、舟山等市科技局共同举办了浙江省公共科技基础条件平台宣传培训活动。

2007年浙江科技发展报告数据显示(见浙江科技厅网站)，截止到2007年底，全省创新平台的总数达到30个，对2006年前建立的18个平台，已实际投入建设资金9.11亿元，拥有创新服务场地23.86万平方米，整合仪器总值达22.37亿元。参与平台建设的中级职称以上科技人员约有2500人，其中高级职称人员约有880人。已提供检测服务29.5万次，服务收入10293万元。举办技术咨询637场次，接受咨询22832人次，推广技术成果194项，预计产生经济效益21.7亿元。为相关领域企业培训职业技能人才21000人。制定国家标准和行业标准87项。加入平台服务层的企业已达5200家，共承担国家级科研项目134项，资助经费19675万元；承担省级项目354项，自主经费15646万元；与企业合作或为企业解决技术难题1457项，横向经费13284万元。

在加强科技企业孵化器方面，浙江省委、省政府《关于进一步加快民营科技企业发展的若干意见》中指出"每年安排1500万元，用于省级重点孵化器建设"。2003年，浙江省科技厅发布《浙江省科技企业孵化器认定实施意见》，对认定省科技企业孵化器实行动态管理，每两年考核一次，对考核不合格的，取消省科技企业孵化器称号。同年，实施《浙江省重点科技企业孵化器建设资金使用办法》，省建设资金以种子资金的形式，主要扶持省重点科技企业孵化器中入孵企业所从事的高新技术研究、开发、生产项目，属无偿拨款，一般为10万~15万元。2005年，浙江省人民政府通过《关于加快科技企业孵化器建设与发展的若干意见》，积极从经费、风险投资、金融支持、知识产权保护、人才队伍建设、国内外交流与合作等方面积极为入孵企业和人员创业创造良好的环境。2008年5月，浙江省科技企业孵化器协会由杭州高新区科技创业服务中心、浙江大学科技园发展有限公司等5家国家级创业中心在省科技部门的支持下发起成立。协会充分发挥纽带作用，加强全省孵化器之间，孵化器与科研、中介服务、风险投资等机构之间的联系，同年11月，浙江省科技厅召开省级农业高科技园区及创业中心(孵化器)建设经验交流会议。

2007年浙江科技发展报告数据显示，到2007年，浙江省各地共建有各类科技企业孵化器 72 家,总孵化面积 175 万平方米,其中国家级的科技企业孵化器 12 家,省级科技企业孵化器 29 家。在孵企业 3367 家,孵化毕业企业 864 家,在孵企业从业人员 55100 人,年总收入 84.24 亿元,上缴税收 2.7 亿元。

在加强生产力促进中心的建设方面,2004 年 11 月,国家科技部修订了《生产力促进中心管理办法》,科技行政管理部门将生产力促进中心的工作纳入科技发展计划,为生产力促进中心的建设和发展提供规划、用地、财政等方面的政策支持,并对在生产力促进工作中做出突出贡献的单位和个人给予表彰。2007 年,开始实施《国家级示范生产力促进中心绩效评价工作细则》,以加强生产力促进中心的动态管理,对评价结果排在前 20% 的示范中心,同等条件下,将在国家或地方生产力促进中心业务能力建设项目中优先考虑;对评价结果排在后 10% 的示范中心,将给予警告;连续两年排在后 10% 的,视为未通过年度绩效评价,并取消其国家级示范生产力促进中心资格。2008 年 1 月,浙江省科技厅制定了《浙江省区域科技创新服务中心认定与管理办法(试行)》,设立区域科技创新服务中心专项资金,对认定的省级区域科技创新中心给予一定数额的专项经费补助。

2007 年浙江科技发展报告数据显示,2007 年底,全省共有升级区域科技创新服务中心 87 家和其他生产力促进中心 20 家,其中 8 家国家级示范生产力促进中心全部通过科技部年度考核。

为促进各种实验基地、产业基地的建设,2001 年 8 月,浙江省科技厅制定《浙江省高新技术特色产业基地管理办法》,经认定的省高新技术特色产业基地可优先推荐申报国家火炬计划产业基地;基地内的企业可优先推荐申报国家科技型中小企业创新基金,并可优先获得省科技型中小企业技术创新资金、火炬计划、科技计划项目的立项支持;基地内基础较好的科技创新服务中心、孵化器、高新技术企业研发中心等可优先获得一定的资金支持。2003 年,浙江省人民政府制定《浙江省先进制造业基地建设规划纲要》,为建设先进制造业基地着力构筑组织领导、基础设施、现代流通、人才支撑、投融资和政府服务六大方面保障体系,随后推出《关于推进先进制造业基地建设的若干意见》,以促进先进制造业基地建设工作顺利开展;同年,浙江省科技厅制定《浙江省省级重点实验室、试验基地建设与管理办法》,指出省级重点实验室、试验基地是浙江省科技创新体系的重要组成部分,是浙江科技创新的重要源泉之一,要加强建设和管理。2006 年,根据国家中药现代化科技产业(浙江)基地实施方案提出的发展中药先进装备制药体系、现代中药制药示范体系、现代中药种植产业体系等三大产业体系和构筑技术创新平台的总体要求,进一步修改制定了《中药现代化科技产业(浙江)基地联席会议成员单位职责分工》、《中药现代化科技产业(浙江)

基地示范企业管理办法》、《中药现代化科技产业（浙江）基地技术创新平台建设任务和目标》、《中药现代化科技产业（浙江）基地温州制药装备分基地建设任务和目标》等加强基地建设管理的要求和办法。

2007 年浙江科技发展报告的数据显示，到 2007 年底，全省省级以上重点实验室（含实验基地）数量达到 118 家，其中国家级重点实验室 11 家，省级重点实验室 75 家，部级重点实验室达到 29 家，省部共建国家重点实验室培育基地 3 家，省部共建国家重点实验室培育基地的数量位于全国前列。

在技术市场建设方面，2003 年 2 月，浙江省科学技术厅通过《中国浙江网上技术市场市、县网管单位考核奖励办法（试行）》，发文表彰中国浙江网上技术市场先进网管单位，并颁发奖牌和奖金；同年，浙江省科技厅制定了《中国浙江网上技术市场省外优秀组织奖奖励办法》，设立省外优秀组织奖，授予组织工作业绩突出的单位、部门，并颁发奖金，以鼓励全国各地科技行政部门、高等院校、科研院所、科技中介机构组织科技人员上网建设强大的技术、人才的供方基地，使上网企业提出的技术难题尽快得到解决，使科技人员能通过网上技术市场得到科研经费的支持，不断提高其科技创新能力。2004 年 9 月，为促进技术交易，加速技术成果转化，维护技术市场秩序，保障技术交易当事人的合法权益，修订《浙江省技术市场条例》。2008 年 9 月，省科技厅召开了中国浙江网上技术市场专业市场验收总结会。此外，每年浙江省科技厅都举办科技成果管理与技术市场管理培训、中国浙江网上技术市场活动周。

2007 年浙江科技发展报告的数据显示，截止到 2007 年底，网上技术市场累计发布技术难题 45752 项，签约成交项目 16645 项，技术合同金额达 139.4 亿元，累计上网企业达 89305 家，上网高校院系及科研院所达 36947 家，上网中介机构达 10687 家，累计发布英文技术难题 970 项，引进共建创新载体签约项569 项。

（四）国内外合作共建创新载体

为了进一步聚焦国内外优质创新资源，增强全省各类创新主体的科技创新能力，浙江省开展了引进国内外科研院所、高等院校、大企业，联合共建科技创新载体工作，经过几年的不懈努力，成效显著。2003 年，浙江省科技厅、省人事厅、省教育厅、省经贸委、省财政厅联合制定《关于引进"大院名校"联合共建科技创新载体的若干意见》；同年 5 月，提出主动接轨上海积极参与长江三角洲地区合作与交流。2005 年，浙江省科技厅制定《关于对引进大院名校共建科技创新载体实行以奖代补的意见》，指出政府每年安排专项经费，对市、县（市、区）政府、高校、科研院所和企业引进共建的两类创新载体，按专项经费 7：3 的比例进行以奖代补，对市、县（市、区）政府、高校、科研院所引进共建的创新载体奖励额度为 50 万～100 万元,企业引进共建的创新载体奖励额度为 20 万～50 万元。2006 年 4 月,浙江省人民政府制定《浙江省科技强省建设与"十一五"科学技术发展规划纲要》,强调促进国内外科技合作与交流。2008 年 1 月,浙江省科技厅制定了《浙江省国内合作成果转化项目计划管理办法》,强调通过深化产学研合作,引进国内优质科技成果,加快企业产品的升级换代;同年 3 月,制定《浙江省国际科技合作项目管理办法》,指出国际合作项目分为重大、重点和面上三类,项目补助方式分为分期拨款、事后补助和贷款贴息三种;合作研究项目以分期拨款为主,再创新产业化项目以事后补助和贷款贴息为主。此外,近年来浙江省与国内上海、北京、港澳等省份和地区,与北京大学、清华大学、香港科技大学、中科院等高校开展科技合作;国际合作项目涉及欧洲、拉美、日本、澳大利亚、印度等国家;建立了中俄科技合作园、浙江国际纳米技术研发中心等国际科研机构;期间举行了促进中国科技企业"走出去"研讨会、中俄高新技术合作研讨会、中澳政府科技合作特别资金研讨会、中巴科技合作论坛、驻沪外交官长三角科技合作(杭州)论坛、浙江—意大利坎帕尼亚科技创新论坛等国际合作交流会议。

2007 年浙江科技发展报告的数据显示,到 2007 年底,全省各类科研机构已达 762 家,其中在浙部属院所 25 家、省部属院所 40 家、市县属科研院所 151 家、民营科研机构 16 家、引进共建创新载体 530 家。全省各地共引进共建了 530 家各类创新载体,总投入 61.14 亿元,其中与企业共建的有 436 家,与地方政府共建的有 55 家,与高等院所共建的有 39 家,与国外共建的有 29 家,引进科技人员累计 13437 人,其中副高级职称以上科技人才 3065 人(包括博士 1247 人、海外留学回国人员 224 人、外国专家 118 人),引进科技成果 1178 项,专利 1037 项,其中发明专利 276 项,引进项目 2115 项,投入研发经费 18.98 亿元,其中已经完成项目 1591 项,获得授权专利 1670 项,其中发明专利 258 项,发表论文 793 篇,获省部级奖励 119 项。

二、浙江省提升企业创新能力政策的不足

(一)吸引外资的政策不足

尽管浙江省吸引外商直接投资连年较快增长,但与广东、江苏这些典型的外源型经济大省相比仍然差距较大,投资环境仍有待改善。题为"浙江外来直接投资呈上升趋势但瓶颈仍存"的分析报告(浙江省对外贸易经济合作厅,2007)指出,瓶颈主要表现在:(1)浙江省利用外资的若干法律法规仍不完善,对于外资并购、产业基金、知识产权保护等均存在法制不完善或执法难等问题。(2)近年来浙江土地、电力等能源与原材料供给的严重不足,对外资进入也形成

了很大制约。随着电力项目建设加快,电力供应紧张状况已有所缓解,但土地等资源要素的制约将是长期的。(3)浙江省受内源型经济发展模式的影响,吸引外资的政策较少且优惠力度不足是重要的阻碍因素。广东省侧重于创新管理体制、改善投资环境,如简化外资项目的审批程序、成立外商投诉机构等;江苏侧重于实现省内地区之间、各种所有制之间的平衡和可持续发展,拓宽投资领域、降低投资门槛等;上海则从全市发展战略角度重新审视其利用外资布局,制定《上海市外商投资产业导向》、《关于外资并购本市国有企业的若干意见》等。浙江省可以借鉴以上省市外资政策,创造有利于外资进入的政策环境。

(二)政府对科技创新的支持力度不够

这些年来,浙江省虽然制定了一系列的科技投入政策,但从前面分析中可知,浙江省政府科技投入占 GDP 的比重、政府科技投入增长率在全国排名都比较落后,这些都说明政府科技投入仍然不足。另一方面,融资是企业获得创新资金的重要来源,但融资难是企业普遍面临的问题,尤其是民营企业。浙江省各级政府目前颁布的关于支持和引导民营企业发展的资金政策已为数不少,但事实证明政策的执行力度还不够。如浙江省中小企业局法规处一篇报告(郭人菡,2005)中提到,省政府与省建设银行签约,为近千家企业提供贷款扶持,平均每户能得到贷款 5000 万元左右。然而,在实际操作中,这些政策并不尽如人意,因为能贷 5000 万元的都是中等以上规模企业,而广大小企业急需的几十万到百万元左右的贷款如何解决一直无法落实。其他授信贷款也存在类似问题。

(三)缺乏专门的高技术扩散机构

技术扩散在经济发展中扮演着非常重要的角色,技术引进和技术外溢是技术扩散的两个主要渠道(陈宇、卫平,2008),创新能力不强的企业可以通过技术引进这种"后发优势"加速技术能力的提升。新加坡在扶持半导体产业发展方面作出了巨大的努力,新加坡政府利用经济发展委员会等相关机构,在技术转移过程中通过一系列的措施,为技术转移设定基调和明确方向,为半导体产业能力的发展建立了良好的框架(Mathews and Cho,2000)。工业技术研究院是我国台湾地区进入半导体产业的有力支撑,是信息和其他先进技术的来源,它在促进新产业的产生和现有产业提升方面都起着关键作用。通过引进最前沿的技术、将自身的研究成果转移到私人部门或是以各种研究开发合作联盟的形式,带动了技术进步,培育了企业的自主创新能力(Amsden and Chu,2003)。相比较而言,浙江省也通过建立各种中介机构尤其是技术市场、产学研合作来促进技术扩散,但政府的主导力度仍不够大,缺乏像我国台湾地区和新加坡那样以专门的政府机构或公共技术研究机构为主导来带动高技术产业的发展。

(四)政策针对性差,重点不突出

从上面政策分析中可以看出,一方面,明确指向扶持高技术企业的专项政策相对较少。浙江省"十一五"时期通过了 26 个重大科技专项的实施,我们参照高技术产业目录,统计出其中属于高技术产业的重大科技专项仅占 30%,比例较低。另一方面,政府政策支持的对象过于广泛,重点不突出。重大科技专项是浙江省科技计划的重中之重,涉及浙江省经济和社会发展的重点领域,据 2007 年浙江科技发展报告的数据显示,2007 年实施的重大科技专项有 220 项,一共投资 61 亿元,其中研发经费 22 亿元。在传统产业改造提升方面,涉及实施高效节能技术、绿色化工技术、现代纺织与服装加工技术及装备、高档皮塑加工技术及设备、纳米技术攻关及示范应用和制造业信息化等 105 项;在高新技术领域,涉及重大机电装备、可再生能源利用技术、网络和通信技术及装备、数字多媒体技术及应用、软件与集成电路设计、重大应用电子技术和新型电子元件等 115 项,由于专项较多,没有重点,每个专项获得的政府资金较少,不利于重大科技专项的实施,无法实现战略性产业的创造与发展。

第三节 提升浙商创新能力的对策与政策建议

前面对浙江企业创新能力的分析表明,浙江企业绝大多数处于仿制和创造性模仿阶段,只有很少企业进入到了自主创新阶段。而这些进入到自主创新阶段的企业,大多处在缝隙市场,如中控、聚光科技等,只有个别企业进入到了大规模的高技术产业市场。因此,浙江省产业发展和提升企业创新能力面临的任务是,一方面帮助处于仿制阶段的企业形成技术开发能力,进入创造性模仿阶段,强化它们在低端市场的地位,或者进一步提升创造性模仿能力,逐步进入中端市场;另一方面促使一部分已经开始进行自主创新或者已经有很强创造性模仿能力的企业进入大规模的高技术产业市场,通过高技术产业的创新动力,促使企业形成或进一步提升自主创新能力,并通过规模化的高技术产业的发展,带动浙江产业的转型升级。

因此,我们的对策与政策建议包括四个方面:优势产业提升与新兴产业创造并举;政府引导与协调新兴产业创造;形成以公共技术研究机构为核心的科技资源整合机制;建立实虚结合的工业技术研究与扩散机构。

一、优势产业提升与新兴产业创造并举

（一）优势产业提升

浙江产业发展面临的第一个任务是优势产业提升，即如何帮助企业提升创造性模仿能力，实现传统优势产业如纺织、机电等产业的升级。从第六章的分析可知，浙江的传统优势产业具有很强的国际竞争力，在国内处于领先的地位。虽然在国际上主要处于价值链的低端，但在近几年已经在逐步增强其创新能力，逐步提升其价值链位置。研发投入和专利数量的快速提高，反映了浙江企业对于创新的重视。当然，由于浙江大多数企业是中小企业，在创新上面临资金、人员和技术能力上的困难。但浙江省政府各级部门近年来都非常重视区域创新系统的建设，通过各种政策支持、技术创新项目、创新平台建设、共用技术开发、产学研合作等方式，激励和帮助企业开展创新活动，提升创新能力。从总体来看，浙江已经形成良好的区域创新系统，许多企业也已经认识到创新的重要性和必要性，也开始积极寻找创新机会。虽然，目前浙江的创新资源非常分散，分布在企业、大学、科研院所、各种创新平台等机构之中，但这样分散的资源分布非常有利于浙江以中小企业为主、以传统产业为主的企业和产业生态。因为在这样的产业生态环境中，产业被分割为一个个小的细分市场，许多企业都是这些细分市场中的隐性冠军。这些不同细分市场中的企业对技术和技术创新的需求就一定是不同的，具有多样性的特征。这种多样性的创新需求只有涉身其中的企业才能深切地感受到，大学与科研院所无法捕捉到这些技术需求。因此，以企业为主来整合创新资源就是必然的选择。而企业需求的多样性就决定了创新资源必须也具有多样性的特性，也就必须是分散的创新资源分布。

因此，目前浙江形成的区域创新系统与浙江传统产业为主的产业生态是高度匹配的，基本上能够支撑传统优势产业的提升。如果说还有什么问题，那就是执行与效率的问题。政府政策是否到位，政府科技与创新项目投入是否有效，创新平台的运行，大学与科研院所的作用，这些都需要进一步落实。这些具体运行与执行的问题，这里就不展开讨论了。

（二）新兴产业创造

浙江产业发展面临的第二个任务是新兴产业创造。通过高技术产业的创新动力，促使企业形成或进一步提升自主创新能力，并通过规模化的高技术产业的发展，带动浙江产业的转型升级。从目前的产业发展态势来看，浙江在传统产业的优势可以保持并持续一段时间，但很难再现过去 20 年的高速增长。因此，浙江必须跨出传统产业，寻找新的产业增长点。从东亚的日本、韩国、新加坡和我国台湾地区的成功经验和拉美的阿根廷、墨西哥的失败教训看，发展

新兴的高技术产业是走出增长陷阱与经济衰退的必然选择。

从第六章的分析可知,浙江在高技术产业发展上一直处于滞后的状态,与国内发展较快的省市(如广东、江苏、上海等)相比,有较大的差距。广东、江苏和上海等地区的高技术产业发展主要是依靠跨国公司的直接投资和中外合资,从 20 世纪 90 年代开始,我国台湾地区、日本、美国和欧洲的企业逐步加大对我国高技术产业的投资,促成了我国 90 年代中期以来高技术产业的高速发展。浙江没有赶上高技术产业这一轮高速发展的机会,形成了今天落后的局面。从目前的态势看,跨国公司对中国高技术产业的投资不可能延续过去十几年的增长。因此,通过内生的方式,在新兴的高技术产业领域中,创造出浙江新的优势产业就必然是浙江面临的最重大的任务。

因此,浙江应该实施传统优势产业提升和新兴高技术产业创造并举的产业发展战略。传统优势产业是浙江经济社会发展的现金牛,它保证了浙江经济社会发展的平稳性,为新兴高技术产业的创造提供了充足的资金。同时,新兴高技术产业的创造是浙江经济发展的未来,是经济持续发展的保证。

当然,如何平衡这两个任务是成功的关键。首先,浙江应该针对这两个任务的不同特性,分别制定不同的发展战略。对于传统优势产业的提升,应该实施以企业为主的四处出击、八面开花的分散发展战略;而对于新兴产业创造,应该实施政府引导,公共科研机构和企业合作的产业聚焦的集中发展战略。作为一个以传统产业为主、科技能力不强的省来说,发展高技术产业必须有所为、有所不为,必须把有限的创新资源集中起来,投入到聚焦的新兴产业中,形成局部的资源优势,只有这样才有可能形成新兴的优势产业。这样,就必须形成以传统产业的宽和新兴产业的窄、传统产业的分散和新兴产业的集中为特征的产业发展战略。

二、政府引导与协调新兴产业创造

从本章建立的理论模型可知,新兴的高技术产业创造意味着产业和企业进入到自主创新的第一个阶段,即需要掌握相应产业的核心技术,才有可能在高技术产业竞争中赢得一席之地。由第六章的分析可知,要掌握高技术产业的核心技术,需要长时间的技术努力和资金投入,这显然不是浙江以中小企业为主的产业和企业能够独自完成的。企业不可能冒如此巨大的风险,忍受长时间的亏损,通过持续的高投入来实现核心技术的突破。因此,政府的引导、协调和资金投入的支持就是必然的选择。

东亚、东南亚国家和地区的新兴产业创造可分为三种模式。一是韩国模式,在韩国政府大量支持和督促下,以特大型企业集团为核心整合全球创新资源,以半导体、通信和液晶显示为目标产业,通过技术引进与合作研发,经过十几年在核心技术研发上的努力,成为世界领先;二是我国台湾地区模式,在我国台湾地区地区政府的支持与协调下,以工业技术研究院为核心整合全球创新资源,以计算机、半导体和液晶显示为目标产业,通过技术引进、技术扩散与合作研发,逐步掌握了产业核心技术;三是新加坡模式,在政府支持和协调下,首先通过引进跨国公司直接投资的方式整合全球创新资源,然后通过创办国有企业吸收跨国公司溢出的核心技术,并逐步掌握了硬盘驱动器和半导体等产业的核心技术。因此,不管是韩国、我国台湾地区还是新加坡,它们在高技术产业的成功都依赖政府的高度参与和积极的引导与协调。

因此,理论分析和成功的实践都告诉我们,高技术产业的创造必须有政府的高度参与与大力支持。如果浙江希望在新兴的高技术产业上有所做为,也一定需要政府的积极参与。政府的参与可以从以下几个方面进行:一是协调省内外和国内外技术与产业专家,进行产业技术与市场发展趋势的评估,筛选出最有发展潜力、符合浙江资源要求的产业与技术领域,确定重点创造的目标产业;二是形成以创造高技术产业为目标的科技资源整合机制;三是平衡科技政策与市场机制的关系;四是以研发资金、优惠贷款、税收减免、政府采购等政策支持企业进入与参与高技术产业的创造。

(一)确定重点创造的目标产业

虽然30年来浙江的经济发展取得了很大成就,但基本上限于传统产业,在高技术产业中也基本上处于附加值较低的价值链位置上,很少掌握产业核心技术。浙江传统产业占据了绝对的优势,保持传统产业的平稳发展和提升是浙江持续发展的基础,是浙江维持就业和社会稳定的基础,也是发展新兴高技术产业的资金来源,因而浙江产业发展的大部分资源在短时期内还必须放在传统产业的提升上,只能将少数资源投入新兴的高技术产业发展。如果浙江希望在新兴的高技术产业中取得突破,就必须集中资源在个别重点发展的产业,形成局部资源优势。因此,浙江必须选择最有发展潜力和最有后发优势的产业。根据东亚国家和地区自主创新的成功经验,目标产业或产品的选择应该基于以下几个原则:(1)附加值高,是价值链上的核心环节。如信息产业的半导体,信息产业和消费电子产业中的液晶显示技术;(2)市场规模大,具有广泛的应用性,如新能源电池技术在汽车、手机、相机等领域的应用,LED技术在照明和显示领域的应用;(3)技术已经基本成熟,大规模市场已经启动。对于后进地区来说,优势在于对于成熟技术的低成本和大规模的应用,而在不确定技术的竞争上毫无优势可言;(4)国内较大的需求。国内需求可帮助新生企业较快地度过培育期,政府也可通过一定的市场保护支持本土企业成长。

（二）形成以创造高技术产业为目标的科技资源整合机制

高技术产业资金密集与技术密集的特点要求大量资源集中整合到少数目标产业上，这是市场机制无法实现的。市场机制固有的短期导向和厌恶风险的特性使之必然具有资源分散配置的特点，以此方式分散风险和追逐短期利润。因此，政府必须主导形成集中型的科技资源整合机制，创造局部的资源优势。

（三）平衡政府政策与市场机制的关系

这里我们强调政府的作用，并不是否认市场机制配置资源的基础性作用。实际上，我们已经反复说明，浙江产业发展的任务是传统优势产业提升与新兴产业创造并举。在传统产业提升方面，市场机制对资源的分散配置方式基本上能够支撑产业的发展，政府政策只是起到辅助的作用。但在新兴产业创造方面，市场机制的短期趋向无法激励企业投入新兴产业创造，市场机制分散配置的特性无法集中整合科技资源以符合高技术产业资金密集的特性，由此产生市场"失灵"。这时候，政府政策就必须暂时代替市场，起到激励与资源配置的作用。然而，随着新兴产业关键技术的引进和逐渐被企业掌握，随着早期进入的企业（可能是国有企业或者由公共科研机构剥离出来的企业）开始站稳国内市场，其他企业（主要是浙江民营企业）会逐渐认识到新兴产业带来的市场机会，它们就会开始大量进入，市场机制也就开始发挥其基础性作用。到这个阶段，政府就应该及时转换角色，从主导产业创造转向营造自由竞争的市场环境以对企业的支持。这时候，企业与市场机制开始主导产业创造，政府退回到补充与辅助的作用。

（四）以产业与科技政策支持企业进入与参与高技术产业的创造

不管是早期政府主导阶段，还是中后期企业主导阶段，科技政策都能够发挥积极的作用。虽然在新兴高技术产业创造的前期，需要政府的引导与大力参与，但政府不能也无法包办整个产业的创造，需要鼓励与支持企业的积极参与。在产业创造的中后期，虽然市场机制开始起主导作用，但政府政策的补充与辅助作用仍然非常重要。政府可以使用研发资金投入、贷款优惠、税收减免、政府采购、市场保护等政策支持企业进入与参与高技术产业的创造。不过，政府政策应该根据产业发展不同阶段的特点，确定其重点。在产业创造的早期，企业面临的困难主要是技术风险和市场障碍，所以政府应该通过研发资金投入、优惠贷款、政府采购和市场保护帮助企业站稳市场；在产业创造的中后期，企业面临的困难主要是资金不足，所以政府政策的重点应该是贷款优惠和税收减免。

三、形成以公共技术研究机构为核心的科技资源整合机制

高技术产业的创新与发展，需要大规模资源（包括技术、资金、人才、市场信

息)的聚合与优化配置。这样一个异常复杂的任务不是中国并不健全的市场机制能够完成的,而是需要高度集中化的机构才能实现。在高技术产业起飞的初期,企业的研发能力还比较薄弱,很难形成有竞争力的创新能力,即使是技术引进也很难进行有效的吸收。依靠政府集中力量建立应用技术公共研究机构能很好地起到集聚政府、产业和科研部门力量实现技术和产业重点突破的作用,为企业,特别是中小企业的发展提供良好的技术支持平台和服务,为它们的技术升级创造条件。

各种研究表明,企业技术创新与科技进步并不是市场竞争机制的必然结果,而是通过政府创新战略进行制度创新,在政府科技政策的引导下,结合企业的市场化动机实现的。如果认为企业技术创新就是一种市场行为,那是对技术创新规律的误解。实际上,政府在创新产业链打造、公共平台建设、中小企业扶持、配套服务创新、创新文化营造等诸多方面都可以起到积极的推进作用。

浙江各级政府在公共创新平台的建设方面已经做了很多工作,也引进了不少国内外研究院所和研发机构,同时浙江还有浙江大学等许多高校的科研与人才支撑。但是,这些丰富的科研力量还处于分散与自发的状态,没有很好地整合到自主创新和新兴产业创造的目标上。目前,我国的大学与科研院所仍在两个极端之间徘徊,要么是以基础科学研究为目标,要么是以获得企业科研经费为目标。显然,大学这两方面的目标都无法真正为企业自主创新提供支持。

从亚洲国家与地区成功的经验看,产业创造的资源整合机制主要有韩国的大企业集团主导、我国台湾地区的公共研究机构主导和新加坡的跨国公司主导三种方式。从浙江以中小企业为主的产业组织的状况看,大企业集团主导是不适合的,因为浙江已经错过了 20 世纪 90 年代中期到现在这十几年跨国公司在中国信息产业大规模投资的时期,在利用外资方面已经无法与广东、江苏、上海和北京等地区竞争。因此,最适合浙江新兴产业创造的资源整合机制是类似于我国台湾地区的公共研究机构主导方式。

但是,目前浙江并没有系统而强大的公共研究机构,浙江原来的科研院所在 20 世纪 90 年代的科技体制改革中,一部分改制为企业,一部分合并到企业中,剩下的已经不多了,更谈不上实力了,根本无法支撑新兴产业创造这样一个艰巨的任务。虽然浙江的科研院所不强,但近 10 年的高速发展,已经形成比较完备而且实力强大的高校科研机构。那么,我们为什么不以高校(如浙江大学)科研机构为核心,整合创新资源以支撑产业创造呢?

实际上,从浙江目前产业创造的阶段和特性来看,高校研究机构无法成为资源整合的核心。根据我们在本章第一节提出的理论模型,浙江的产业创造处于自主创新能力提升的第一阶段,即集成创新阶段。这个阶段的特征是企业开始掌握产业核心技术,进入高技术产业或高附加值的价值链位置。但要注意,这个阶段的关键任务是掌握核心技术,而不是如自主创新第二阶段的关键任务是创造或者控制核心技术。也就是说,这个阶段企业需要掌握的核心技术已经由发达国家开发出来,已经开始成熟并大规模产业化。

自主创新两个阶段关键任务的区别决定了高校研究机构的不同作用。同时,高校研究的特性也决定了它所能承担的任务。高校研究有两个主要的特征:一是学术价值导向;二是资源的分散配置。高校的核心价值观是以探求真理为目标的学术价值导向。这样的核心价值观决定了高校研究工作是以探求未知的前沿性学术研究为主,在科技成果产生方面具体表现为研究周期长、研究成本高、不确定性高,在成果评价上以发表论文和获得科研奖励为主。在自主创新的第一阶段,需要掌握的是已经成熟的核心技术,这些成熟的核心技术已经不是国际学术研究的前沿,已经没有研究的学术价值,而如何掌握这些核心技术并进行产业化应用并不是高校科研人员的专长,也不是他们主要关心的工作。在自主创新的第二阶段,关键任务是创造与发明核心技术,这个任务恰好就是学术研究的前沿工作,因此在这个阶段,高校研究能够起到核心的作用。20世纪60—80年代信息技术产业在美国的出现,最近20几年生命科学产业在美国和英国的出现,都证明了高校在自主创新第二阶段的核心作用。另一方面,由于前沿学术探索的不确定性,学术研究工作一定是分散的资源配置,国际上通行的自由研究和同行评价制度就是这一资源配置机制的反映。而掌握成熟技术并产业化的技术不确定性不是很高,但对资源的密集程度要求很高,所以要求对资源集中整合。

浙江新兴产业创造处于自主创新的第一阶段,使强大的高校研究机构系统无法发挥核心的资源整合作用。实际上,从日本、韩国、我国台湾地区等地区的产业发展看,在它们进入新兴产业创造阶段时,高校基本上只是发挥了技术知识准备和科技人员培养的作用,发挥核心作用的要么是大型企业集团(如日本和韩国),要么是公共研究机构(如我国台湾地区)。因此,浙江也应该建立强大的公共研究机构,整合省内外和国内外创新资源,在新兴产业创造中发挥核心的作用。

四、建立实虚结合的工业技术研究与扩散机构

对于浙江这样的以中小企业为主的产业结构,我国台湾地区的政府主导型公共研发模式是比较适宜的。当然,浙江不必像我国台湾地区一样,建立完全独立的工业技术研究院。在当今全球化的环境下,浙江又处于中国这样一个大环境之中,可以充分利用中国和全球的巨大科研资源。因此,我们的建议是,建

立一个实虚结合的工业技术研究院。这里的"实"意指研究院应该是一个独立的实体,有专门的机构和专门的科研人员,而"虚"是指这个研究院不必太大,专职人员不必太多,应该以此为平台,充分利用和整合国内外科研资源,形成虚拟的科研网络。

浙江工业技术研究院应该是一个独立的实体,其目的有二,一是避免受到高校学术导向价值观的约束而导致与产业发展的需要脱离;二是避免受到企业和各种分散科技平台的短期化导向影响,避免以追逐短期利润为导向,这样就无法支撑长期产业创造的目标。同时,独立的实体还意味着工业技术研究院应该有符合产业创造目标的研究计划和专门的研究经费,不以赢利为目的,这样才能从高校研究的学术目的和企业的短期赢利目的之中超脱出来,不是跟随企业步伐,而是引领企业发展。

另一方面,浙江工业技术研究院应该形成广博的虚拟研究网络。首先,通过虚拟研究网络有效整合浙江高校、科研院所和企业的创新资源。虽然高校总体上是学术导向,科研院所和企业总体上是短期利润导向,但其中一部分科研人员一旦进入工业技术研究院的研究网络,就会被支持产业创造的长期研究项目整合起来,形成与长期产业创造相适应的研究目标;然后,可以进一步形成全国和全球的虚拟研究网络,通过项目委托、项目合作和技术咨询指导等方式整合全球科技资源。

浙江工业技术研究院应该根据新兴产业创造的重点产业和关键技术,确定相应的研究所或项目组。这些研究所或项目组以工业技术研究院专职研究人员牵头成立,但应广泛吸收国内外大学与科研院所人员,以及浙江相应企业科研开发机构,同样形成实虚结合的创新网络。

浙江工业技术研究院的各个研究所,根据相应产业创造的不同时期,应该有不同的运作目标和运作模式。对于处于产业创造初期的产业,研究院的任务应该包括引进国外先进技术(如购买核心技术专利或者合作开发核心技术)、组织研发(包括自主研发或合作开发)将引进技术转化为企业适用的技术和新产品。

当研究院完成技术引进和对核心技术的掌握后,产业创造就进入中期,这时研究院的任务就是将适用技术和新产品设计扩散到企业,实现产业化。此时,工业技术研究院的目标是帮助企业将前沿技术结合我国特殊市场需求,开发出满足我国特殊需求的产品。因此,研究院的任务包括追踪国际前沿技术、进行前沿技术可应用领域与应用方式的预研、不断将前沿技术信息和预研结果与相关企业沟通、结合我国特殊需求探索可能的解决方案。这里要注意的是,研究院的主要任务是技术的跟踪与研究,而对我国特殊市场需求的探索应该主要由企业完成。于是,前沿技术如何与特殊需求结合是这里的关键,研究院的作用就是国际前沿技术和我国市场需求的中介,通过产、学、研相结合的创新网络,实现自主创新。

第四节　本章小结

本章首先构建了提升企业创新能力的静态与动态模型,静态模型说明了外部因素(主要是政府)如何帮助企业提升创新能力的机制。在动态模型中,产业和企业的创新能力是逐步提升、动态演化的,在演化过程的不同阶段,企业创新能力提升的关键点是不同的。因此,在不同阶段,外部因素(主要是政府与公共研究机构)的作用也就不同。

然后对浙江政府的创新政策进行了实证研究,得出了如下结论:政府在创新系统建设方面作用显著,但缺乏专门的高技术扩散机构,政策针对性差,重点不突出。

最后提出了浙江政府提升企业创新能力的对策与政策建议,包括四个方面:优势产业提升与新兴产业创造并举;政府引导与协调新兴产业创造;形成以公共技术研究机构为核心的科技资源整合机制;建立实虚结合的工业技术研究与扩散机构。这样的对策建议没有拘泥于浙江传统的优势产业,而是把重点放在新兴高技术产业的创造,并通过对政府作用和公共技术研究机构为核心的科技资源整合机制的建立,帮助企业完成从模仿到自主创新的转换,实现浙江经济的转型升级。

第八章 结论与展望

第一节 本书主要结论

　　企业创新能力是一个非常重要的研究课题,对其规律性的认识是企业进行有效管理的前提。由此,西方管理学和经济学早在 20 世纪 70 年代就开始探讨企业技术水平的演变,80 年代后,国内外许多学者也对发展中国家创新能力及其演变进行了深入的研究。本书在此理论基础上,针对浙商创新能力的提升,研究了以下问题:(1)浙商创新能力演化的基本轨迹是什么?(2)浙商使用怎样的技术学习机制?(3)浙商创新能力提升过程中内外部途径的作用如何?(4)浙商自主创新能力形成的基本模式是什么?(5)什么是浙商创新能力提升缓慢的根本原因?(6)浙商进一步提升创新能力的关键政策与对策是什么?

　　通过理论分析与实证研究,本书的主要结论是:

　　(1)企业创新能力不仅体现为设备、技术知识与技能,而且也依赖于企业的创新组织、资源网络和战略。针对发展中国家,我们提出了企业创新能力从仿制能力到创造性模仿能力,最后到自主创新能力的基本演化轨迹。

　　通过比较 10 个浙江企业的创新能力各维度的变化情况,归纳出三类浙江企业创新能力提高的轨迹,这三种类型基本上代表了全部浙江企业的特征,每种类型企业的创新能力提高各有其特点:第一类是传统国有企业,包括杭氧、西湖电子和东方通信,其主导能力是从生产技术能力和组织能力演化为市场能力、研发能力和外部网络能力,最后到创新能力,但还没有形成自主创新能力;第二类是乡镇与私营企业,包括万向、横店东磁、吉利和正泰,其主导能力是从市场能力与组织能力演化到市场能力、研发能力和外部网络能力,最后到创新能力,已经初步形成自主创新能力;第三类是高新技术创业企业,包括聚光、中控和阿里巴巴,其主导能力是从研发能力演化为市场能力、研发能力和外部网络能力,最后到创新能力,它们创业就开始自主创新,基本形成自主创新能力。

(2)以东方通信、横店东磁等10个浙商为例,对浙商创新能力的提高过程进行典型案例分析,由此归纳出浙商技术学习的基本模式。这10个企业可以分为两类:第一类包括中控与聚光,它们开始于内生的研发学习,然后是向外扩展中的技术与市场结合中学习,最后是通过网络与战略学习整合外部资源和思考未来发展方向;第二类是剩下的8个企业,虽然每个企业的创新能力积累过程呈现出许多差异,同一企业在不同发展阶段的学习机制也不相同,但它们在下述两个方面表现出一致性:

• 能力积累的起点都相同,即都开始于对外部知识的获取。对于前面两个阶段的技术学习,这与通常的观点是一致的。但对自主创新能力的学习,通常人们比较强调企业内在的开发能力,强调能力的内生性,与我们这里案例分析的结论不一致。

• 当外部知识进入到企业内部以后,首先经历了知识在组织内的广泛传播和在实践中逐渐被消化的过程,然后通过知识的融合与常规化,成为企业内在的创新能力。

然后,以知识动态演化机制为基础,从组织学习角度探讨创新能力提高过程中技术学习的机理,提出了基于知识吸收的技术学习模式,从理论上阐明了浙商技术学习的基本模式。

(3)通过对浙商典型企业创新能力提高过程中内外途径的变化状况的分析,提出两种途径对于能力形成的循环作用机制。每个阶段中创新能力积累途径都经历了从外部技术源到内部学习的转换过程,这样就构成了技术知识外源与内部技术学习的三次循环。内外途径交替的螺旋运动过程是在每一个创新能力平台内的内外途径交替和在总体上创新能力水平和所要求的内外途径不断提高这两个过程相互叠加的结果。螺旋运动过程主要表现在两个方面:

• 每一个技术平台内的内外途径交替。创新能力形成一般是开始于获取表层知识,然后再深入到能力核心层。这一过程决定了创新能力提高的途径往往首先以外部途径为主,然后过渡到内部途径。

• 创新能力提高途径的循环上升。虽然每个阶段的创新能力提高途径都从外部途径到内部途径,但每个阶段所要求的内外部途径的方式和水平都不同,企业在较高阶段使用内外部途径对企业已具备的能力有较高的要求,而企业在每个阶段所形成的创新能力为它在以后阶段有效使用内外部途径建立了基础。因此,创新能力提高途径在总体方向上表现出循环上升的趋势。

然后研究了浙商创新能力提高过程中各种外部途径的作用,通过对创新网络的理论分析和对浙商典型企业调研与问卷调查结果分析,揭示了浙商利用外部途径提高创新能力过程中存在的几个问题:与国内企业之间的技术合作较少;与大学科研院所之间合作较少;重视硬件技术引进,轻视软件技术引进;没有充分利用用户获得取市场知识。

(4)通过对国内外学者研究结果的比较与归纳,发现发展中国家和地区在自主创新模式上有很大差异,归纳为四种基本的自主创新模式:技术赶超、价值链提升、本土市场拉动和FDI(国外直接投资)引导。然后对浙商面临的环境与资源能力约束状况进行了分析,揭示出浙江企业的资源与能力主要有如下四方面的特征:资金缺乏,技术能力不足,市场意识强,善于利用外部资源。而浙江的制度特征主要表现为:中小企业主导和分散性的产业与企业组织,以市场机制主导、政府基本放任的资源配置机制。

最后通过对杭氧、士兰微、阿里巴巴、东方通信、中控、吉利与正泰集团的自主创新过程和模式特点进行比较分析,发现多数浙商选择了多个创新模式(多数企业是两个模式),或者从一个模式转换到另一个模式,说明浙商还在探索适宜的自主创新模式,主导的自主创新模式还未出现,这是浙商自主创新能力与日本、韩国等国内外先进企业差距巨大的一个重要原因。

(5)利用统计数据和问卷调查,分析评价了浙江企业的创新能力和高技术产业发展现状,由此得出浙江企业创新能力的优势与不足的主要方面。总体上浙江企业创新能力处于全国领先水平,浙江企业创新取得了明显进步,主要体现在以下几个方面:企业已经成为创新的主体,成为创新活动的主要承担者;企业创新活动非常活跃,大中型工业企业技术中心和研究所的数量居全国第一;企业创新成效显著,企业设计能力保持在全国领先水平。浙江省这几年在企业创新方面所取得的的成绩是有目共睹的,但对浙江企业创新能力进行深入分析时,发现浙江企业在创新方面仍然存在一些问题:企业研发投入仍然不足;创新产出水平偏低;企业制造和生产能力相比以往几年有所下降;企业缺乏对前沿技术的追踪;高技术产业自主创新能力不足;很少企业具备自主创新能力。

然后对浙商创新能力提升缓慢的原因进行了研究。通过典型案例分析和建立系统动态学模型,对企业创新战略与创新能力关系进行了动态分析。研究结果发现:浙商在创业之初往往会制定明确的创新战略,并能够通过技术的领先迅速发展和进行创新能力的积累。但随着市场竞争的加剧,再加上市场等多种因素造成的增长压力,公司往往会偏离技术领先的战略,短期收入增长的目标会取代创新战略,成为主导企业行动的力量。而这一切往往是通过短期市场导向、事业部制的组织结构和以短期收入与利润为准则的考评与激励制度这一系列过程完成的。由此,企业逐渐陷入创新能力不足的困境,只能通过强化市场销售和多元化发展获得增长。

（6）构建了提升企业创新能力的静态与动态模型,静态模型说明了外部因素（主要是政府与公共研究机构）如何帮助企业提升创新能力的机制。在动态模型中,产业和企业的创新能力是逐步提升、动态演化的,在演化过程的不同阶段,企业创新能力提升的关键点是不同的。因此,在不同阶段,外部因素（特别是政府与公共研究机构）的作用也就不同。

然后对浙江政府的创新政策进行了实证研究,得出了如下结论:政府在创新系统建设方面作用显著,但缺乏专门的高技术扩散机构,政策针对性差,重点不突出。

最后提出了浙江政府提升企业创新能力的对策与政策建议,包括四个方面:优势产业提升与新兴产业创造并举;政府引导与协调新兴产业创造;形成以公共技术研究机构为核心的科技资源整合机制;建立实虚结合的工业技术研究与扩散机构。这样的对策建议没有拘泥于浙江传统的优势产业,而是把重点放在新兴高技术产业的创造,并通过对政府作用和公共技术研究机构为核心的科技资源整合机制的建立,帮助企业完成从模仿到自主创新的转换,实现浙江经济的转型升级。

第二节　未来研究的展望

一、技术创新和创新能力提高中的基本矛盾和两种策略

从本书的分析可知,浙商创新能力难以快速提高的根本原因是企业过于看重眼前的收益,而忽视未来竞争优势的建立。当企业能够通过销售策略和规模扩大来获取较大的市场利益时,他们就不愿意去开展创新,特别是具有长远效益的自主创新和创新能力的建设。

这些现象体现了企业经营中的基本矛盾:短期利益和长期利益、效率和创新的冲突和权衡。短期利益和长期利益的平衡是企业生存与发展的保证,企业必须不断取得短期利益以获得生存发展的基础,又必须为未来的发展创造条件。但短期利益与长期利益并不是很容易达到协调和平衡的,它们的矛盾体现为企业日常运作效率和创新的冲突。

美国创新和组织行为研究专家 Tushman 和 O'Reilly(1996)早在 20 世纪80 年代就发现,许多曾经非常杰出的企业,在新兴竞争者的冲击下,陷入了困境。他们经过多年的潜心研究,认识到这个现象背后的根本原因是这些企业过

于注重短期利益和运作的效率,而短期的有效性常常妨碍了长期的适应性,为企业播下了失败的种子。企业为了在短期获得最高的经营效率,要求战略、组织结构和过程、人、文化之间的密切协调和一致,这种内部要素的高度一致产生了极高的效率,同时也产生了很大的思维与经营惯性,抵制变革与创新。

因此,Tushman 和 O'Reilly(1996)认为企业要平衡效率与创新,"必须创建二元性组织:既有利于稳定性和渐进性变革同时又支持试验和突变式变革的组织。二元性的组织能够创造既擅长今天又擅长未来的组织能力。"

在浙商的技术创新和创新能力的培育中,这个矛盾就体现为企业致力于提高赢得今天成功的生产与市场能力和培育未来成功的创新能力之间的矛盾。当企业通过技术引进建立起仿制能力,并能够有效利用仿制能力获得较大的市场利益时,往往陷入继续提高自己的仿制能力和生产规模与培育创造性模仿能力和自主创新能力的矛盾。大部分浙商没有兼顾两方面能力的平衡发展,一味地扩展自己的仿制能力,致力于通过建立销售网络和多元化获得短期利益和分散风险。而当市场竞争日趋激烈,市场逐渐由卖方市场转变为买方市场后,只具有仿制能力的企业越来越难以取得市场收益。这时,大部分企业才认识到建立创新能力的必要性,而此时的企业却很难从注重生产规模和价格竞争的惯性中摆脱出来,创新能力的建设变成一项异常艰苦的任务。

当然,企业也不能随意跨越发展阶段,大部分浙商在创新能力与国际水平有很大差距的情况下,无法把主要精力投放于自主创新能力的建立,提高仿制能力和创造性模仿能力应该是此时的主要任务,否则,市场收益的减少使企业无法生存。

因此,面对这样的矛盾,企业可以实施两种战略的并行,通过建立二元性组织,使两种战略能够相互协调。二元性组织的一个特征是日常运作组织与创新组织的分离和相互支持,因为与日常运作相关的效率战略是企业的主导战略,必须将创新组织与之分离,以免受其侵害和妨碍。而同时,应该鼓励两种组织的交流,使创新思想能够不断流向日常组织,使之不至于陷入效率陷阱中,为以后的组织创新打下基础。

在创新能力发展过程中,两种战略和建立二元性组织的思想使企业能够在扩展适合于今天的能力与培育未来的能力之间达到良好的平衡。当企业处于仿制阶段时,其主要精力自然应该放在通过引进国外技术,加强质量管理和干中学,然后扩大生产规模和建立销售网络,最大限度地占领市场。同时,企业应该通过改进而创新,培育创造性模仿和自主创新能力。这时企业的主要组织工作是日常生产和销售系统的扩展和完善,同时在公司总部建立独立的研究所或试验室,进行跟踪、研究和开发新技术、新产品和寻找新的产业方向。这样,当产业竞争方式开始变化,企业需要通过创造性模仿强化竞争地位时,就可以迅速从这个作为创新种子的研究中扩散研发知识与技能,以较快的速度建立起创造性模仿能力。

同样,当企业形成创造性模仿能力后,就应成立完全独立的致力于基础性研究的研究所。企业不应该给基础研究所短期的研究或开发任务,而应该让他们关注长期的技术—市场发展趋势,使他们能够摆脱企业当前在技术轨道和核心技术上对外国企业的依赖,独立地研究和开发全新的技术和产品平台。这样,一旦技术与市场发展成熟,企业便可以这些研究所为基础,组建完全独立的事业部或进行内部创业,使企业能够从战略思维上、组织上和文化上真正做到自主创新。

二、未来研究方向

本书的研究工作是将西方管理学者有关技术创新、核心能力和知识管理等多方面的理论成果与浙商的管理实践结合起来,试图提出浙商技术创新和创新能力发展的机制与模式。但西方理论发展和浙商管理实践的这两方面的局限性,以及笔者知识与能力的局限不可避免地导致研究角度与深度的局限,还有许多重要的问题未得以解答,其中一些有意义的研究方向如下:

(1)分产业的创新能力发展研究

本书的研究基本上是基于一般的工商企业,而根据技术轨道理论,各产业的技术轨道和技术范式很不相同,各产业的技术追赶和跨越的方式也会不同。我们须进一步研究各产业创新能力演化的特殊规律,为浙商的创新能力提升提供切实的指导。

(2)创新网络与集群的作用

本书虽然对创新网络在企业创新能力积累中的作用做了研究,但只对国外技术合作与用户关系的作用进行了比较深入的论述,而未涉及网络结构和网络连接强度对创新能力提升的系统作用。特别是产业集群在浙江经济发展中有非常重要的作用,而产业集群对创新能力提升的促进与阻碍作用值得我们深入探讨。另一方面,近年来,浙商开始重视开放式创新,开始对外投资与全球网络的建设,这样一些策略对浙商创新能力提升起到怎样的作用,它们与自主研发的关系究竟如何。

(3)自主创新能力形成过程中政府与公共机构的作用

在本书中对此问题的论述非常粗浅。这一方面是因为国内外学者对此问题尚未进行系统的研究,另一方面本书的研究主要是针对企业。但是,从我国和其他发展中国家的自主创新实践来看,仅靠企业自身是很难形成和快速提升自主创新能力,需要政府与公共机构的帮助和支持。那么,在以企业为主体的自主创新能力形成过程中,政府应该如何作为? 政府与市场机制的关系应该如何平衡? 需要进一步深入研究。

(4)二元性组织的管理

前面论述了有关日常运作和创新的二元性组织的重要性,但如何在同一个企业内协调好这两类组织,却是非常个困难的问题。对于浙商来说,就是怎样协调具有不同能力目标的企业部门,这对于正在由创造性模仿转向自主创新的浙商具有巨大的现实意义。

参考文献

[1] Abernathy W, Clark K. Innovation: Mapping the Winds of Creative Destruction. Research Policy, 1985, 14(1): 3—22

[2] Abernathy W J, Utterback J M. Patterns of Innovation in Technology. Technology Review, 1978, 80(7): 40—47

[3] Adler S, Sbenbar A. Adapting Your Technological Base: The Organizational Challenge. Sloan Management Review, 1990, 32(1): 25—37

[4] Amsden A H, Wan W C. Beyond Late Development: Taiwan's Upgrading Policies. Cambrage, MA: MIT Press, 2003

[5] Amsden A H. Asia's Next Giant: South Korea and Late Industrialization. New York: Oxford University Press, 1989

[6] Anchordoguy M. Japan's Software Industry: A Failure of Institutions?. Research Policy, 2000, 29(3): 391—408

[7] Anderson P, Tushman, M. Technological Discontinuities and Dominant Designs: A Cyclical Model of Technological Change. Administrative Science Quarterly, 1990, 35(4): 604—633

[8] Andrea P. Technological Competencies and Product'S Evolutionary Dynamics a Case Study from the Aero-Engine Industry. Research Policy, 1997, 25(8): 1261—1276

[9] Andreu R, Ciborra C. Core Capabilities and Information Technology: An Organizational Learning Approach. New York: SAGE Publications, 1996

[10] Andrews K R. The Concept of Corporate Strategy. Irwin, Burr Ridge, IL: Dow-Jones, 1971

[11] Aoki M. Towards an Economic Model of the Japanese Firm. Journal of Economic Literature, 1990, 28(1): 1—27.

[12] Argyris C, Schön D A. Organizational learning: Theory, Method, and Practice. Reading Mass, Massachusetts: Addison-Wesley, 1996

[13] Armour H O, Teece D J. Vertical Integration and Technological Innovation. The Review of Economics and Statistics, 1980, 62(3): 470—474

［14］Bahrami H. The Emerging Flexible Organization: Perspectives from Silicon Valley. California Management Review, 1992, 34(4): 33—52

［15］Beinhocker E D. Strategy at the Edge of Chaos. Mckinsey Quarterly, 1997(1): 24—39

［16］Burgelman R A. A Model of the Interaction of Strategic Behavior, Corporate Context and the Concept of Strategy. Academy of Management Review, 1983, 8(1): 61—70

［17］Burgelman R A. Strategic Management of Technology and Innovation. McGraw-Hill, 1996

［18］Burgelman R A. Strategy is Destiny: How Strategy-Making Shapes a Company's Future. Free Press, 2002

［19］Burt R. Structure Holes: The Social Structure of Competition. Harvard University Press, 1992

［20］Cai J, Tylecote A. Corporate Governance and Technological Dynamism of Chinese Firms in Mobile Telecommunications: A Quantitative Study. Research Policy, 2008, 37 (10): 1790—1811

［21］Carlsson B, Keane P, Bruce M J. R&D Organizations as Learning Systems. Sloan Management Review, 1976, 17(3): 1—15

［22］Chandler A. Organizational Capabilities and the Economic History of Industry Enterprise. Journal of Economic Perspectives, 1992, 6(3): 79—100

［23］Chandler A D. Strategy and Structure. Cambrage, MA: MIT Press, 1962

［24］Chatterji B. Accessing External Source of Technology. Research Technology Management, 1997, 39(2): 80—89

［25］Cheng J L C. Interdependence and Coordination in Organizations: A RoleSystem Analysis. Academy of Management Journal, 1983, 26(1): 156—162

［26］Chesbrough H W. Environmental Influences upon Firm Entry into New Sub-Markets: Evidence from the Worldwide Hard Disk Drive Industry Conditionally. Research Policy, 2003, 32(4): 659—678

［27］Chesbrough H W. The Governance and Performance of Xerox's Technology Spin-off Companies. Research Policy, 2003, 32(3): 403—421

［28］Chesbrough H W. The Organizational Impact of Technological Change: A Comparative Theory of National Institutional Factors. Industrial and Corporate Change, 1999, 8(3): 447—486

［29］Christensen C. The Innovator's Dilemma. Boston, MA: Harvard Business School Press, 1997

［30］Christensen C, Raynon M E. The Innovator's Solution: Creating and Sustaining Successful Growth. Boston, MA: Harvard Business School Press, 2003

［31］Christensen C M, Rosenbloom R. Explaining the Attacker'S Advantage: Technological Paradigms, Organizational Dynamics and the Value Network. Research Policy, 1995, 24(2): 233—257

[32] Clark K B, Wheelwright S C. Organizing and Leading Heavyweight Development Teams. California Management Review, 1992, 34(3): 9—28

[33] Cohen W M, Levinthal D A. Absorptive Capability: A New Perspective on Learning and Innovation. Administrative Science Quarterly, 1990, 35(1): 128—152

[34] Coleman J. Foundations of Social Theory. Cambridge, MA: Harvard University Press, 1990.

[35] Collis D J, Montgomery C A. Corporate Strategy. Mcgraw-Hill Companies, Inc. auge, 1998

[36] Conrath D W. The Role of the Informal Organization in Decision Making on Research and Development. IEEE Transactions on Engineering Management, 1968, 15(3): 109 —119

[37] Coombs R. Core Competence and the Strategic Management of R&D. R&D Management, 1996, 26(4): 345—357

[38] Coombs R, Richards A. Strategic Control of Technology in Diversified Companies with De-Centralised R&D. Working Paper, Manchester School Management, The University of Manchester Institute of Science and Technology, 1992: 9215

[39] Cyert R M, Kumar P. Technology Management and the Future. IEEE Transactions on Engineering Management, 1994, 41(4): 333—334

[40] Darby M, Zucker L. Star Scientists, Institutions and the Entry of Japanese Biotechnology Enterprises. NBER working paper, 1996: 5795

[41] Davis J P, Eisenhardt K M, Bingham C B. Developing Theory through Simulation Methods. Academy of Management Review, 2007, 32(2): 480—501

[42] Debresson C. Networks of Innovators: A Review and Introduction to the Issue. Research Policy, 1991, 20(5): 363—379

[43] Desai A V. Achievements and Limitations of Indian's Technological Capability. In: Fransman M, King K(ed). Technological Capability in The Third World. Macmillan, 1984: 244—262

[44] Doz Y, Angelmar, Reinhard, et al. Technological Innovation and Interdependence: A Challenge for the Large, Complex Firms. Technology In Society, 1985, 7(2/3): 105—125

[45] Drucker, P F. Management Challenges for the 21st Century. Butterworth Heinemann, 1999

[46] Duarte, Deborah, Snyder N. Facilitating Global Organizational Learning in Product Development at Whirlpool Corporation. Journal of Product Innovation Management, 1997, 14(1): 48—55

[47] Dyer J. Does Governance Matter? Keiretsu Alliances and Asset Specificity as Sources of Japanese Competitive Advantage. Organization Science, 1996, 7(6): 649—666

[48] Dyer J, Nobeoka K. Creating and Managing a High Performance Knowledge Sharing

参考文献

浙商研究

257

Network: The Toyota Case[J]. Strategic Management Journal, Special Issue, 2000 (21): 345—367

[49] Elmes M, Wilemon D. A Field Study of Intergroup Integration in TechnologyBased Organizations. Journal of Engineering and Technology Management, 1991, 7(3/4): 229—250

[50] Eto H. Classification of R&D Organizational Structures in Relation to Strategies. IEEE Transactions on Engineering Management, 1991, 38(2): 146—156

[51] Ford J D, Slocum J W. Size, Technology, Environment and the Structure of Organizations. Academy of Management Review,1977, 2(4): 561—573

[52] Fransman M. Conceptualizing Technical Change in the Third World in the 1980s: An Interpretive Survey. Journal of Development Studies, 1985, 21(4): 572—652

[53] Fransman M, King K. Technological Capability In the Third World. London: Macmillan, GB, 1984

[54] Freeman C. Networks of Innovators: A Synthesis of Research Issues. Research Policy, 1991, 20(5): 499—513

[55] Freeman C. The Economics of Industrial Innovation. Harmondsworth: PenGuin, 1974

[56] Garnsey E, Wright S M. Technical Innovation and Organizational Opportunity. International Journal of Technology Management, 1990, 5(3):267—291

[57] Garud R, Nayyar R R. Transformative Capacity: Continual Structuring by Intertemporal Technology Transfer. Strategic Management Journal, 1994, 15(5): 365—385

[58] Gerschenkron A. Economic Backwardness in Historical Perspective. The Belknap Press of University Press, 1979: 25—26

[59] Ghemawat P. Commitment: The Dynamic of Strategy. New York: Free Press, 1991

[60] Ghemawat P. Sustainable advantage. Harvard Business Review, 1986, 64(5): 53—58

[61] Granstrand O. Toward a Theory of the Technology-based Firm . Research Policy, 1998, 27(5): 465—489

[62] Grant R M. Toward a Knowledge-based Theory of the Firm. Strategic Management Journal, 1996, 17(Winter Special Issue): 109—122

[63] Gulati R. Alliances and Networks. Strategic Management Journal, 1998, 19(4): 293—318

[64] Hamel G. Competition for Competence and Inter Partner Learning Within International Strategic Alliances. Strategic Management Journal, 1991, 12(Summer Special Issue): 83—103

[65] Hamel G. Opinion Strategy Innovation and the Quest for Value. Sloan Management Review, 1998, 39(2): 7—13

[66] Hannan MT, Freeman J. Structural Inertia and Organizational Change. American Sociological Review, 1984, 49(2): 149—164

[67] Hart P S, Ramanantsoa B. Strategic Technology Management. Chichester: Wiley, 1992

[68] Haug Peter. The Location Decisions and Operations of High Technology Organizations in Washington State. Regional Studies, 1991, 25(6): 525—541

[69] Henderson R M. Underinvestment and Incompetence As Responses To Radical Innovation. Rand Journal of Economics, 1993, 24(2): 248—271

[70] Henderson RM, Clark K. Architectural Innovation: The Reconfiguration of Existing Product Technologies and the Failure of Established Firms. Administrative Science Quarterly, 1990, 35(1): 9—30

[71] Henderson R M, Iain C. Measuring Competence? Exploring Firm Effects in Pharmaceutical Research. Strategic Management Journal, 1994, 15(Winter Special Issue): 63—84

[72] Hobday M. Innovation in East Asia: The Challenge to Japan. London: Edward Elgar, 1995

[73] Hobday M. Innovation in Asian Industrialization. Oxford Development Studies, 2003, 31(3): 293—314

[74] Hout T M. Time-Based Competition Is Not Enough. Research-Technology Management, 1996, 39(4): 15—17

[75] Howells J. The Location and Organisation of Research and Development: New Horizons. Research Policy, 1990, 19(2): 133—146

[76] Hull F M, Collins P D, Liker J K. Composite Forms of Organization as a Strategy for Concurrent Engineering Effectiveness. IEEE Transactions on Engineering Management, 1996, 43(2): 133—142

[77] Jason D. Asia's Computer Challenge. New York: Oxford University Press, 2001

[78] Jonash R S. Strategic Technology Leveraging: Making Outsourcing Work for You. IEEE Engineering Management Review, 1997, 25(2): 90—96

[79] Chiang J T. Institutional Frameworks and Technological Paradigms in Japan: Targeting Computers, Semiconductors, and Software. Technology in Society, 2000, 22(2): 151—174

[80] Justman M, Teubal M. Technological Capabilities and Building Markets. Research Policy, 1995, 24(2): 159—183

[81] Khanna T, Gulati R, Nohria N. The Dynamics of Learning Alliance. Strategic Management Journal, 1998, 19(3): 193—210

[82] Kim L. Imitation to Innovation: The Dynamics of Korea. Boston, MA: Harvard Business Press, 1997

[83] Klein J, Gee D, Jones H. Analyzing Clusters of Skills in R&D: Core Competencies, Metaphors, Visualization, and the Role of IT. R&D Management, 1998, 28(1): 37—42

[84] Lall S. Technological Capabilities and Industrialization. World Development, 1992, 20(2): 165—186

[85] Lall S, Teubal M. "Market-Stimulating" Technology Policies in Developing Countries:

参考文献

259

A Framework with Examples from East Asia. World Development, 1998, 26(8): 1369 —1385

[86] Lane P J, Lubatkin M. Relative Absorptive Capacity and International Learning. Strategic Management Journal, 1998(19): 461—477

[87] Lee K, Lim C. Technological Regimes, Catching-up and Leapfrogging: Findings from the Korean Industries. Research Policy, 2001, 30(3): 459—483

[88] Leonard-Barton. Wellspring of Knowledge: Building and Sustaining the Sources of Innovation. Boston, MA: Harvard Business School Press, 1995

[89] Leonard-Barton. Core Capability and Core Rigidities. Strategic Management Journal, 1992(13): 111—126

[90] Link A N, Zmud RW. Organizational Structure and R&D Efficiency. R&D Management, 1986, 16(4): 317—323

[91] Mansfield E, Schwartz M, Wagner S. Imitation Costs and Patents: An Empirical Study. The Economic Journal, 1981, 91(364): 907—918

[92] Mansfield E, Wagner S. Organizational and Strategic Factors Associated with Probabilities of Success in Industrial R&D. Journal of Business, 1975, 48(2): 179—198

[93] Mathews J A, Cho D S. Tiger Technology: the Creation of a Semiconductor Industry in East Asia. Cambridge University Press, 2000

[94] Mcevily B, Zaheer A. Bridging Ties: A source of Firm Heterogeneity in Competitive Capabilities. Strategic Management Journal, 1999(20): 1133—1156

[95] Meyer M H, Alvin P L. The Power of Product Platforms: Building Value and Cost Leadership. New York: The Free Press, 1997

[96] Meyer M H, James M U. The Product Family and the Dynamics of Core Capability. Sloan Management Review, 1993, Spring: 29—47

[97] Meyers P W. Non-Linear Learning in Large Technological Firm: Period four Implies Chaos. Research Policy, 1990, 19(2): 97—115.

[98] Mintzberg H. Crafting Strategy. Harvard Business Review, 1987, 64(4): 66—75

[99] Mintzberg H. Mintzberg on Management. New York: Free Press, 1989

[100] Mintzberg H, Water J A. Of Strategies Deliberate and Emergent. Strategic Management Journal, 1985, 6(3): 257—272

[101] Mitchell G, Hamilton W. Managing R&D as a Strategic Option. Research-Technology Management, 2007, 50(2): 41—50

[102] Mitchell W. The Dynamics of Evolving Markets: The Effects of Business Sales and Age Upon Dissolutions and Divestitures. Administrative Science Quarterly, 1994(39): 575—602

[103] Mowery D. The International Computer Software Industry: A Comparative Study of Industry Evolution and Structure. London, UK: Oxford University Press, 1996

[104] Mowery D, Oxley J E, Silverman B S. Strategic Alliances and Inter Firm Knowledge

Transfer. Strategic Management Journal, 1996, 17(Winter Special Issue): 77—92

[105] Mu Q,Lee K. Knowledge Diffusion, Market Segmentation and Technological Catch-up: The Case of the Telecommunication Industry in China[J]. Research policy, 2005, 34(6): 759—783

[106] Nadlar D A, Gerstein M S, Shaw R B. Organizational Architecture: Design for Changing Organizations. San Francisco: Jossey-Bass, 1992

[107] Nagarajan A, Mitchell W. Evolutionary Diffusion: Internal and External Methods Used to Acquire Encompassing, Complementary, And Incremental Technological Changes In The Lithotripsy Industry. Strategic Management Journal, 1998(19):1063 —1077

[108] Nelson R. National Innovation Systems: A Comparative Analysis. Oxford, UK: Oxford University Press, 1993

[109] Nelson R, Winter S. An Evolutionary Theory of Economic Change. Cambridge, MA: Harvard University Press, 1982

[110] Nelson R, Winter S. In search of a Useful Theory of Innovation. Research Policy, 1977, 6(1): 36—76

[111] Nonaka. The Knowledge-Creation Company. New York: Oxford University Press, 1995

[112] North D C. Institutions, Institutional Change and Economic Performance. New York: Cambridge University Press, 1990

[113] Osterlund J. Competence Management by Informatics in R&D: The Corporate Level. IEEE Transactions on Engineering Management, 1997, 44(2): 135—145

[114] Parahald C K, Hamel G. The Core Competence of the Corporation. Harvard Business Review, 1990(May-June): 79—91

[115] Parke, G M. Cross-Functional Teams: Working with Allies, Enemies and Other Strangers. San Francisco, CA: Jossey-Bass Publishers, 1994

[116] Patel P, Pavitt K. The Technological Competencies of the World's Largest Firms: Complex and Path-Dependent, But Not Much Variety. Research Policy, 1997, 26(2): 141—156

[117] Pavitt K. Sectoral Patterns of Technical Change: Towards a Taxonomy and a Theory. Research Policy, 1984, 13(6): 343—373

[118] Pelled L H, Adler P S. Antecedents of Intergroup Conflict in Multifunctional Product Development Teams: A Conceptual Model. IEEE Transactions on Engineering Management, 1994, 41(1): 21—28

[119] Penrose E. The Theory of the Growth of the Firm. London: Basil Blackwell, 1959

[120] Porter M E. Competitive Advantage. New York: The Free Press, 1985: 170—207

[121] Porter M E. Competitive Strategy. New York: Free Press, 1980

[122] Prather C W. Innovation Teams: Member Interactions. R&D Innovator, 1995, 4(1):

参考文献

9—10

[123] Quinn J B. Outsourcing Innovation: The New Engine of Growth. Sloan Management Review, 2000, 41(4): 13—28

[124] Repenning N P. Understanding Fire Fighting in New Product Development. Journal of Product Innovation Management, 2001, 18(5): 285—300

[125] Repenning N P, Sterman J D. Nobody Ever Gets Credit For Fixing Problems That Never Happened. California Management Review, 2001, 43(4): 64—88.

[126] Roberts E B. Stimulating Technological Innovation-Organizational Approaches . Research Management, 1979, 22(6):26—30

[127] Robertson Paul L, Langlois R N. Innovation, Networks, and Vertical Integration. Research Policy, 1995, 24(4): 543—562

[128] Rosenberg N. Inside the Black Box: Technology and Economics. Cambridge University Press, 1982

[129] Rothwell R, Whiston TG. Design, Innovation and Corporate Integration. R&D Management, 1990, 24(3): 193—201

[130] Roussell P, Saad K, Erickson T. Third Generation R&D: Managing the Link to corporate strategy. Harvard Business Press, 1991

[131] Saleh S D, Wang C K. The Management of Innovation: Strategy, Structure and Organizational Climate. IEEE Transactions on Engineering Management, 1993, 40(1): 14—21

[132] Sanchez R, Heene A, Thomas H. Dynamics of Competence-based Competition: Theory and Practice in the New Strategic Management. Oxford: Pergamon, 1996

[133] Saxenian A. Regional Advantage: Culture and Competition in Silicon Valley and Route 128. Cambridge, MA: Harvard University Press, 1994

[134] Schumpeter J A. Theory of Economic Development. Cambridge, MA: Harvard University Press, 1934

[135] Shapiro C. The Theory of Business Strategy. Rand Journal Economics, 1989, 20(1): 125—137

[136] Silverman B. Technological Resources and the Direction of Corporate Diversification: Toward an Integration of the Resource-Based View and Transaction Cost Economics. Management Science. 1999, 45(8): 1109—1124

[137] Simon H. The Science of the Artificial. Cambridge Mass, MIT Press, 1976

[138] Singh K M. Precarious Collaboration: Business Survival after Partners Shut Down or Form New Partnerships. Strategic Management Journal, 1996, 17(Summer Special Issue): 95—115

[139] Sterman J D. Business Dynamics: Systems Thinking and Modeling for a Complex World. Irwin/McGraw-Hill, 2000

[140] Strebel P. Organizing for Innovation Over an Industry Cycle. Strategic Management

Journal, 1987, 8(2): 117—124

[141] Teece D J. Economic Analysis and Strategic Management. California Management Review, 1984, 26(3): 87—110

[142] Teece D J. Technological Change and Nature of Firm, In Dosi G (Eds). Technical Change and Economic Theory. New York: Pinter Publishers, 1988: 256—281

[143] Teece D J, Pisano G, Shuen A. Dynamic Capabilities and Strategic Management. Strategic Management Journal, 1997, 18(7): 509—533

[144] Durand T. Strategizing for Innovation: Competence Analysis in Assessing Strategic Change. Competence-Based Strategic Management, John Wiley&Sons Ltd, 1997

[145] Tidd J. From Knowledge Management to Strategic Competence. Imperial Collage Press, 2000: 3—25

[146] Tidd J, Bessant J, Pavitt K. Managing Innovation. John Wiley & Sons, 1997

[147] Tripsas M. Surviving Radical Technological Change Through Dynamic Capability: Evidence from the Typesetter Industry. Industrial and Corporate Change, 1997, 6(2): 341—378

[148] Tushman M, Anderson P. Technological Discontinuities and Organizational Environments. Administrative Science Quarterly, 1986, 31(3): 439—465

[149] Tushman M, O'Reilly C. Winning Through Innovation. Boston, MA: Harvard Business School Press, 1997

[150] Twiss B. The Management of Technological Innovation. Harlow: Longman, 1980

[151] Tyler B B, Steensma H K. Evaluating Technological Collaborative Opportunities: A Cognitive Modeling Perspective. Strategic Management Journal, 1995, 16(1): 43—70

[152] Utterback J M. Mastering the Dynamics of Innovation. Cambridge, MA: Harvard Business Press, 1994

[153] Veugelers R. Internal R&D Expenditures and External Technology Sourcing. Research Policy, 1997(26): 303—315

[154] Walker G, Kogut B, Shan W. Social Capital, Structural Holes and the Formation an Industrial Network. Organization Science, 1997, 8(2): 109—125

[155] Wernerfelt B. A Resource-based View of the Firm. Strategic Management Journal, 1984, 5(2): 171—180

[156] West J. Limits to Globalization: Organizational Homogeneity and Diversity in the Semiconductor Industry. Working Paper 98—058, Harvard Business School, 1997

[157] Williamson O E. Strategizing, Economizing, and Economic Organization. Strategic Management Journal, 1991, 12(Winter Special Issue): 75—94

[158] Xie W, White S. From Imitation to Creation: The Critical Yet Uncertain Transition for Chinese Firms. Journal of Technology Management in China, 2006, 1(3): 229—242

[159] Dosi F. 技术进步与经济理论. 陈平译. 经济科学出版社, 1988

参考文献

[160] Mansfield E. 日美工业企业创新的速度和成本——外部技术与内部技术. 中外管理导报. 刘焕亮编译. 1992(1):54—58

[161] Prahalad C K, Hamel G. 竞争大未来. 王振西译. 北京:昆仑出版社,1997

[162] 陈劲,林东,郭羽. 正在爆炸:R&V——一个整合全球资源的中国自主创新案例. 杭州:浙江大学出版社,2006:2—59

[163] 陈劲. 从技术引进到自主创新的学习模式. 科研管理,1994,15(2):32—34

[164] 陈劲. 国家技术发展系统初探. 北京:科学出版社,2000

[165] 陈劲. 浙江省大型企业技术创新高标定位分析. 科研管理,1998(2):65—71

[166] 陈宇,卫平. 国际技术扩散、自主创新与我国工业技术进步. 国际贸易问题,2008(5):87—91

[167] 段晓军. 万向:用自主创新配置全球资源. 经济导刊 2006(4):36—39

[168] 范钧. 基于企业信任网络构建的浙商社会资本创新研究,吕福新编. 浙商创新:从模仿到自主. 北京:中国发展出版社,2008

[169] 冯冬芹. 现场总线技术发展和应用的思考. 流程工业,2005(1):60—62

[170] 龚益. 区域技术进步的不均等性测度. 数量经济、技术经济研究,1993(3):41—53

[171] 郭斌,许庆瑞,魏江. 组织技术能力概念研究框架[J]. 科学学研究,1996(2):44—50.

[172] 郭斌. 基于核心能力的企业组合创新理论与实证研究. 浙江大学博士学位论文,1998

[173] 郭人菡. 融资政策措施——浙江省中小企业政策措施研究之二. 浙江省中小企业局法规处,2005

[174] 国家统计局设管司. 高技术产业统计分类目录. 2006

[175] 胡真舫.“十一五”时期浙江省吸引外商直接投资的战略选择和政策建议. 浙江大学硕士学位论文,2004

[176] 金建祥. 科技创新是企业持续发展的灵魂——浙大中控技术创新之路. 杭州科技,2005(3):63—64

[177] 林平凡,高怡冰. 沿海五省市高新技术企业自主创新能力与机制比较研究. 科技管理研究,2007(12):1—3

[178] 林毅夫,蔡舫,李周. 比较优势与发展战略. 中国社会科学,1999(5):4—20

[179] 刘涛. 鲁冠球长青的智慧. 中国企业家,2005(21)

[180] 陆力军,朱海就,陈愉瑜. 区域创新——基于浙江的研究报告. 北京:中国经济出版社,2004

[181] 吕福新. 企业的主体性分析范式——基于“浙商”和中国企业的视角. 中国工业经济,2006(6):99—106

[182] 潘惠. 企业技术能力提高的机制与途径. 浙江大学硕士学位论文,2000

[183] 史东辉. 后起国工业化引论. 上海:上海财经大学出版社,1999:65—78

[184] 史晋川等. 温州模式研究. 杭州:浙江大学出版社,2001

[185] 丸山伸朗. 中国工业化与产业技术进步. 杭州:中国人民大学出版社,1992:93

[186] 王毅. 以能力为基础的战略管理. 浙江大学博士学位论文,2000,7

[187] 魏江. 企业技术能力:增长过程、机理与模式. 浙江大学博士学位论文,1997